ちくま学芸文庫

命題コレクション 社会学

作田啓一　井上　俊　編

筑摩書房

本書をコピー、スキャニング等の方法により無許諾で複製することは、法令に規定された場合を除いて禁止されています。請負業者等の第三者によるデジタル化は一切認められていませんので、ご注意ください。

序　言

　社会学とは何か。その対象の定義はどうなっているかというと、今日でもなお、それは人によって多少とも異なっている。社会関係, 社会集団, 社会システム, 社会構造, 社会制度, 等々。社会学を学ぼうとする人にとっては、これらの定義を最初に与えられても、何のことだかよくわからない。それは、社会という言葉が日常語としては多義的なので、この言葉を含む定義からは、社会学のイメージが鮮明に浮かんでこないためである。それでは、社会学のもっと具体的なイメージを呼び起こすにはどういうやり方があるだろうか。その一つは、社会学の歴史の中でこれまで受け継がれ、あるいは議論されてきた著名な命題を挙げてゆく仕方である。たとえば「社会はそれを構成する個人の総和以上のものである」という周知の命題を挙げてみよう。この命題は社会学者によって満場一致で承認されてきたわけではなく、きびしい批判にさらされてきた。しかし、このように論争を惹き起こしてきたという事実もまた、社会学についての、一つの、だが重要なイメージをもたらすことができる。そこで私たちは、社会学のこれまでの歴史の中で生み出され、そして今日まで生き残っている命題を集めることにした。命題はすべて「AはBである」という単純な形に還元できる。それは判断を言葉で表したものである。これまでに蓄積された社会学的判断の目録を作ることによって、社会学の具体的なイメージをもたらすことができるだろう。

「社会学とは何か」を語るためにこのようなやり方を選ぶことは、確かにまわりくどい。そして、多くの命題を並べることは、読者を混乱させるかもしれない。しかし、多少の混乱を招くとしても、社会学の生命のかよっている具体的な内容を、簡潔な命題の形で提示することのほうが、社会学の体系的な枠組を章別に分解して提示することよりも、読者を直接に社会学の世界へ案内するうえで有効である。百歩譲ってどちらが有効であるかわからないとしても、このような形の案内も、一つの試みとしてあってもよいだろう。

社会学の命題として著名であり、今日の段階において活用されているものをすべて網羅することは、紙数その他の制約があって到底不可能である。そこで、以下では社会学の一般理論にかかわる命題を集めることにとどめた。これら48の命題の中には、社会学の特定の領域にかかわる理論や歴史理論、文化比較の理論も含まれている。これらを除外すれば、社会学の命題集は貧弱な内容のものになってしまう。しかし、以下に含めた特定領域の理論や歴史理論や文化比較の理論の命題は、すべて一般理論に通じるものであり、それゆえに、社会学者のあいだで広く受け容れられ、あるいは論議されてきたものばかりである。私たちはまた、職業としての社会学者ではない人びとによって打ち建てられた命題であっても、その性質が社会学的であり、また社会学者によって受け容れられ論議されてきたものは、これをも含めることにした。この試みは社会学の財産目録をふやすうえで必要であると考えたからである。

以上の観点から48の命題を選ぶにあたり、私たちはなるべく〈面白い〉命題を選ぶように心がけた。学問というもの

は，面白くない作業の積み重ねであるという考え方があるので，面白さを選択の基準とすることに疑問をいだく読者もあるかもしれない。ここでいう〈面白さ〉とは，末尾の「付論」で解説するように〈意外性〉あるいは〈非自明性〉のことである。常識をどこかでひっくり返している命題が〈面白い〉と感じられる。しかし，それは着想の面白さであって，その命題を説得的なものにしたり，経験的に実証したりする手続きは概して面白くない作業なのである。ところで，この説得性あるいは実証性の裏打ちのない命題は，たとえ着想がどんなに面白くても，生き残ることはできなかった。だから，〈面白い〉命題を選ぶといっても，選ばれた命題には当然説得性あるいは実証性が伴っている。以上の意味での面白さが選択の基準となったが，選ばれた命題のすべてが意外性あるいは非自明性をそなえているわけではない。私たちは広く知られていること，すなわち著名性をもまた選択の基準としたからである。著名ではあっても，あまり意外性のない命題もある。

著名性を基準にすると，どうしても最近に提起された命題を選びにくくなる。一つの命題が広く受け容れられ，論議されるまでには，少なくとも10年あるいは20年を要するからである。したがって，この命題集は，一貫性を欠いているとはいえ社会学史の入門書としても役立つだろう。

48の命題は七つのカテゴリーに分けて配列されている。これらのカテゴリーは命題の内容に即したものであり，「付論」で解説した命題の形式的な構造を分類する二つあるいは三つのカテゴリーとは無関係である。

この命題集を作るために次の方々に参加してもらって十数回会合を重ねた。池井望，伊藤公雄，井上眞理子，大村英昭，架場久和，亀山佳明，高橋三郎，高橋由典，富永茂樹，細辻恵子の諸氏である。これらの会合で，私たちは命題の選択，解説のスタイルなどをめぐって討議した。以上の10名の方々，また会合には参加されなかったが，編者の方針にしたがって解説の原稿をお寄せ下さった方々に対し，こころから謝意を表すると共に，京都での会合にしばしば参加して下さったほか，本書の性質上特にめんどうな編集にたずさわっていただいた筑摩書房の勝股光政氏に対しても，厚く御礼を申し上げる。

　1985年8月

編　者

目　次

序　言　　　　　　　　　　　　　　　　　　　　　　　3

社会的存在としての人間
1　自我の社会性（G・H・ミード）　　　　　　　　　014
2　人間の攻撃性（K・ローレンツ）　　　　　　　　　023
3　抑圧と文化の理論（S・フロイト）　　　　　　　　029
4　文化としての性差（M・ミード）　　　　　　　　　038
5　動機の語彙（C・W・ミルズ）　　　　　　　　　　045
6　相関主義（K・マンハイム）　　　　　　　　　　　052
7　自己呈示のドラマツルギー（E・ゴフマン）　　　　061
8　多元的現実の構成
　　　　　（A・シュッツ，P・L・バーガー）　　　　071
9　ダブル・バインド（G・ベイトソン）　　　　　　　081

行為と関係
10　認知的不協和の理論（L・フェスティンガー）　　　090
11　ラベリングと逸脱（H・S・ベッカーほか）　　　　098
12　預言の自己成就（R・K・マートン）　　　　　　　107
13　欲望の模倣とモデル＝ライバル論（R・ジラール）　114
14　ルサンチマンと道徳（F・W・ニーチェ）　　　　　122
15　志向のくいちがいと羞恥（M・シェーラー）　　　　131
16　道徳意識の発達——義務と善（J・ピアジェ）　　　139

集団と組織

17　結合定量の法則（高田保馬）　146

18　外集団への敵対と内集団の親和（G・ジンメル）　155

19　インフォーマル組織の発見（G・E・メイヨー）　163

20　準拠集団と相対的不満（R・K・マートン）　168

21　多集団の交錯と個性の発達（G・ジンメル）　175

22　寡頭制の鉄則（R・ミヘルス）　183

システムとしての社会

23　AGIL図式（T・パーソンズ）　192

24　部分の機能的自律性とシステム内緊張（A・W・グールドナー）　201

25　互酬の不均衡と権力の派生（P・M・ブラウ）　209

26　世界の複雑性と自己準拠システム（N・ルーマン）　217

27　贈与論（M・モース）　225

28　女性の交換と近親婚の禁止（C・レヴィ＝ストロース）　234

29　犯罪の潜在的機能（E・デュルケム）　240

類型と比較

30　閉じた社会と開いた社会（H・ベルクソン）　250

31　「神の道具」と教養人（M・ウェーバー）　259

32　聖―俗―遊（R・カイヨワ）　264

33　〈いき〉の構造（九鬼周造）　271

34　天皇制国家の支配原理（藤田省三）　279

社会の変動
35 生産力と生産関係の矛盾（K・H・マルクス） 288
36 正機能連関における均衡点（吉田民人） 296
37 集合行動の理論（N・J・スメルサー） 305
38 文化遅帯（W・F・オグバーン） 312
39 エリートの周流（V・パレート） 318

近代から現代へ
40 権力による暴力独占と文明化（N・エリアス） 332
41 抽象的公民の誕生（K・H・マルクス） 340
42 プロテスタンティズムの倫理と資本主義
　　　　　　　　　　　　（M・ウェーバー） 349
43 人格崇拝の成立（E・デュルケム） 360
44 自由からの逃走（E・フロム） 367
45 高度産業社会と他人指向型（D・リースマン） 376
46 擬似環境と民主主義との矛盾（W・リップマン） 385
47 誇示的消費（T・B・ヴェブレン） 392
48 アイデンティティとモラトリアム
　　　　　　　　　　　　（E・H・エリクソン） 400

付　論——社会学的命題の構造の分析—— 409

文庫版へのあとがき 423
解説　常識が二度揺さぶられる不思議なテキスト 427
事項索引 433
人名索引 447
執筆者一覧 453

命題コレクション社会学

社会的存在としての人間

1　自我の社会性（G・H・ミード）

　　人間の自我は孤立した存在でもなければ，真空の中に生み出されるものでもない。それは人間の誕生とともにあるのではなく，社会的経験と活動の過程の中で生じてくる。自我は他の人間とのシンボルを通じての相互作用において社会的に形成され，展開される。

　自我の問題はデカルトの有名な言葉「ワレ思う，故にワレあり」からスタートしたといわれる。その場合，自我は封建的束縛から解放された近代的人間のあり方を方向づけるものとして描かれていた。個人の他の個人とは区別される独自性や，他者によって拘束されない人間の自由がそこに表現されていた。

　しかし，この自我のイメージは自我を唯一絶対の存在として観念し，孤立的で自己中心的な「硬い自我」（山崎正和）となっている。それは独我論と規定され，観念論的，主観主義的自我論であると批判される。このような自我論を越えて，自我の問題を具体的，現実的に解明するためには，自我を他者とのかかわりにおいて捉えることが必要となる。自我の社会性が正面から取り上げられ，明らかにされるべきものとなる。

　自我の社会性とは，人間の自我が他者との関連において形成され，展開されることである。自我は真空の中で生まれるわけではなく，孤立した形で存在するのでもない。自我は常

に他者とのかかわりにおいてその姿を現す。

C・H・クーリーによると、デカルトの「ワレ思う、故にワレあり」はきわめて不十分なものである。ワレは人間の成長の初めから存するのではなく、発達のかなり進んだ段階に生じるものだからである。また、ワレはワレだけで終るのではなく、必ずワレワレとなるものである。したがって、「ワレ思う、故にワレあり」ではなく、「ワレワレ思う、故にワレあり」が適切な表現であるということになる。

ここから、クーリーは、「鏡に映った自我」(looking glass self) という概念を作り出す。自分の顔や姿は鏡に映すことによってわかる。それと同じように、人間は鏡としての他者を通じて自己を知ることができる。他者の認識や評価が自己のあり方を大きく左右する。自我は他の人間とのかかわりにおいて社会的に形づくられる。

このような自我の社会性について、さらに詳細に、また具体的に解明したのがG・H・ミード (George Herbert Mead) である。ミードは人間の自我が「役割取得」(role taking) 過程において形成されることを明らかにした。人間は他者の役割期待との関連において自らの自我を形づくる。子どもは母親や父親また周囲の人びとの態度やパースペクティヴを学んで自我形成を行う。

子どもの自我形成は、まず、「プレイ段階」として、ままごとなどの「ごっこ遊び」において行われる。ごっこ遊びにおいて、子どもは親や先生またお巡りさんなどの役割を演じ、そのことを通じて自分のあり方を理解するようになる。この段階を越えて、次に、子どもは野球などの「ゲーム遊び」に現れる「ゲーム段階」に進む。

ゲーム遊びにおいて，子どもは多くの人びととかかわり，さまざまな期待に出会う。しかし，それらを同時に，同程度に受け入れることはむずかしい。そのままでは混乱や葛藤をひき起こしてしまう。そこで，複数の他者の多様な期待を組織化し，一般化する必要がある。ここに「一般化された他者」（generalized other）の期待が形づくられる。ゲーム遊びにおいて「一般化された他者」の期待はゲームのルールとなる。ルールを身につけることによって，子どもはゲーム遊びの楽しさを十分に味わうことができるようになる。

　人間は「一般化された他者」の期待を取得することによって自我を十全な形において発達させることができる。自我の社会性が最もよく獲得されるからである。そして，「一般化された他者」の期待はゲームのルールだけではなく，より広く「コミュニティ全体の態度」を表す。この場合の「コミュニティ」は地域社会のみならず，国家さらには国際社会にまで拡大される。より大きな社会における「一般化された他者」の期待とのかかわりにおいて，人間はより成熟した自我を確立するようになる。ミードは，このような形において，自我の社会性を明らかにした。

　この自我の社会性は，しかし，一見したほど単純なものではない。そして，それが不十分にしか認識されなかったり，また過度に強調されたりした場合，ゆがめられた理解がなされてしまう。たとえば，人間は他者の期待をそのまま受け入れ，他者に同調し，他者と一体化する。自我は他者によってすべて形づくられ，一定の鋳型にはめ込まれる。自我は社会の服装を着せられ，社会の色彩を全面的に帯びるようになる。社会規範の内面化というメカニズムが，このことをおし進め

る。このような理解がみられる。

けれども、このように理解することは、人間をもっぱら社会によって形づくられ、規定される存在と考える「社会化過剰的人間観」（D・H・ロング）におちいることになる。そして、それは「ホモ・ソシオロジクス」（R・ダーレンドルフ）をイメージに描くことになる。ホモ・ソシオロジクスとは社会の期待に外部から拘束されて受身的に自己の行為を形づくる存在である。そこにおいて自我は人間の積極性、創造性また主体性とは何の結びつきも持たないものとなる。そして、他者の期待の修正や変更、また再構成などは少しも生じないことになってしまう。

自我の社会性とは、しかし、このようなことを意味するのではない。自我の社会性は人間の積極的、創造的、主体的あり方と無関係ではない。むしろ、それと深いつながりを持っている。このことを知る手掛りが「意味のあるシンボル」（significant symbol）という概念のうちに含まれている。

ミードによると、人間の役割取得は意味のあるシンボルを通じて行われる。意味のあるシンボルとは、他者のうちにひき起こすものと同じ反応を自己のうちにひき起こしうる言葉や身振りのことである。そして、この場合の反応とは外的行動ではなく、内的意味を表す。意味は外的行動に先立って存し、実際の外的行動を導くものである。したがって、同じ反応をひき起こすこととは、他者の持つ意味と同じ意味が自己のうちにもたらされることである。

ミードのいう役割取得とは、このような意味の共有がなされることを表す。自我の社会性のベーシックな意味合いは、この意味の共有である。そして、共有された意味は、ある程

度，安定化し，持続する。しかし，すべてが固定化し，規範化されるわけではない。意味は解釈され，修正，変更，再構成される。意味の流動化が起こりうる。

役割取得がこのような形でなされることを，とくに「役割形成」（role making）と呼ぶ。R・H・ターナーによれば，役割形成とは既存の役割規定の枠を越えて，新たな人間行為が展開することである。役割取得は実際には他者の期待の推測と検証とから成っている。したがって，それは他者の期待をそのまま受け入れるというよりも，その修正や変更を含むものである。役割取得は新たなものが創発されるダイナミックな役割形成であるといえる。

このような役割取得による自我形成のあり方を，ミードはきわめて簡単な用語でもって的確に表現している。すなわち，自我には「客我」（Me）と「主我」（I）の二側面がある。客我とは，他者の期待をそのまま受け入れた自我の側面である。これに対して，主我とは客我に対する反応であり，客我に対して働きかけ，変容させ，新たなものを生み出す側面である。主我は自我の積極性，創造性を表し，人間の自由や自発性のセンスをもたらすものである。自我の具体的あり方は，このような客我と主我の相互作用から成っている。

主我の概念は，しかし，ミードにおいて必ずしも一義的な規定がなされていない。そして，むしろ，そのあいまいさから，さまざまな解釈が許容されるものとなっている。主我は，たとえば，生物学的衝動であるとか，また主観的なものであるとか，あるいは生理学的，身体的反応であるといわれる。さらに，それは客我の残余カテゴリーにすぎないとされ，概念としての有効性を否定すらされている。

けれども，これらの解釈はいずれも自我の社会性という枠内で問題を考えているとはいいがたい。自我の社会性は客我のみに当てはまり，主我には適用されないとか，主我は非社会的なものであり，それが社会的な客我と相互作用して自我の社会性を形づくる，というように理解すべきではない。主我もまた社会的に形成され，展開されるものと考えるべきであろう。すなわち，主我も他者との関連において生み出される。人間は他者の観点を通じて自己を内省する。その過程において新たなものが創発されてくる。このような「創発的内省」として主我は理解される。

　クーリーのいうように，人間は鏡としての他者によって自己を知る。他者を通して自己を認識し，自己を対象化することから，人間は「自分自身との相互作用」(self interaction) を展開するようになる。この自分自身との相互作用は，H・G・ブルーマーによると，「表示」(indication) と「解釈」(interpretation) の二つの過程から成っている。表示とは，他者の期待を自己に具体的に呈示することである。つまり，意味のあるシンボルによって，他者がひき起こすものと同じ反応を自己のうちにひき起こすことである。そして，この表示されたものを自分の置かれた位置や状況，また行為の方向に照らして選択し，点検し，拡張し，再分類し，変容する。このことが解釈である。

　解釈過程において，他者の期待が修正され，変更され，また再構成される。人間の内的世界であるシンボリック・ユニバースにおいて，シンボルの弁証法，異化作用が働き，古いものが打ち壊され，新しいものが創出される。内省活動によって，既存のものとは異なる新たな世界が生み出されること

になる。

　このような創発的内省を通じて、新しい意味の形成と新たな行為の展開が可能となる。それによって、役割取得は他者の期待の消極的な受容ではなく、より積極的な役割形成となる。この創発的内省は、人間が問題的状況に置かれた場合とりわけ活性化される。

　これまで通用していたやり方に対して妨害や禁止がなされたり、全く新しい事態が出現したりした場合、人間は「遅延した反応」(delayed response) を示し、すぐさま行為しない。遅延の間に人間は内省活動を行う。状況をイメージに描き、起こりうる結果を予測し、新たな行為のあり方を案出し、リハーサルする。このような創発的内省の展開によって問題的状況が克服され、新しい状況が生み出される。創発的内省が自我の社会性を新しく作り上げていく。自我の社会性は決して固定したものではなく、変化、変容を含むダイナミックな内容を表している。

　ミードによると、社会性は創発の原理と形式に当たる。社会性とは同時にいくつものことでありうる能力を表す。それは役割取得を通じて獲得される。そして、社会性は既存のものの単なる寄せ集めや相互調整によるものではなく、新たな次元における再構成である。それは創造的前進とでも呼べるものである。

　そして創発とは元の構成要素以上のもので、しかも、元の要素に還元できないものを生み出すことである。ちょうど水が水素と酸素からできているが、水素と酸素以上のものであるようにである。ミードは、このような創発が社会性の表れであると述べている。

創発的内省の展開は，単に個人内部に限られるのではなく，当然，他の人間，また集団や社会全体に対してもかかわりを持つ。そして，その期待や規範の修正や変更また再構成をもたらす。ここから，自我，他者，集団，社会は固定した不変のものではなく，変化，変容しうるダイナミックなものとなる。したがって，自我の社会性は過程的な形において捉えられる。そこに時間軸の導入がなされる。自我は過去，現在，未来という時間的広がりの中で考えられる。

　時間における自我は，過去，現在，未来それぞれに個別的なものとしてではなく，一つのまとまりを持った自我として構成される。すなわち，過去と未来は，記憶と予測という形をとって現在の中に入り込み，共時性を獲得する。そして現在は，それらを含み込んだ「見かけ上の現在」(specious present) となる。見かけ上の現在において過去も未来も再構成され，新たなレベルに位置づけられる。そこにおいて過去，現在，未来は新しい社会性を形づくることになる。時間における創発的な社会性の形成である。

　自我の社会性は固定したものではなく，流動的な過程として捉えられる。それは人間の創発的内省の展開を通じて生み出されてくるものである。そして，自我の社会性はミクロな範囲に限定されず，空間的，時間的に拡大されうるものとして理解される。

〔参考文献〕

Mead, G. H., *Mind, Self and Society*, 1934（稲葉三千男ほか訳『精神・自我・社会』青木書店 1973，復刻版 2005）.

Cooley, C. H., *Human Nature and the Social Order*, 1902（納武

津訳『社会と我』日本評論社 1920).
Blumer, H.G., *Symbolic Interactionism*, Prentice-Hall, 1969（後藤将之訳『シンボリック相互作用論』勁草書房 1991).
船津衛『自我の社会理論』恒星社厚生閣 1983.
井上俊・船津衛編『自己と他者の社会学』有斐閣 2005.
船津衛『自分とは何か――「自我の社会学」入門』恒星社厚生閣 2011.

（船津　衛）

2 人間の攻撃性（K・ローレンツ）

同種内で殺し合いをするのは人間だけである。

K・ローレンツ(Konrad Lorenz)はエソロジー(ethology——比較行動学，行動生物学，動物行動学などともよばれる)の父として知られている。エソロジーとは，動物や人間の行動を自然観察によって比較研究する学問である。エソロジーの歴史は19世紀にまで遡ることができるが，エソロジーにたいする一般の関心を高めたのはローレンツであるといっても過言ではない。

ローレンツは1903年オーストリアのウィーンに生れた。ウィーン大学で医学を学び，1940年ケーニヒスベルク大学で心理学の教授となった。エソロジーの分野における主要な研究は，その大部分が1930年代になされたものであったが，エソロジストとしてのローレンツが世界的に有名になったのは第2次世界大戦後のことであり，それも主として一般向けの著作によってであった。とりわけ『いわゆる悪——攻撃の自然誌』(1963，邦題は『攻撃——悪の自然誌』)は，その衝撃の強さにおいてローレンツの著作のなかで最も知られたものになっている。

攻撃性についてのローレンツの考え方は要約すると次のようになる。動物や人間は生得的に攻撃本能をもっているが，この攻撃本能は種の維持と進化にとって不可欠なものである。なぜなら同種内での個体間の攻撃は，同じ仲間同士で生活圏

を分けあうのに役立ち，また社会的秩序を維持していくために必要な権威の保持に役立つからである。このように種内攻撃は種の維持や進化のうえで不可欠なものではあるが，個体がお互いに殺し合うようになるとかえって種にとってマイナスなものになる。そこで敗者を死にいたらしめないような攻撃抑制機構がやはり生得的に人間や動物にそなわっているのである。たとえば動物の場合には，威嚇や屈服の身ぶりといった攻撃の「儀式化」がお互いに殺し合うのを防いでいる。これにたいし人間においては，武器の発明によってそれまで保たれていた攻撃本能と攻撃抑制本能との平衡がくずれてしまい，そのためにお互いに殺し合うようになっているのである。

　ローレンツの命題のおもしろさは，西欧社会において常識とされていた考え方をいくつかの点でくつがえしたことにある。まず第1に動物の攻撃性をとりあげたことである。人間の攻撃性が学問的に研究されるようになったのは1920年代から30年代にかけてのことであり，それもごく少数の研究者の関心をひいたにすぎなかった。まして動物の攻撃性をとりあげた研究者となるとローレンツ以前にはほとんどいないといってもいい。人間と動物とを峻別し，動物をより劣った存在とみる西欧的な動物観のもとでは，動物の攻撃性についての人びとの関心は，せいぜいお互いに殺し合いをする獣といったイメージ程度のものでしかなかったのである。ローレンツはそうしたイメージをくつがえしたのであった。『いわゆる悪』の大部分は動物の攻撃性の分析にあてられているが，特にその部分は多くの人びとに新鮮な驚きをもたらしたのである。ローレンツの命題の第2の特徴は，攻撃性のプラスの

側面を強調したことにある。これもまた多くの人びとを驚かせることになった。攻撃性は一般的には「いわゆる悪」と考えられていたからである。ローレンツはむしろ積極的にそうした常識をくつがえそうとしたのであった。常識に衝撃を与えた第3の点は，ローレンツが本能説をとったことである。もちろんローレンツ以前に攻撃性についての本能説がなかったわけではない。フロイトの「死の本能」説は最も有名なものであろう。ただ自己を破壊しようとする死の本能が外部へむけられたものが攻撃性だとするフロイトの説はほとんど賛同者を得ることができなかった。そして心理学を中心に行動主義が勢力をもつにつれ，本能論そのものがまったくかえりみられなくなったのである。攻撃性理論においても本能説は否定され，ローレンツ以前において最も力をもっていたのは欲求不満─暴力説であった。これは1939年イエール大学のドラードたちによって提唱されたもので，攻撃性はフラストレーション（欲求不満）にたいする反応であるとするものであった。こうした状況のなかに登場したローレンツの説は，いわば本能説の復活であったから，論議をひきおこさずにはおかなかった。

　1960年代後半はテロや暴動，そしてベトナム戦争といった暴力現象にたいして人びとの関心が高まった時期であったが，そうした暴力現象を前に戸惑っていた一般の人びとは，ローレンツの説をショックと共感をもって受けいれたのであった。人間は生れつき残忍であるということを述べた著作が次々と出版され，ひとつのブームになったほどである。こうした一般の反応とは大きく異なり，研究者の反応は圧倒的にローレンツにたいして批判的であった。行動主義的立場をと

る心理学者は強い拒否反応を示したが、ローレンツが本能説をとる以上、それはむしろ当然のことであった。また、攻撃性は刺激がなくても蓄積されていき、それを抑えることは不可能だとするローレンツの説は、平和への努力を無意味だときめつけることになると受けとられたから、平和教育や平和運動を推進している人たちからも強い批判がよせられた。エソロジストたちにしても必ずしもローレンツの立場を肯定したわけではなかった。ローレンツが小鳥や魚だけの観察から人間の行動について結論づけることに疑念を抱く研究者は多いし、人間以外の動物でも種内で殺し合いをする例があることを指摘する研究者もいる。ローレンツにたいする批判のなかには明らかに誤解にもとづくものもあるが、いずれにせよローレンツの命題そのものにたいしては否定的な研究者が多いのが事実である。ただローレンツへの批判をきっかけとしてこれまでの攻撃性研究が再検討されたり、新しい研究がなされるようになったので、その意味で攻撃性研究を飛躍的に前進させたのはローレンツだといってもいいすぎではないであろう。

　ローレンツ以降攻撃性研究の主流をなしているのは社会的学習説である。これは攻撃行動は社会的に学習されるものであるという考え方に立つもので、たとえばテレビの暴力番組をみることが暴力行為を誘発するかどうかといった研究などはその一例である。また神経生理学や生理心理学の立場からの研究、たとえば脳やホルモンと攻撃性との関係の研究といったものも盛んである。

　ローレンツ以降の攻撃性研究の多くは表面上はローレンツをまったく無視しているようにみえるが、内容的にみればロ

ーレンツの説をすべて否定しているわけではない。ローレンツは人間の攻撃性を説明するにあたって武器や道具の使用と抽象的思考力とを強調しているが，この点だけをとればこれを否定する研究者はおそらくいないであろう。人間が知性によって新しい環境世界を生みだし，そのことが人間の行動を大きく変容させてきたという事実は，人間と社会の進化を考えるうえでいわば共通の認識となっているからである。武器の発達によって殺す相手の苦痛を直接みることなく殺し合うことが可能になったことが，そしてまた人びとが抽象的な観念や価値のために戦うようになったことが，人間同士の争いをより激しくより残酷なものにしてきたことは，本能説とか社会的学習説とかにかかわりなく，だれしも認めるところである。この点に関してはローレンツの説は特に新奇なものとはいえないであろう。

　同じことは破壊的な攻撃行動を回避する方策の議論についてもいえる。ローレンツは人間の攻撃性を無害なかたちで代償となる目標へ発散させることの必要性を説き，その例としてスポーツや芸術をあげている。だがこうした考え方は，これまで精神分析学者や心理学者によって「昇華」とか「カタルシス」，あるいは「道徳的等価物」といった概念で論じられてきたものとなんら異なるところがないのである。ローレンツにたいして最も批判的な社会的学習説による攻撃性研究においてすら，虚構の世界での攻撃行動を観たり読んだりすることが現実の攻撃行動の代替物となりうるかという問題が一つの研究テーマになっている。

　このように人間の攻撃性についてのローレンツの議論には，ローレンツに批判的な研究者にも受けいれられるはずの考え

方が少なからず認められる。ではなぜ全否定とも受けとられかねないほどの強い非難をあびたのであろうか。もちろん本能説を復活させたことが主な理由であったことはいうまでもない。だがそうした学問的批判の背後に，ローレンツが伝統的な西欧的人間観を傷つけたという感情的な反発があったことは否定できないように思われる。

一般的にいって社会科学の命題をめぐる論争の背後には人間観の対立がみとめられることが多いが，ローレンツの命題をめぐる論争はその典型的な例である。われわれはローレンツの命題をめぐる感情的ともいえる議論のなかに，西欧的な人間観——たとえば人間は理性的な存在であるとか，動物は人間より劣った存在であるとかいった伝統的な人間観——の根深さをあらためて感じさせられるのである。皮肉ないい方をすれば，一般の人たちがローレンツの説を受けいれたのも人間は動物とちがってとりわけ残虐であるといわれたためであるといえないこともない。ローレンツが提起したこの社会思想史的な問題もまた，ローレンツの命題のもつおもしろさの一つである。

〔参考文献〕

Lorenz, K., *Das sogennate Böse—zur Naturgeschichte der Aggression*, 1963（日高敏隆・久保和彦訳『攻撃——悪の自然誌』1・2，みすず書房 1970）.

中尾弘之編『攻撃性の精神医学』医学書院 1984.

（高橋三郎）

3 抑圧と文化の理論 (S・フロイト)

　人間は自己自身を抑圧する動物である。自らを抑圧することにより一方で文化を創出するが，また他方で自ら創出した文化により抑圧される。

　精神分析学 (psychoanalysis) という学問領域は，S・フロイト (Sigmund Freud) によって創始された。フロイト理論には数多くの特徴があるが，最も興味深い点は，彼の理論に含まれる逆説(パラドックス)である。単純化していえば，この逆説は次の2点に収斂するだろう。一つ目の逆説とは，人間の行為において，行為者は自己の行為の真の動機が自覚できないということである。通常，われわれは自己が何を欲して行為しているかを意識していると思っている。ところがフロイトにしたがえば，われわれが動機と思っているのは偽りの動機であり，真の動機ではない。人間は意識から隠された動機によって行為する。つまり「非意図的目的」によって行為するのである。二つ目の逆説は人間と文化との関係にかかわる。人間はより幸福な状態を実現するために文化を形成し，文明を発達させてきた。少なくともわれわれはそのように信じている。しかしフロイトによれば，人間は自己が生み出した文化の中でより不幸を経験することになる。これら二つの逆説がどのようにして成り立つのかを理解するには，フロイト理論の中心的な概念である抑圧 (repression) について述べなければならない。

フロイトは，人間は欲望する存在（man with desiring）であると考えた。フロイトによるこの人間の規定は，人間を思惟する存在（man with contemplation）とするデカルトに代表される西洋の合理主義の伝統から彼を離反させることになった。欲望する人間とは人間が本能を所有するということである。しかしフロイトのいう人間の本能（instinct）は，動物の本能と相違している。一般に動物が所有する本能とは，各動物に固有な，遺伝的に決定された行動型のことであり，それは動物の成長とともに先天的に決定されたプログラムに従って発現し，環境や学習によってはほぼ変化しないものとされている。これに対してフロイトの本能の概念には，本能の対象や目標が個体と環境により変化可能であるという意味が含まれている。人間の本能が動物のそれとは異なるものとなったのは，人間の生育の事情が動物のそれとは大きく相違していることに由来する。人間は動物と違って家族制度の内部に生み落され，長期間にわたって家族制度に保護されて成長する。人間の子どもは両親によって外的現実から隔離され，彼らの庇護と世話を受けながら生育するために，彼の本能は動物の本能のように外的現実との完全な一致を達成させる必要がない。つまり人間の本能と外的現実との間にずれが生じる。このずれはとりわけ子どもと母親との関係から生起する。家族制度において，子どもにとって最も自然な条件として与えられるのは，母親との関係であろう。母親の胎内から生まれ出た子どもは母親の胸の内で育てられる。この時，子どものあらゆる欲求はほぼ全面的に充足され，不快は排除される。しかし母親と子どもとはすでに一体でないから，子どもの欲求は必ずしも即座にかなえられるわけにはいかない。子ども

は快感の源泉（愛の対象）である母親からの分離を経験せざるをえない。この分離経験は子どもにとって死にも等しい恐怖の経験であり、それゆえ子どもの自我（ego）は強い不安を感じる。自我は分離の事実を受け入れることができない。分離していながらなお愛の対象と一体であろうとするためには、自我は分離の事実を否認して、愛の対象である母親との一体化を夢想する以外にはない。自我は二体一体の幻想（fantasy）を創り出し、本能の欲求をかなえることで分離不安を除去しようとする。この分離事実の否認が抑圧の原型である。なぜなら、生涯の最初に経験する愛の対象からの分離経験（欲動の挫折）は子どもに心的外傷（トラウマ）として残り、後年同様な不安を経験するときトラウマが再現されるからである。

　本能は苦痛や不快を回避して快のみを追求する快感原則（pleasure principle）に支配されているために、幻想によって充足している人間の本能は外的現実からずれてしまう。家族制度の内部で愛の対象との一体化を夢想する子どもは、外的現実への対応能力の欠如にもかかわらず、自己の全能性（ナルシシズム）を信じ込んでいる。幼児期の子どもは、自己の身体の各部位を使用して愛の対象（母親）との幻想による一体化を実現しようと努める。この目的実現のために子どもの性欲は、口唇、肛門、男根などから快感を受容する拡散した性の体制を発達させる。これが子どもの多形態に倒錯した性欲である。分離の事実を受け入れることのできない自我は、このような性体制を形成させるのである。幼年期の性欲動は自己の男根（ペニス）を使用して母親と結合しようと夢想する段階にいたって頂点に達する。この母親に対する子どもの性的欲動はエディプス的な欲望である。この欲望は、自己が自己の父親となって母親から

自己を獲得しようとする企て（project）であり，それまで受動的状態に置かれてきた自我が分離（死の経験）の受容を拒否して，自らを不滅化しようとする能動的な企てである。しかしこの企ては挫折せざるをえない。この時期において子どもは性別の事実に直面する。これ以前には子どもは母親にも自己同様男根が備わっているものと確信していたが，母親に男根が欠如している事実の確認は強い驚きを与える。そして，もし自己が母親への性的欲望を抱きつづけるならば，自分も同様に男根を失うかもしれないと考える。男根を喪失すれば，自己は永遠に母親（あるいは母親の代役）と将来において結合することはできない。この考えは最初期の分離不安と同様に強い恐怖を自我に想起させる。そこで自我は，男根を放棄するか，欲望を放棄するか，の選択をせまられるが，分離を受容しえない自我は欲望を放棄することになる。つまり，去勢不安に駆られた自我はエディプス的欲望を自ら挫折させざるをえないのである。これが抑圧である。このように後期におけるフロイトは，エディプス的企てと去勢コンプレックスに父親の像を介在させることなく説明しうる自己抑圧（self-repression）の理論を展開させた。これに対して初期の説明は，父親の像を必要とする理論であった。つまり，子どもが抱く母親への性的欲望は，外部に位置する父親が子どもに対して与える去勢の威嚇によって断念させられるという説明であり，後期の自己抑圧に比較するなら，いわば他者抑圧説であったといえよう。

　いずれの説明においても，挫折させられた欲動は消失するわけではなく，イド（id）という心の無意識の領域にとどまり，機会のある度に欲動の実現を求めて意識（自我）に働き

かける。自我は快感原則に従う本能とは違って、外的現実を支配する現実原則（reality principle）に従っている。本能によって生きることのできない人間は、欲動と外的世界の間を調節する自我を発達させざるをえない。こうして人間の心理は無意識（快感原則）と意識（現実原則）という心的矛盾を所有することになる。そのため抑圧された欲動が行為の真の動機でありながら、本人には意識されず、自我によって代償的に与えられた動機により行為することになる。ここに第1にあげた逆説（人間は「非意図的目的」によって行為する）が成り立つ。

ところで、第2の逆説である文明の逆説は、人間が幼児期の性欲動を抑圧する代償に文化（culture）を形成することに関連する。この両者の関係は「非性欲化」と「自我の不滅化」の両過程から成立する。まず非性欲化から説明しよう。自我は母親に対する性欲動を挫折させたが、母親からの分離（死の経験）を受容したわけではない。母親への肉体的欲望は、自我によって非性欲化され、欲動を代償的に充足させる新たな幻想の創出にふりかえられる。この新しい幻想が文化である。いわば自我は、この代償的に形成された幻想の中で、母に代わるものとの結合を夢みるのである。この文化＝幻想はそれゆえに二つの相反する要求を同時に満足させなければならない。一方において、この幻想は抑圧されたために執拗に回帰してくる性欲動を代償的にではあっても充足させなければならない。この意味で文化＝幻想は、本能を充足させていた私的な幻想をある程度吸収する必要がある。また他方において、文化＝幻想は、他者との間で共同化されなくてはならない。個人一人によって所有される幻想は非常に不安定な

幻想であり、本能に従うことのできない人間にとって、動物の本能が提供しうる安定した世界の代用にはならないからである。そのため個人は他者との間での幻想の共有化を行い、自然的現実に代わりうる第2の自然（人工的世界）を形成しなくてはならない。

次に「自我の不滅化」の説明にうつろう。分離経験を受容しえない自我は、文化を創出するとともに自己の永続化（死の拒否）を行う。先にふれたように、エディプス的欲望とは自己が自己の親となることによる自己の不滅化の企てであった。自我は母親への性欲動を断念させはしたが、分離（死）を受けいれたわけではない。欲動の断念と引き換えに、自我は積極的に父親との同一視（identification）を行い、自我の内部に親（父親）をつくり出す。自己が親と子どもの両者であれば、自我の不滅化の企てはある程度達成されるはずである。自我は内在化された親（父親）のために二分化して超自我（superego）と自我とになる。父親との同一視は、父親によって代表される先行する文化や伝統の内在化でもある。とりわけ超自我には文化（共同化された幻想）の道徳的規範が内在化される。このように、幼児性欲の抑圧は、一方で非性欲化を通じての文化形成をもたらすと同時に、他方では超自我形成による先行文化の内在化でもある。これら両過程ともに、去勢不安に駆られた人間が母親を裏切った結果達成された過程である。それゆえに、母親を裏切ったという罪責の感情は、文化をもつ存在すなわち抑圧を行う人間に特有な感情である。この罪責感は、超自我によって受け継がれ、超自我の自我に対する攻撃性となって表現される。超自我は自我に対して道徳的要求をかかげ、この要求に自我は答えなくては

ならない。自我はこの超自我からの厳しい要求に応ずるために本能（イド）からの欲動を抑圧する。ここに，人間は自ら形成した文化によって自己を抑圧する，という第2の逆説が成り立つ。

　この第2の逆説にはもう一つの逆説が重複して含まれている。それは人間は自ら創り出した文化の中でますます不満（不快）を経験するという命題である。先に述べたように，一度抑圧された欲動は決して消失することはなく，形を変えて絶えず意識内に浮上して充足を求める。この意味から人間は抑圧したために決して満足することのない欲望（神経症的欲望）を所有することになったといえる。この欲動を代償的に充足させるために文化＝幻想が形成されたのであるが，神経症的欲望は満足することがないゆえに文化＝幻想に絶え間なく拡大発展を要求することとなる。文化は少数の家族から多数の家族へ，さらにそれらを包含するより大きな集団への拡大化を強いられる。また，神経症的欲望は過去のよりよき充足の体験を再現しようとするために，現在に満足することなく，過去を未来へと投影する。このようにして，文化は空間的な拡大化を要請されるだけではなく，時間的な発展（歴史の形成）をも求められる。ここでわれわれはもう一度フロイトの本能論に立ち還らなければならない。フロイトは人間の本能を生の欲動と死の欲動に区別した。簡単にいえば，生の欲動とは諸々の単位を結合させる力であり，逆に死の欲動はそれらを破壊する力のことであった。人間の生命活動（性欲動）においては，これら二つの力は融合しており，両者はその力を相殺し合っている。抑圧による文化の形成とは，この性欲動の非性欲化（昇華 sublimation）を通じて達成される

が, 文明の拡大発展は当然ながら性欲抑圧と非性欲化の促進を要求する。ところがフロイトによれば, 生の本能の昇華は可能ではあっても, 死の本能は昇華しえないという。なぜなら, 生の本能の昇華は多くの単位 (たとえば諸集団) を結合させうるが, 生の本能から分離された死の本能は外部に対する攻撃性となって現れるため, この結合を破壊するからである。この結果, 文明の拡大発展が促進されればされるほど, 行き場を失った攻撃性は内攻化し, 各人の超自我の内に蓄積されざるをえない。超自我による自我への攻撃, すなわち罪責感がますます加重されることになる。「文化が家族から人類への必然的な過程であるとするならば, 罪責感の増大は, ……文化とは切っても切れない関係にあり, ひょっとすると罪責感の増大は, 個人の人間には耐えきれない程度に達するかもしれない」。このように第2の逆説は文明の進展による人間の不快 (罪責感) の増大という逆説をも含んでいる。人間は自ら創り出した文化に抑圧されるだけでなく, 文化の中でより不幸を経験せざるをえない。以上述べてきたように, フロイトの晩年のペシミズムは抑圧をめぐるディレンマに起因していたともいえよう。

フロイト理論における抑圧概念は, フロイト以後, 多様に解釈されてきた。まず第1にあげられるのは他者抑圧説である。この立場を支持する人びとに, E・フロムやW・ライヒがあげられる。彼らはともに父親と息子の関係を超自我と自我との関係に置き換え, 抑圧は父 (超自我) の息子 (自我) に対する態度としてとらえる。権威的な父親は過酷な超自我を息子に内面化させ, その結果, 権威に対する相反的な態度 (愛着と反抗) をもつ自我を形成させることになる。他者

抑圧説は，抑圧の原因は個人の心理外部の社会的関係，とりわけ経済構造を中心とする社会構造に由来するという議論に行きつく。その結果，精神分析学は社会学（マルクス主義）と折衷されざるをえない。これに対して，自己抑圧説に依拠する人びとにH・マルクーゼやN・O・ブラウンがあげられる。たとえば，マルクーゼによれば，抑圧には原抑圧（文化形成に必然的な抑圧）と過剰抑圧（社会の支配形態に特有な抑圧）の2種類があり，前者の抑圧は人間にとって不可避であるが，後者の抑圧は人間の努力によって軽減することが可能であるという。過剰抑圧が最も軽減される状態を彼はユートピアとよんだ。

〔参考文献〕

Freud, S., *Neue Folge der Vorlesungen zur Einführung in die Psychoanalyse*, 1932（懸田克躬・高橋義孝訳『精神分析学入門（続）』フロイト著作集1 人文書院 1971；懸田克躬訳『精神分析学入門』1・2, 中公クラシックス 2001；道簱泰三・福田覚・渡邉俊之訳『続・精神分析入門講義 終わりのある分析とない分析』フロイト全集 21, 岩波書店 2011）.

Brown, N. O., *Life Against Death*, 1959（秋山さと子訳『エロスとタナトス』竹内書店新社 1970）.

岸田秀『ものぐさ精神分析』青土社 1977，中央公論社 1996.

（亀山佳明）

4　文化としての性差（M・ミード）

　「どの社会でも，人類は，男女間の差異の最初の手がかりとなった，本来の生物学的な差異とはずっとかけはなれているような形態にまで，男女間の生物学的差異をしばしば精巧に仕立てあげてきている」。（『男性と女性』）

　性について考える時，生物学的性と社会学的性の二つにわけることができる。生物学的性差は，男性器官をもつか女性器官をもつかに帰着するが，社会学的性差はそれぞれの社会が男女各々に期待する資質・能力・行為・行為様式における差異である。M・ミード（Margaret Mead）の命題では，社会学的性差は生物学的性差をはるかに拡大したものであると述べられている。生物学的性差についてJ・マネーは『性の署名』の中で，男女の差異は（1）男性は妊娠させる，（2）女性には月経がある，（3）女性は妊娠する，（4）女性は授乳する，の4点にすぎないと指摘している。これ以外に絶対に変更不可能な性的差異は何もないというのである。生物学的性差は通常考えられているよりも小さい。社会と文化は本来，生物学的性差を縮小しこれを補う工夫であるはずなのだが，歴史をふりかえれば逆に拡大するものとしてあった。さらに性差別において強調される性差は，実は社会学的なものであるにもかかわらず，つねに生物学的なものと主張される。生物学的装いをこらすことはあらゆる差別に共通する点である。

かつて自らを差別と呼んだ差別はなく，差別は区別と自称するのが常套手段である。このようにして自称される「生物学的性差」は，本来的な生物学的性差よりずっと拡大されしかも宿命的なものと位置づけられ，性差別に正当性を与える。

では何故に社会学的性差は生じてきたのか。J・マネーの指摘した四つの差異は「たったこれだけ」ともいえるが，まさしくこれこそが決定的で宿命的な差異なのだ，ともいえる。しかし誰にとってなのか。それは女性ならぬ男性にとっての決定的なハンディキャップである，とM・ミードは主張する。ミードが『男性と女性』で展開した議論，とくに第3部までの七つの南太平洋文化の人類学的調査にもとづく部分で展開した議論は，S・フロイトの女性論のアンチテーゼと理解することができる。フロイトが女性性を説明するのに「ペニス羨望」の概念を用いたのにたいして，ミードは男性性を説明するのに「出産羨望」ともいうべき考え（明確に概念化されてはいないが）を提出した。

女性は自らの生物学的過程——初潮，妊娠，出産，授乳——が自然に花開くのに従うことで，女性性について，女性の役割について確信をもつことができる。しかし男性はそうではない。男性には子ども期と成人期を明確に分かつ女性の初潮に相当するものはない。男性はいつから男性になるのかはっきりしない。人間社会のもっとも原始的なレベルでは，交接と父親であることの因果関係は明確ではない。ましてや自らは出産も授乳もしない。男性性，男性の役割は不明確で，ひょっとすれば不必要かもしれない。そこで「男性は自分が男性であることを再び断言し，再び企画し，再び定義しなおさねばならない」。

そのためにはまず，成人男性の誕生時点を明確にする必要がある。「本来，句読点のない成長の過程に句読点を打つ」のである。青年が通過せねばならない成人儀礼はこのようなものとしてある。成人の男たちの手で，一人の男が社会的(フィクショナル)に誕生させられるのである。その際に施される割礼，抜歯，入墨などは女性の初潮に相当する身体的変化をもたらすものとして位置づけられる。さらに成人男性の男性性を確実なものとする主な手段は，男性のみが行える行為・仕事を設定し，そこから女性を排除することである。その行為は何であっても——たとえば料理・糸紡ぎ・また人形に着物をきせること等々であっても——かまわない。男性のみがそれを行えることに重要性の源泉があり，女性が同じことを行えばそれは重要でなくなる。男性性は業績によって確実なものとなる。つまり業績とは，男がよくなし得ることとして規定されるよりもむしろ，女がそれをなすことから排除されているものと規定されるべきなのである。このようにして男性における生物学的劣等性を補うために，社会学的男性性が考案される。すなわち「すべての女たちのもつ特権をしのぐ特権が必要なのである」。

男性優位の社会学的性差の根底には，逆説的ではあるが，男性が女性に抱く恐怖や羨望がある。子を産む性としての女性にたいするそれである。この根底への記憶は歴史の中で薄れていくが，一方で女性にたいする恐怖や羨望は象徴化され，元型としての「グレート・マザー（太母）」となった（E・ノイマン『グレート・マザー』ナツメ社 1982）。グレート・マザーは神話，宗教の中でさまざまな姿をとってたち現れてくる。ギリシアの先住民族ペラスゴス神話における万物の女神エウ

リュノメー，ギリシア神話におけるガイアや大地の女神デーメーテール，ヒンドゥー神話の女神ドゥルガ，さらに恐怖の側面が強調されたものとしてバリ島の魔女「ランダ」(中村雄二郎『魔女ランダ考』岩波現代文庫 2001)等々である。フロイト理論では羨む性は女性であり，女性の子ども願望さえがペニス羨望によって説明された。一方ミード理論では羨む性は男性であり，女性への恐怖が焦点となった。

　産む性としての女性にたいして抱く男性の不安に注目して社会学的性差を説明したのは，社会生物学者S・B・フルディである(『女性は進化しなかったか』思索社 1982)。男性の不安は，女性の産んだ子が自分の子どもであるかどうか決定的な確証を得られないことに由来する。F・エンゲルスも指摘するように，とりわけ私有財産制の確立とともに，父性について争う余地のない子をつくり財産の正当な継承者を確保することは，重要な問題となった。そのため男性がとりうる唯一の手段は，女性の性を統御することである。その方法として陰核切除，陰部封鎖のように肉体的加工を施すこと，貞操帯等の器具の考案，ハレムに典型的に見られるような空間的隔離，女性に慎ましさ，受動性，消極性を要求する習俗，慣習，その他すべての規範，等々が含まれる。このようにして「人類史の全段階を通じて，女性が乱交するのを阻止し，直接に証明し得なかった父が誰かという問題を状況証拠から確立しようとする努力が払われた」。その結果として多くの社会で女性たちは，ほとんどすべての霊長類のメスたちよりも劣悪な地位にいる。他の霊長類でも弱い個体が強い個体の犠牲になることはあるが，それはあくまでも個体間の問題である。一方の性が一つの集合体として，他方の性からの不利な

取扱いに服従を余儀なくされているのは人類のみである。人類だけが「性の二形性を制度化」してきたのである。フルディの著書の原題名 *The Woman That Never Evolved*（進化しなかった女性）は，人類が文化をもったが故に，人類のメスは他の霊長類のメスよりも惨めな状態に置かれるようになったことを表現している。女性は進化してこなかったのではなく，むしろ進化を妨げられてきたのである。フルディの理論では，男性がもつ女性への不安が，社会学的女性性をつくり出し，生物学的性差が拡大されてきたことを指摘している。

男性を優位，女性を劣位においてその差のさらなる拡大を志向する社会学的性差は，フェミニズムの攻撃対象となってきた。ミード，フルディの議論では，生物学的レベルでは女性が優位であり，男性はこれにたいして恐怖，羨望，不安を抱いて文化装置によって逆転をはかったと主張された。フェミニストの中にも女性の独自性を強調するディファレンス・フェミニスト（difference feminist）が存在する。しかしこれらの場合でも価値づけられた性差は依然として存在する。ただ優劣の方向が逆向きになっているだけである。女性がその生物学的特性によって優れているとされるなら，これもまた逆転した性差別といえないだろうか。

再びミードに戻ってみよう。彼女は単なる母権論者ではなかった。女性は「産む」ことにおいて，その確実性において男性から羨まれ恐怖された。しかし「産む」ことは当の女にとって，確実な一義的な体験ではないのである。「出産は，ある文化が与えている表現形式に従って経験される」。文化による出産の定義の差により，出産は危険で苦しい経験として，またはおもしろく夢中になるものとして，軽い冒険とし

て、あるいは超自然的な危険を伴うものとして経験される。女性たちは文化の定義を学習し、そのとおりに出産を経験する。生物学的事実そのものと考えられる出産もまた社会的構成物である。これにたいし出産は女性の生物学的必然であり宿命であって、子どもを産まないことは、女性の肉体に病的症状をもたらすという臨床事例が報告されている。しかしこれも純粋に生物学上の議論とはいえない。「こどもを産むことは生物学的必然であり、宿命である」と学習した女性は、出産という課題が達成されないとストレスを生じる。このストレスが病因であるとしたら、それは社会的にひきおこされた病気であるといえるからである。このような出産学習説に立てば、逆に子どもを望まないことも学習できることになる。その場合には、自分を傷つけることなく出産能力を拒否できる正当な理由として、かつては尼僧となること、今日では自分にとって意義ある職業につくこと等が採用された。

　生物学的性には認知的要素が混在し、それほど確実な事実でないことは、J・マネーも指摘している。「自分は女である、自分は男である」という基本的認知＝性自認（gender identity）は、解剖学的構造に即して自然に獲得されるかのように思われがちである。しかし実際はそうではなく、学習によって形成される。赤ん坊にたいし、両親をはじめ周囲の大人は、男性性、女性性に関する基本図式にしたがって男の子、あるいは女の子としてとり扱う。赤ん坊は観察・訓練によって誕生直後からこの図式を学習し始める。これはちょうど言語の習得に類似している。われわれは言語にかかわる器官——口、声帯、耳、脳神経経路——をもって生まれてくるが、それだけでは話せない。同様にわれわれの性も、生殖器官をもって

生まれてくるだけでは決定できず，適切な時期（生後2〜3年まで）に環境からの刺激を受けて習得される。いみじくも言語の習得の時期と性の習得の時期は一致する。いったん習得された性自認は，二度と変更不可能である。たとえば外部生殖器の形成が不全で誕生時女性と判定された男性が，性自認の確立後男性と再判定される場合がある。しかしこの場合，すでに確立した性自認に応じて異性への関心の方向も男性へと定まっている。このような男性にたいし生殖能力を尊重して，以後男性であることを強要すれば，彼は心理的不能者か同性愛者になる他はないのである。

性は，普通考えられているほどには，生物学的事実ではない。女性差別に正当性を与える「生物学的性差」は，社会学的性差である。また逆に女性の生物学的特性をもって，女性は優れていると主張する一部のフェミニストの論拠も危うい。すべてのイデオロギーとしての「生物学」を解毒し，コンパルシヴでなくもっと軽やかに男女それぞれの性を生きることができたら……と命題の彼方に想いは拡がってゆく。

〔参考文献〕

Mead, M., *Male and Female*, 1949（田中寿美子・加藤秀俊訳『男性と女性』上・下，東京創元社 1961）.

Hrdy, S. B., *The Woman That Never Evolved*, 1981（加藤泰建・松本亮三訳『女性は進化しなかったか』思索社 1982）.

Money, J. and Tucker, P., *Sexual Signatures*, 1975（朝山新一ほか訳『性の署名——問い直される男と女の意味』人文書院 1979）.

（井上眞理子）

5　動機の語彙（C・W・ミルズ）

> 動機は，ある行為の「原動力」となる内的状態というよりは，人びとが自己および他者の行為を解釈し説明するために用いる「類型的な語彙」である。

C・W・ミルズ（Charles Wright Mills）は，『ホワイトカラー』(1951)『パワー・エリート』(1956)『社会学的想像力』(1959) など，現代社会および現代社会学に対する批判的な著作によって広く知られているが，ここではむしろ上記の命題を中核とする彼の動機論に注目しよう。それはミルズのごく初期の仕事に属する（とくに 1940 年の論文「状況化された行為と動機の語彙」）。のちにミルズは，H・H・ガースとの共著『性格と社会構造』(1953) のなかの「動機づけの社会学」という章で再びこの問題を論じたが，基本的な論点は最初の論文とほとんど変わっていない。

上記の命題のポイントの一つは，動機を行為者の内的属性あるいは内的状態とみる常識的な見方に対して，「動機は語彙である」として，いわば動機を行為者の外側に位置づける見方を示している点にある。実際，どんな社会にも，動機に関するさまざまの「類型的な語彙」(typical vocabularies) が存在しており，人びとはそれらの既成の語彙を用いて，他者および自分自身の行為を解釈し説明し，その行為の意味を理解しようとしている——たとえば，あの行為は「嫉妬」のためにちがいないとか，この行為は「保身」のためであろう，

といった具合に。

このような側面に注目すれば、動機を行為者の内部にではなく、外側の言語世界、社会的なシンボルの世界に位置づけてとらえる観点が成り立つ。つまり、常識的な動機内在論に対して、一種の外在論が成り立ちうるわけである。この外在論はまた、社会的に類型化された動機の語彙を用いて人びとがさまざまの行為に動機を「付与」するという、動機付与論の観点をもふくんでいる。たしかに、動機探究の専門家たち（心理学者や社会学者）は、行為者本人には意識されていない動機をもふくめて、さまざまの動機を「発見」してきた。しかし動機とは、結局のところ、行為を触発する内的状態として「仮定されているもの」にすぎないのではないか。とすれば、心理学者や社会学者といえども、厳密な意味で（たとえばコッホがコレラ菌を発見したように）動機を「発見」するわけではない。むしろ彼らは、それぞれの専門的知識や語彙を動員して、さまざまの行為にしかるべき動機を「付与」するのである。

内在論から外在・付与論へという発想の転換は、しかし、必ずしも全面的にミルズの独創とはいえない。ミルズ自身はっきりと認めているように、この転換はすでにM・ウェーバーの動機論によって準備されていた。ウェーバーは「〈動機〉とは行為者自身や観察者がある行動の当然の理由と考えるような意味連関を指す」とし、そのような意味連関としての動機に関して「目的合理的」「価値合理的」「感情的」「伝統的」という有名な四つの類型を考えた。しかし、これらの類型は、あくまでも、社会的行為一般の理解と説明をめざす社会学者の立場（つまり専門的な観察者の立場）から構成された理念型であって、普通の人びとが日常生活のなかで用いて

いるものではない。そこでミルズは、普通の人びとが、行為者として、また非専門的な観察者として、日常的な状況のなかでおこるさまざまの具体的な行為に、既成の常識的な語彙を用いて動機を付与しあいながら相互作用を営んでいる側面に注目することによって、ウェーバーの動機概念を拡張した。また、それにともなって、ウェーバーにおける「意味連関」も、普通の人びとに利用可能な「類型的な語彙」（つまり、常識的な意味連関を示す既成の語彙）に置きかえられた。

日常的な相互作用状況のなかでの動機付与（動機解釈）は、社会生活上および人間関係上の身近な関心に対応しており、それだけに私たちにとって切実な意味をもつ。もし他者の行為にうまく動機を付与できなければ、私たちはその行為の意味をとらえそこなうことになり、したがって適切な対応もできかねるからである。私たちはまた、他者の行為の動機を解釈するだけでなく、たとえば弁解や釈明として、自分自身の行為の動機を他者に対して表明しなければならないこともある。そして、そのどちらの場合においても、私たちは通常、動機に関する「類型的な語彙」に頼る。

しかし、安定した相互作用状況においては、動機の付与は習慣化されており、ほぼ自動的に行われているので、意識的な動機付与の必要は生じない。それが必要となるのは、予期せざる行為や、その意味を確定しかねる多義的な行為が生じて、相互作用の安定性が脅かされる場合である。そのような場合、その状況に関与している人びとは、問題の行為の動機を明らかにすることによってその行為の意味を理解しようとする。と同時に彼らは、しばしば、当の行為者に動機の表明を期待する。行為者の立場からみると、自分の行為に対して

社会的存在としての人間　047

他者から予期した反応がえられなかった場合、あるいは自分の行為が他者の期待にうまく応えていないと思った場合などに、動機表明の必要が生じる。つまり、動機を表明することによって、自分の期待どおりに反応してくれるように、あるいは自分の行為を容認(アクセプト)してくれるように、他者に働きかける必要が生じるのである。

　この意味で、動機の表明は「他者へのアピール」であり「行為の戦略」である。したがって、人びとはしばしば、アピールとしての効果を考慮して、「真の動機」(自分自身に対する説明)とは別の動機を表明する。いずれにせよ、この表明が適切に選ばれた「動機の語彙」によって行われ、他の人びとによって受けいれられれば、表明者にとって好ましい結果がもたらされる。のみならず、そのことによって、「可能的および現実的な社会的コンフリクト」が回避または解消され、相互作用の秩序が維持または回復されるという効果がもたらされる場合も少なくない。こうした働きをミルズは「統合的機能」と呼んだ。

　動機の表明は、行為のあとで、いわば事後的に行われる。しかし、動機表明がアピールであり戦略である以上、行為者が事前にその点を考慮しておくということもありうる(「この行為をした場合、いったいどういう動機表明が可能だろうか？」)。もしその行為に対して、他の人びとが受けいれてくれそうな動機をまったく思いつくことができなければ、人はなるべくその行為を避けようとするであろう。このようにして、戦略は戦略家を拘束する。この点をもう少し広い文脈で考えると、動機の語彙は人びとの行為を変えたり、思いとどまらせたり、あるいは強化したりする「統制的機能」をもつ、

ということもできる。もともと動機の語彙は道徳的なふくみをともなっており、私たちは社会化の過程をとおして、どのような状況でどのような行為が適切であるかを学ぶと同時に、それぞれの行為に対してどのような動機が道徳的に適切であるか（あるいは、少なくとも容認されうるか）をも学習し、内面化する。こうして、動機の語彙は、G・H・ミードのいう「一般化された他者」の構成要素となり、ある種の行為を促進し、ある種の行為を抑止する社会統制のメカニズムとして作用する。つまり、「行為者によって先どりされる他者の判断」として人びとの行為を方向づけ統制する機能を果たす。

ミルズはここで、「統合的機能」とともに彼が重視した「統制的機能」について述べると同時に、語彙としての動機の内在化の過程についてもふれている。動機の語彙は社会化過程をとおして個人のなかに浸透し、行為の構成要素となる。この点では、ミルズは必ずしも内在論を否定しているわけではない。とはいえ、外在的な語彙から出発するという前提に立つ以上、従来の内在論がしばしば示す超歴史的な性格、つまり人間に内在する普遍的な動機を想定する立場は否定される。動機の語彙は歴史のなかで変動するからである。たとえば、彼女の結婚の動機は愛か金かと問うことは、現代の私たちの社会では意味をもつとしても、結婚に個人の意志がほとんど介入しないような時代や社会においては無意味であろう。

語彙としてとらえられた動機は普遍的なものではありえない。それは歴史的・社会的諸条件によって強く制約されている。この観点は、とうぜん、動機に関する知識社会学的な考察を導く。中世ヨーロッパの宗教的な動機語彙も現代アメリカの快楽主義的な動機語彙も、あるいはフロイト主義の動機

語彙やマルクス主義の動機語彙も，それぞれに特定の社会的基盤をもち，それに制約されている。こうしてミルズは，動機の様式と社会構造との関連を究明する知識社会学的研究を動機論の重要な一分野と考えた。

以上のように，ミルズの考察はきわめて社会学的に展開されている。もともと，ミルズが動機を個人の側にではなく社会のシンボル体系の側に位置づけたのは，そのような観点をとることによって動機の問題を社会学的に扱うことができると考えたからである。したがって，ミルズは決して「動機とは語彙であって，それ以外のものではありえない」と主張しているのではなく，「語彙としてみることもできる」という一つの観点を示しているにすぎない。そうした発想の出発点がウェーバーの動機概念にあったことについてはすでに述べたが，もう少し広い背景に目を向けるなら，一方にL・S・ヴィゴツキーやK・バークらの言語論・シンボル論があり（動機を言語に結びつける視点はすでにバークによって提示されていた），他方にG・H・ミード流の社会行動主義（社会的文脈を重視しながら観察可能な外的指標によって行為にアプローチすべきだとする主張）があったことを見落すべきではない。これら二つの潮流のいわば接点に，「動機の付与と表明に関する観察可能な言語的メカニズム」とその社会的機能の分析をめざすミルズの「動機の社会学」の構想がある。

ミルズは1962年にその比較的短い生涯を閉じたが，生前には彼の動機論はほとんど注目されることがなかった。しかし，1960年代の後半から70年代にかけて，事情は少しずつ変わってくる。象徴的相互作用論やエスノメソドロジーの発展がみられ，また言語論や記号論への関心が高まるといった

新しい状況のなかで，ミルズの動機論がいわば再発見され，従来の生物学的あるいは心理学的な動機論には還元できない独自の社会学的アプローチを開拓したものとして，ようやく正当な評価を与えられるにいたるのである。と同時に，その観点を受けつぎ発展させようとする仕事も，いろいろな形であらわれてくる。たとえば，動機の表明を「行為と期待とのあいだにギャップが生じた場合，そこに言葉で橋を架ける」ための釈明としてとらえ，その種の釈明の類型や表現様式を分析したM・B・スコットとS・M・ライマンの論文や，動機の付与と表明を規制する一般的なルール（「動機の文法」）に焦点を合わせたA・F・ブラムとP・マクヒューの論文などは，その代表的なものといえよう。

〔参考文献〕

Mills, C. W., "Situated Actions and Vocabularies of Motive," *American Sociological Review*, 5 (December), 1940（田中義久訳「状況化された行為と動機の語彙」本間康平・青井和夫監訳『権力・政治・民衆』みすず書房 1971）.

Gerth, H. H. and Mills, C. W., *Character and Social Structure*, 1953（古城利明・杉森創吉訳『性格と社会構造』青木書店 1970，復刻版 2005）.

Burke, K., *Permanence and Change: Anatomy of Purpose*, 1935, 3rd ed., Univ. of California Perss, 1984.

Scott, M. B. and Lyman, S. M., "Accounts," *American Sociological Review*, 33 (December), 1968.

Blum, A. F., and McHugh, P., "The Social Ascription of Motive," *American Sociological Review*, 36 (February), 1971.

（井上　俊）

6　相関主義（K・マンハイム）

　認識はその背後の社会的存在と結びつけられることにより相対化されるが，特定の社会的存在と結びつけられた認識のみが他の観点からは認識しえないものを把握しうる資格をもつ。そして，各々の観点に固有の認識の一面性を全体的観点から相関させる作業の繰り返しによりわれわれは全面的真理へ無限に接近できる。

　社会科学にはさまざまの理論や命題や，それらを基礎づける思想がある。これら多くの命題・理論・思想の乱立抗争の中で，われわれはどれを真理として選びとればよいのか。そもそも，人間が人間を対象とする社会科学において，実践し認識する生きた人間の認識成果が真理たることは可能なのであろうか。そこには何らかのバイアスが必ずつきまとうのではないのか。

　1919年のハンガリー革命に微妙な形で加担し，結局は反革命の嵐の前にドイツへと亡命した若きマンハイム（Karl Mannheim）にとって，この認識と実践，認識の真理性をめぐる社会科学の根本問題は避けて通れぬ切実な問題であった。「意識がはたして現実を正しくとらえているかどうかを判定する尺度として，昔は，神とか，純粋に思弁によってとらえられる理念とかが考えられていた」「神という規準が消失したのちに，いったい現実を正しくとらえているかどうかの規準は，どこへ移っていったのか。それを……詳細に確かめよ

うと思うなら、イデオロギーという言葉の意味に、……立ちいった歴史的意味分析を加えなければならない」。こうして認識の真理性を求める彼の問は、新しい社会学の分野としての知識社会学の確立、イデオロギー論の研究へと向かった。そしてその最高の成果が、1929年刊行の『イデオロギーとユートピア』であった。彼の相関主義の立場もここに確立したのである。

　以下、『イデオロギーとユートピア』を中心に彼のイデオロギー論・相関主義の立場を追ってみることにしよう。マンハイムによれば、人間の意識の真理性に対する懐疑の念は、敵対者に対する不信と疑念としてまず成立したという。そして相手の言明への疑惑の念から、さらに進んでその言明の背後の利害や社会状況への洞察へと思索が及んで、イデオロギーという概念が成立した。「敵のいうことも単純にごまかしだとは考えないで、全体としての態度のうちに不誠実さを嗅ぎとり、それを社会的な現実状況の函数として解釈する時に、はじめて敵対者の説はイデオロギーとして理解される」のである。認識の真理性をめぐる問題は、むしろその虚偽性の暴露の仕方をめぐって、言明者の言明をイデオロギーとして把握する所に成立・展開してきたとされるわけである。

　さて、このイデオロギーという概念にも二つのカテゴリーがあるとされる。一つは部分的イデオロギー概念、今一つは全体的イデオロギー概念である。部分的イデオロギー概念とは「敵対者は事実を正しく認識しようという気はないのだ。彼はその理念や考えによって、多かれ少なかれ故意に、事実を蔽い隠そうとしているのだ」として、相手の特定の理念をその利害・関心から暴こうとするような場合に成立する。

「彼がそんなことをいうのは上司にとり入りたいからだ」といったパターンの発想がこれである。それは言明者の利害・関心という心理的平面への考察の域を出ないイデオロギー概念である。それに対し、全体的イデオロギー概念は構造的なイデオロギー概念である。そこでは、敵対者の世界観全体が、その個人的心理からのみならず、その背後の集団・社会状況に関係づけられて暴露されるのである。「彼がそのような主張をするのはブルジョア的世界観のゆえであり、それはブルジョア階級の人間であるという、その階級的制約によるものである」といった思考法の中に典型的な全体的イデオロギー概念を見出すことができよう。全体的イデオロギー概念においては、言明者の言明の虚偽性は構造的・社会学的に暴露されるのである。さて、マンハイムによれば、部分的イデオロギー概念からこの全体的イデオロギー概念へという流れは、カントの意識哲学にはじまり、ヘーゲルと歴史学派によるこの意識哲学の歴史化を経て、マルクスの社会理論において完成をみたとされる。マンハイムはその象徴として、『哲学の貧困』の中のマルクスの次の言葉を引用する。「経済学の様々なカテゴリーは、どれも様々な社会的な生産関係の理論的表現であり、抽象であるにすぎない」。こうして「マルクス主義においてはじめて、問題はたんなる心理学の次元を超えて、全体的イデオロギー概念の方向へ突破され」たのであった。

「しかし、自分以外の一切の立場をイデオロギー的だとして暴露するやり方を、長い間ある一つの陣営だけが独占して、他の陣営はこの方法を使わないということはありえない」。「マルクス主義をも、そのイデオロギー性に関して分析の俎

板にのせることを，誰も相手に禁止することはできない」のである。こうしてマルクス主義をも含めて全ての思想をその社会的存在背景から把握する全体的・普遍的イデオロギー概念の立場が成立する。われわれには「敵の立場だけではなく，原理上一切の立場を，つまり自己自身の立場さえイデオロギーとみなす勇気がなければならない」のである。こうして，あらゆる認識が存在拘束的なものである，という知見が確立した。「全体的イデオロギー概念を普遍的に把握する立場からすれば，人間の思想は，党派や時代にかかわりなく，すべてイデオロギー的であり，それを免れるものはまずありえない。どんな思想上の立場にしても，歴史的に変化してこなかったようなものはありえないし，現代社会において党派性を指摘されえないものはない」のである。

しかし，そうだとすれば，これではわれわれの認識が永遠にそれぞれに相対的なものであることを確認するに留まるのではないか，われわれの意識が現実を正しく把え全面的真理に至る道が塞がれてしまうことになるのではないか，という疑念が湧いてこよう。マンハイムの結論は不可知論的相対主義を結果するのではないのか。マンハイムはそうは考えなかった。彼は相対主義からニヒリズムに至る道を拒絶して，人間理性への信頼の道に危うく踏みとどまった。相対主義の悪循環に陥ることを避ける術を彼は用意したのである。それが相関主義の概念であった。彼はいう。「人間の思想は，自由な社会的空間の中で，自由に浮動しながらつくられるのではなく，反対に，いつも特定の位置に結びつき，そこに根をおろしている。しかし，この根ざしは，決して誤謬の源泉とみなされてはならない。他人を理解するのに，その人となまの

現実的な人間関係に立っている人間のほうが，知的にもかえって相手のことを十分に立ちいって理解するチャンスに恵まれている。ちょうどこれと同じように，認識視角やカテゴリー上の道具立てが社会的に拘束されていることは，かえって現実への根ざしを意味し，特定の存在領域を把握する上で，いっそう大きな力をもつチャンスに恵まれることになる」のである。すなわち，特定の歴史的時点に立った，特定の集団に所属することによってのみ接近しうる真理が彼はあるというのである。そして，このような特定の立場に立つことによってのみ到達しうる部分的真理を，全体的観点から相関させる作業が進行していけば，われわれは無限に全面的な真理に接近していくことができよう。「社会の流れのうちに成立する個々の見地は，それぞれの流れのうちの異なった地点に立って，そこから流れそのものをなんとか認識してみせようとする。そうすることでそれぞれ異なった社会や本性に根ざした本能が有力化し，それに応じてそのつど全体の脈絡のうちの異なった領域が照らし出され，いつも別の領域を押しのけてそこだけが目にはいることになる。あらゆる政治上の見方は部分的な見方にすぎない。なぜなら，歴史の全体としての流れは，そこから生まれた個々の見地からあますところなく見わたすには，あまりにも包括的だからである。しかし，こういうあらゆる見地が，歴史や社会の流れのうちに現れるからこそ，いいかえれば，それらの部分性が，生成する全体性の要素として組みたてられているからこそ，それらの見地を比較対照することができるようになるし，またそれらを総合的に観察するという課題をいつも新しく設定し，解決することができるのである。」

実践的・党派的認識のみがもちうる真理性を生かしつつ，実践から距離をおいた立場からの認識の有効性をも生かして一つの全体にむけて動的に総合していく方法，これが彼の考えた相関主義の立場であった。これはマルクス主義的な党派的認識の優位の観点と，ウェーバー的な没評価的認識の信頼性の観点とをマンハイムなりのやり方で総合しようとした試みの成果であったともいえるかもしれない。

　さて，問題はまだ残されている。それはこの特定の価値観点に立つことにより得られた部分的真理を，生成する全体の各要素としつつ動的に相互関連的に総合するという作業を具体的に遂行する主体は一体誰なのかという問題である。マンハイムはこの困難な問にも解答を残している。それは，すべての階級的拘束から解放された「自由浮動的なインテリゲンチャ」なのである。「インテリ層の大部分は，産業貸付資本によって生活する利子生活者である。だが，広範な公務員や多くのいわゆる自由業も，やはりインテリ層に属している。こういう職業の一つ一つを，その社会的な基盤に照らして研究してみても，経済面に直接関与している階級の場合のようには，どの階級に帰属しているかは，はっきりとは出てこないのである」。彼らを結びつけているのはただ一つ「教養」という観念だけなのである。この「教養」という観念のみに縛られ，他の既存の集団の拘束に決して縛られることなく，自由に観点を変えて動的総合を行うことができるインテリゲンチャによってのみ，認識の真理性は救済されうるとマンハイムは考えたのであった。従ってマンハイムの相関主義は結局一つの知識人擁護論を結果したといいうるかもしれない。さらには，この立場をもって，知識人に過大なウエイトを置

いた知識人エリート主義論であるとして批判する人もあるかもしれない。しかし，留意しておかねばならぬのは，引用の箇所からも明らかなように，マンハイムが知識人として想定していたのは一部の古い特権的知識人の層ではなく，ホワイトカラー層をはじめとする拡大する新しい広範な知的生活を営む人びとであったという事実である。

　さて，マンハイムの議論の紹介はこれで終わった。最後に彼に対する批判をみてみることにしよう。まず，彼の相関主義の概念に今一つの明解さを欠く所があり，動的総合の方法も具体的に詳しく展開されているわけではないことへの不満は最もしばしば説かれてきた所である。しかしこれはいわば発展的・下位的問題であり，原理的問題ではない。原理的問題はマルクス主義と分析哲学（批判的合理主義）の側から提起された論点にある。マンハイムによって批判されたマルクス主義の立場から反批判が行われたのはある意味で当然のことであったが，それは知識人無階級説への批判にとくに集中しているので，この点に関しては（本来マルクス主義と対立する）批判的合理主義の側からの批判と軌を一にしているといえる。そこでここでは代表的な批判的合理主義者K・R・ポパーのマンハイム批判を見ることによってマンハイム批判の典型的な方向性を追ってみることにしよう。K・R・ポパーはマンハイムの立場を，"インテリゲンチャの自分のみが偏向なく客観的真理に到達することができる"とするのは，一つの全体的イデオロギーではないかと批判する。なぜ知識社会学者は，自分だけが社会を「どんな社会での位置からでもなくて客観的に，すぐれて高い位置から，眺めることができると信じ」ることができるのか。ポパーはこう批判し，「反

証可能性」という彼独自の客観性の基準と，批判的討論という方法とを提起する。ポパーは，マンハイムのように特定の個人に認識の真理性を求めるのであれば，それは不可能な業だとする。われわれはインテリゲンチャであろうが何であろうが自己の社会の社会的存在拘束性から脱しえないのだ。従って客観性は科学者個人の客観的たろうとする努力から来るのではなく，多くの研究者の批判的な相互討論の結果到達しうるものなのである。これがポパーによるマンハイム批判の結果の代案であった。

今日の時点でみると，ポパーのマンハイム批判には鋭い所もあるといえる。しかし個人が内面でさまざまの見方を動的に総合していくことと，集団が批判的討論を行うこととの間に原理的に相違があるだろうか。ポパーの側には，マンハイムにはない「反証可能性」（＝命題が反駁できるように構成されていること）という総合化の基準が準備されているが，これとこれのみが有効だという保証はどこにもない。この基準を拒否することも各研究者によって自由なのである。こうして考えていくと，実はポパーとマンハイムは意外に近いことに気づく。個人にせよ集団にせよ批判的・合理的理性によって徐々に漸進的に客観的真理に人間が到達していくという単線的進歩主義の観点において両者は軌を一にしているのである。最近の科学史・科学論の成果は科学史上の重要なパラダイム変化は，しばしばそのような単線的進歩主義とは無縁の地平から生じていることを明らかにしている。従って，このようなパラダイム革新論的科学史観の地平線上にマンハイムを位置づけるとすれば，それは一定の限界をもったものだということになるであろう。

それではマンハイムの知識社会学は無効となったのか。決してそうではない，というのは，実はパラダイム論とマンハイムの知識社会学とは相互に異なる次元の上に立っていることに気づかされるからである。マンハイムが展開したのは，パラダイム論が考えたコペルニクス革命のような巨大なパラダイム転換時の知性のあり方の問題とは異なる。それが問題としたのは一定のパラダイム上での認識の真理性にかかわる論点であったのである。従って，この地点に立ってみる時，マンハイムの知識社会学は今日も生きていることが確認されるし，そこにパラダイム革新が起きて克服される日までそれは確実に生き続けると断言できるであろう。

〔参考文献〕

Mannheim, K., *Ideologie und Utopie*, 1929（徳永恂訳『イデオロギーとユートピア』世界の名著56 中央公論社 1971；高橋徹・徳永恂訳『イデオロギーとユートピア』中公クラシックス 2006）.

Popper, K. R., *The Open Society and It's Enemies*, 1943（武田弘道訳『自由社会の哲学とその論敵』世界思想社 1973）.

筒井清忠『現代思想の社会史——社会科学におけるパラダイム転換の方向性』木鐸社 1985.

（筒井清忠）

7　自己呈示のドラマツルギー（E・ゴフマン）

　社会的状況のもとでの行為は演技の要素を含む。行為者は同時に演技者（パフォーマー）であり，観客（オーディエンス）を意識した「印象の演出者」である。

　E・ゴフマン（Erving Goffman）『日常生活における自己呈示』（1959年刊，邦訳『行為と演技——日常生活における自己呈示』）は，日常のさまざまな場面において行われる演技の諸相を明らかにした著作である。この著作におけるゴフマンの主張を命題のかたちで示せば，上に掲げたもののようになるだろう。もちろんゴフマンはこのような抽象的な命題を正面から論じてはいない。彼の行ったことは，個々の場面における演技についての徹底的に具体的な記述である。男子学生の前で女子学生はどのように自分を演出するかとか，ホテルの従業員が客のいるところといないところでいかに態度を変えるか，といったことがそこでは語られている。だがそうした具体的な記述の集積は全体として，行為一般あるいは行為者一般についてのメッセージを読む側に伝えてくる。この著作から上のようなかたちで抽象的な命題をとり出すこともその意味で，あながち不当とはいえないだろう。

　以下に命題の説明を行ってゆくことにするが，今述べたことから明らかなように，この場合著作の内容を単純に要約するという方法は有効でない。むしろ，ゴフマンの議論に含まれている情報をやや抽象的なレヴェルで整序し直すという方

法が望ましい。ここではそのような観点から命題の説明を試みることにしたい。

社会的状況のもとで行われる人間の行為は常に、その行為者自身についての何らかの情報（その人の性格、富裕の程度、関心の対象といったことに関する情報）をだれかに伝えている。そのかぎりで行為は常に自己呈示（self-presentation）である。自己呈示が意図的に行われるとき、つまり自分の行為に操作を加えてだれかに何らかのメッセージを伝えようとするとき、それは演技（performance）とよばれる。行為者はたいていの場合、ある行為を選択すればそれがどのような情報を特定の他者にもたらすかを事前に予測している。そしていくつかのそうした予測をもとに現実の行為選択を行っている。行為者が自分の行為の伝える情報について無知であることは稀である。このように考えれば、ほとんどあらゆる行為に、上に定義した意味での演技の要素が含まれていることがわかる。

演技の向けられる相手、つまり自己に関する情報の受け手と想定されている存在は観客（audience）とよばれる。行為を実際に見ている人、あるいは行為の現場にはいないが間接的にその行為についての情報を得ると予想される人が観客（オーディエンス）となるだろう。もちろんオーディエンスの意味を「当該行為を見ていると行為者によって意識される存在」というように広く解すれば、それを実在していて情報伝達可能な他者に限定して考える必要はない。実在しない他者、あるいは実在はしていても情報が伝達される可能性のない他者もオーディエンスとなりうる。たとえば人は、もうすでに死んでしまった人間や、生活圏が全くちがっていて自分の当該行為を決して知りえない人間を念頭において、つまり彼ら

があたかもその場にいるかのように感じてふるまうことがある。さらには特定の他者の形姿をもたない存在，たとえばその人自身の良心，信念，美意識などもまた広い意味でのオーディエンスとしての機能を果しうるだろう。これらのオーディエンスは行為者に対し状況一貫的な要求をすると考えられる。ただゴフマンはこの種のオーディエンスについてはあまり関心を示さない。彼がとりあげるのはもっぱら，当該行為を直接・間接に知る，実在するオーディエンスについてであり，それらに向けられた自己呈示（つまり「演技」）についてである。

　演技はどのような関心に基づいて行われるだろうか。ゴフマンのとりあげた事例をもとに考えると，演技を支える関心には大きく分けて二つある。一つは広い意味での自己利益への関心。就職のために面接をうける人などは明らかにこの関心から演技をしている。被面接者は「自分に有利な印象を人に抱かせるためばかりでなく，……知らず知らずのうちに伝わるかもしれない自分に不利な印象をあらかじめさけるためにも外見と態度に多くの注意を払う」のである。別にこの例に限らない。ある目的を遂げるためにオーディエンスから特定の反応（面接の場合なら好意的反応）を得ようとしている人は一様に，印象の演出にたけていなければならない。

　またさまざまかたちで「虚勢を張る」人などもこうした関心に支えられて演技をしている。この場合は実現すべき特別の目的があるわけではない。オーディエンスからの反応（賞讃・評価など）を得ることそれ自体が目的となって演技が行われる。人の目にふれる居間のテーブルには硬い記事中心の新聞を置き，寝室では通俗的な読み物を読む婦人，5, 6歳

向けのTV番組には興味がないと公言しつつ，こっそり見ている8歳の少年——これらはいずれもゴフマンのあげている例——などは実際の自分よりも高い（と当人が考える）自分を見せることにより，より大きな賞讃・評価を得ようとしているのである。あるいは自分にとって都合の悪い情報が露呈したとき，さまざまな防衛的措置（defensive practice）を講じて取り繕おうとする人なども同質の関心に支えられているといってよいだろう。

　演技を支える今一つの関心として考えられるのは，広い意味での利他的な関心である。たとえば，本物の薬だといって偽薬（プラシーボ）を与える医師とか，心配性の女性ドライヴァーのために不要と思いつつもまじめな顔をしてタイヤの空気圧を何度も何度も点検する給油ステーションの従業員，といったゴフマンのあげている例を考えてみればよい。この医師とか従業員は，演技によって何か利益を得ようとしているわけではない。少なくともそれは彼らの第一義的な関心ではない。彼らはむしろ，相手（オーディエンス）を安心させるために情報コントロールをしている。あるいはゴフマンが「察しのよい無関心」（tactful inattention——別の著作ではcivil inattentionともよばれている）とよんだ演技のことを考えてみてもよい。相手にとって都合の悪い事態に接したときに見て見ぬふりをすること，それが彼のいう「察しのよい無関心」だが，この場合演技者の関心が相手の側（相手の体面の保持）にあることは明らかである。

　演技者の関心が個々のオーディエンスではなく，演技者本人とオーディエンスを含む状況全体の秩序維持に向けられることもある。このような関心も広い意味での利他的な関心と

いってよい。たとえば，大リーグの審判は自分の判断に確信がもてないときでも少しも逡巡せずすばやく判定を下す，とゴフマンはいう。この審判はいわば「確信にみちた審判」のふりをしている。この演技の中に彼の「威信」への関心を見出すことも不可能ではない。しかしここで中心的なのは明らかにそれとは別の関心，つまり秩序維持への関心である。審判は何よりも「試合」という秩序の要請に基づいて演技をしているからである。仮に審判が「確信がもてない」という情報をストレートに表面に出せば，選手は動揺し，試合の円滑な続行は難しくなるだろう。審判は秩序にとっての脅威(threat)となる情報が表面化しないよう，情報をコントロールしなくてはならないのである。

　ゴフマンによると，私たちが日々経験しているさまざまな人との対面的接触（家族との会話，職場の同僚とのやりとり，買物先での店員とのやりとりなど）の場面はそれぞれが，上に見た野球の試合と同じような意味で一つの社会秩序である。対面的場面への参加者たち（participants）も上の審判と同じように脅威が侵入してこないよう情報コントロールを行うことを期待されている。もちろん脅威の内容はそれぞれの場面によって異なる。参加者の「本当の気持」が脅威になることもあれば，「その場にふさわしくない話題」が脅威となることもある。脅威の内容がどのようなものであれ，その秩序維持に関心をもつ参加者たちはあたかも脅威などないかのようにふるまい続けるのである。

　これまでの説明で念頭におかれていたのは個人単位の演技であったが，複数の人間が共同で演技を行うという場合もある。たとえば自宅に客を迎えた夫婦は，その客に知られたく

ない事柄（たとえばその直前までしていた夫婦喧嘩）について協力して情報コントロールをしようとするだろう。あるいは商店の店員たちが客に物を売るために口裏を合わせるとか，教員室に生徒が入ってきたとたん教師たちが乱暴な言葉づかいをやめる，といった例を考えてみてもよい。このように共同で演技を行う人びとのことをゴフマンはチームとよぶ。社会の中で生きる人間は，チームの一員としての演技にも関わりをもたざるをえない。

　チームによる演技と個人主体による演技との間に質的な差異はない。人びとは共通の利害に基づいてチームを組むこともあれば（上の店員とか教師の例），共通の利他的関心に基づいてチームを組むこともある。後者の例を一つだけあげておこう。ゴフマンによると，ある精神病院の患者たちは共同で気の毒な患者のふりをし，慈善ダンスパーティーを催してくれた人びとに満足感を与えてやったという。

　どのような関心から，あるいはどのくらいの人数で演技をするにしろ，演技者（たち）にとって最も重要な問題は，演技が成功するかどうかということである。次にこの〈演技の成功〉をめぐる問題に言及しておこう。

　演技が成功するとは具体的にいえば，演技者の提出した情報をオーディエンスが信じるということである。演技者の状況の定義がその場を支配するようになる，といってもよい。人はどのようにしてオーディエンスが信じたこと，自分の状況の定義が支配的になったことを知るのだろうか。いうまでもなくそれはオーディエンスの反応によってである。相手が信じた様子であれば演技の成功は実感される。しかしオーディエンスもまた一個の演技者であることを忘れてはいけない。

彼は信じたふりをしているだけなのかもしれない。もしそうであるなら，その場の状況の定義は明らかにオーディエンスの手の中にあることになる。防衛的措置によって取り繕ったと思った人が実際は，相手の「察しのよい無関心」によって保護されているということはよくある。このように小状況においては主観と客観はしばしば微妙に食い違うが，ここでは一応演技者の主観に注目して演技の成功のための条件を指摘しておきたい。

演技を成功させるためには個々人の演技力，つまり不都合な情報を表面に出さない能力が求められることはいうまでもない。そのほかにもたとえば，演技の行われているところとそうでないところ——ゴフマンの用語でいえば表局域（front region）と裏局域（back region）——との間に明確な境界を敷くといった工夫も考えられる。ゴフマンはそのような観点からホテルにおけるロビーと厨房の分離，西洋の家屋における居間と寝室・台所などとの分離をとらえている。客は厨房や寝室といった裏局域に近づくことは原則として許されないのである。あるいは別の工夫としてオーディエンスの分離（audience segregation）ということもある。演技の信憑性はしばしば，当該演技と無関係なオーディエンスの存在によってくずされるからである。ゴフマンもいうように，店員が客にAの品よりもBの品のほうがよいと奨めているとき，別の店員が別の客に「Aの品は絶対お買得」と奨めている声がきこえてきたりするのはまずい。観客は相互に分離されなければならない。さらに——これはチームとしての演技にしかあてはまらないが——チームメートの適切な選択ということも考えられる。裏局域からの不適切な情報をながすと予想さ

れる人間を最初から排除し，安心できる人間だけでチームをつくってしまうのである。来客時に子どもたちが早々に退散させられるのはこのためである。

　以上で命題の説明をおえることにし，最後にこの命題の面白さを簡単に指摘しておこう。この命題に初めて接した人の中には演技とか観客（オーディエンス）といった用語に違和感を覚える人もいるかもしれない。社会生活を記述するのにそうした用語をつかうのは必ずしも一般的ではないからである。だがそのような人でも命題の説明をよめば十分納得するにちがいない。そこで語られていることは，ふつうの人が日常的に行っていること，あるいは常識として知っている事柄ばかりだからである。社会生活を送っている人間で「演技」とか「オーディエンス」とか「察しのよい無関心」といったタームで示されている事態について全く無知な人がいるとは考えられない。つまり命題の内容あるいは命題の提出している視点——生活を舞台の上での出来事としてとらえる視点——そのものは，常識の立場からみてさほど「意外」なものとはいえないのである。常識と命題のちがいは，概念装置の有無に基づく情報の整理度のちがいにすぎない。この命題の特徴は何よりも，常識を定式化したところにある。

　常識の定式化ということであれば，そこに〈新しい発見〉という意味での面白さを見出すことは難しい。だがそのような命題でも社会学というフィールドにおかれれば別の意義をもつ。社会学としての面白さを2点だけ指摘しておこう。一つは命題自体というより命題の背景にかかわっている。ゴフマンは，人と人とが現実に顔を合わせている場面に研究の焦点を合わせていた。先ほども少しふれたように，私たちの日

常生活はこうした対面的場面の連続によって成り立っているが，伝統的な社会学においてはこの場面そのものが研究対象としてとりあげられることはなかった。とりあげられてきたのは，場面の成立を可能にしている「社会関係」とか「社会集団」とかのほうであった。対面的場面が独立の研究領域を構成するとするゴフマンの考え方は，その意味で新しいものであった。新しいだけではなく，そこにはある程度の説得力もあった。命題はこうした彼の考え方を背景に成立している。この点が命題にかかわる面白さの第1点である。

面白さの第2点は命題の内容に関係している。冒頭の命題の後半部を「他者の意味」に焦点を合わせていいかえると，「行為主体にとって目の前にいる他者は，行為の相手であると同時に行為を見る存在（オーディエンス）でもある」となる。つまりそこでは，行為主体―行為の相手（別の行為主体）―オーディエンスの3項によって社会関係を把握しようという視角が提出されていることになる*。もちろんゴフマンの記述はこのうち行為主体―オーディエンス関係に限定されてはいるけれども，視野の中には3項が含まれていることに注目したい。ウェーバー以来の伝統的な行為論においてはもっぱら，行為主体相互の関係のみとりあげられてきたから，ゴフマンの視角は行為論あるいは社会関係論の中に新しい次元をつけ加えたものと考えることができる。この新しい視角を命題のもつ面白さの第2点として指摘しておきたい。

*三項図式に関する包括的な説明については作田啓一「文学にあらわれた三項図式」『現代社会学』第16号，講談社1981を参照。

〔参考文献〕

Goffman, E., *The Presentation of Self in Everyday Life*, 1959（石黒毅訳『行為と演技——日常生活における自己呈示』誠信書房 1974）.

Goffman, E., *Interaction Ritual*, Doubleday Anchor, 1967（浅野敏夫訳『儀礼としての相互行為——対面行動の社会学』法政大学出版局 2002）.

Ditton, J. ed., *The View from Goffman*, Macmillan, 1980.

(高橋由典)

8 多元的現実の構成（A・シュッツ, P・L・バーガー）

　われわれが〈現実〉とよんでいるものは、実体的実在でも、先験的な所与でもない。それは多元的な領域からなる意味の秩序として主観的に構成されたものにすぎない。にもかかわらず、〈現実〉が客観的な拘束力をもつのは、それが主体に構造的に〈内在化〉されるからである。そして、そのような〈現実〉構築のプロセスは、本質的に社会的相互作用の場と切り離すことができない。

　普段われわれは常識的に、われわれを取りまく〈現実〉や、それを作りなしている個々の対象が、それ自体として固有の性質をもった実体であるかのように信じている。外界を見まわして、たとえばそこに1本の木を認めたとしよう。その時、われわれは瞬間的にあたかもそこに「木の本質」を備えた固定した実体が存在しているかのように思ってしまう。しかし、そのように思うのは実は錯覚でしかない。というのは、ゲシュタルト心理学も指摘するように、われわれの知覚は必ずなんらかのフィルター（知覚の装置）を介して行われるのであって、決して「ありのまま」の対象がそのまま知覚されるのではないからである。より正確にいうなら、そもそも「ありのまま」の対象などというものは実在しないのであって、対象はフィルターが外界からの刺激を分節化する機能を通してはじめて現出するのである。ということだとすると、われわれが〈現実〉とか世界とかよんでいるものは、実際には、わ

れわれが作り出した知覚の仕組みによって主観的に構成され，人工的な秩序のなかに組織されたものにすぎないということになる。

それでは，このようなフィルターの仕組みや〈現実〉の秩序はどのようにして作り出され，保持・修正されていくのか。さらには，もともと主観的な構成によって出現したはずの〈現実〉が，主観的作用から独立した「モノ」として，あたかもあるがままの実体的実在であるかのように現象し，独自の自動的メカニズムをもってわれわれを拘束する力をもってしまうのはどうしてなのか。

現在アメリカにおいて「現象学的社会学」あるいはそれに立脚した「現実構成主義」とよばれている立場の人びとは，このような観点から人間と社会の関係をとらえようとする。そして，そのことによってはじめて人間と社会の間の力動的な関係をとらえることができると考えるのである。

アメリカ社会学のなかに現象学的視点を導入することになったのは，A・シュッツ（Alfred Schutz）であった。彼によれば，現象学はデカルト的懐疑という方法を徹底化することによって，世界の現実性に対するわれわれの暗黙の信念を停止することを教えてきた。これが現象学的エポケーとよばれる概念である。ところで，日常的世界のなかで生活している人びとの素朴な態度のなかにも，ある特殊なエポケーが含まれているとシュッツはいう。人びとは世界とその諸対象への信念を停止するのではなく，その反対に世界の存在に対する疑念を停止している。日常生活における人びとの自然的態度は，世界が見かけどおりではないのではないか，という疑いを括弧に入れることによって成立している。そこでは世界が

経験されるとおりの形でそこにあることが素朴に信じられ，その存在根拠は問われることなく自明的に理解されている。シュッツはこれを自然的態度のエポケーとよんでいる。

一方，自然的態度に対して科学的態度とよばれるものが，このような自明的理解を克服したものであるかというと，必ずしもそうではない。確かに，科学は対象的世界の諸要素，諸状態，諸法則について精密に究明しようとするのだが，それが立ち向かおうとする現象（認識の対象となる事物）それ自体については実は初めから自明視されてしまっているのである。というのは，科学にとっても認識の対象またはそれを構成する基本的な事物は，われわれの日常生活におけると同じ知覚の仕組みによって対象化されざるをえないのであり，通常そのことが科学の内部で主題化されることはないからである。したがって，認識対象の自明的理解は必然的に認識主体や認識根拠に関する自明的理解を伴っている。その点では科学的態度もその根底において自然的態度の延長でしかありえず，いかに精密科学といえどもわれわれの日常的現実理解から完全に離れて成立するわけではない。

現象学は，自然的態度におけるあらゆる自明的理解をいったん括弧に入れ，意識に直接現れるがままの「事象そのもの」へ向かおうとする。この現象学的還元（エポケー）とよばれる操作によって，世界は素朴な実在であることを止め，純粋な意識的生の流れのなかに現れるがままの「現象」となる。主観はこの「現象」を経験や対象へとなんらかの仕方で織り上げる。世界にリアリティを与えるのは，この主観性の志向的な構成作用なのである。還元の方法とは，要するに，素朴実在論的な実体的世界像をいったん取り払い，疑うこと

のできない純粋意識から出発して、どのように「現象」から対象的世界が意識の中で作り出されているかを跡づけようというもくろみに他ならない。もはや、そこには伝統的認識論におけるような絶対的客観世界の存在は前提とされていない。これを前提とするかぎり、世界と一致する完全な認識は〈神〉でも想定しなければ不可能になってしまうからだ。したがって、ここでの認識の問題は、客観的世界から出発してその正しい認識はいかにして可能かを問うのではなく、意識の中に構成される世界を普遍的な仕方でありのままに記述することなのである。

　伝統的認識論がもっていた困難を回避するためにとられたこの方法は、だが同時に、別の形の難問を抱えこむことになる。それは、主観によって構成されたにすぎない世界が、どのようにして客観性をもった世界となりうるかということだ。ここでの世界の客観性とは、私にとって存在するような世界が、他者にとっても存在していると理解されるということだ。そのためには、そもそも他者というものが、私の意識によって構成された一つの対象なのではなく（つまり一種のロボットなのではなく）、私の主観と同等の独自の主観として存在し、しかもその意識が直接私に知覚されうるということが理論の上で確保されなければならない。これを解決するためには、純粋意識がそれ以上分析のできない所与なのではなく、他者とともに世界の中にすでに組み込まれているのでなければならない。言い換えれば「意識のありのまま」や「現象そのもの」といったものはありえないのであって、それはなんらかの仕方ですでに他者との共同性によって媒介されているのである。

シュッツやP・L・バーガー（Peter Ludwig Berger）など現象学的社会学者と見なされている人達は，これら現象学固有の難問を要領よく回避してしまうものの，現象学的視点を社会学的伝統の中に導入することに一応成功した。そのことによって得られたものは決して少なくない。

　現象学的社会学においても〈現実〉がモノのようにそれ自体として存在するとは考えない。それはなんらかの主観の関与によって初めて出現する。この〈現実〉には，人びとの主観に対して出現し，リアルに感じられる存在のすべてが含まれる。そこでは，毎日出会う教師も，思い出の中の自分も，小説の登場人物も，夢に出てくる怪物も，科学的世界における理論モデルも存在としては同等の権利をもっている。どれかが実在でどれかが仮像であるわけではない。われわれが経験するものはすべて〈現実〉なのだ。むろん，これらの存在の間には現実感の質的な違いがある。しかし，これらの相違を生みだしているのは，決して存在そのものがもっている性質なのではない。これらの対象的存在が経験され，意味づけられる様式（認知様式）の違いなのである。もっとも，より正確にいうなら，対象は経験された後に意味づけられるのではなく，初めから意味として経験されている。つまり，意味以前の，あるいは思念を含まない裸の対象が存在するわけではないのである。そのように，対象と意味とが不可分だとすれば，対象的存在によって作り出される〈現実〉とは，それらの間の有意な関係＝意味の秩序にほかならない。それゆえ，現実感の相違とは，対象が異なった意味の領域に属しているということでもある。そして，「正常」な意識の状態においてはこれらの領域が混同されることはない。「多元的現実」

とは、〈現実〉がこのような複数の意味の領域からなっていることを指している。

多元的現実のなかには、一つの決定的な意義をもつ、中心的な意味の領域（至高の現実）が存在する。それが日常生活の〈現実〉である。なぜなら、この〈現実〉こそもっともシリアスな意味の領域であり、下手をすると生命にかかわるような経験をさせられるからだ。その意味ではもっとも強い意識の緊張を要求される領域だといえるだろう。しかし、それ以上に重要なもう一つの理由は、この領域における経験が、他の諸領域における経験の原型を提供していることである。というのは、あらゆる〈現実〉が意味として経験されるとするなら、その意味をもっとも基本的な水準で結晶化し、安定化させているのは言語であり、言語はその源を日常生活の〈現実〉にもっていることを疑いえないからである。あらゆる経験は、言語によって定型化された類型的な意味をとおして、あるいはそれからの偏差として経験されるのであって、その意味で日常生活の〈現実〉を前提にしているのである。

日常生活の〈現実〉が、このように中心的な意味を有しているのは、この〈現実〉がもっとも普遍的・直接的に他者とともに共有された世界であり、個人の主観がその一分肢としてそこから派生してくるような共同主観性の場であるからである。シュッツやバーガーの社会学とは、この共同主観性の成立をひとまず前提としながら、〈現実〉の構成を意識の場から、人びとの社会的相互作用の場へともちこもうとしたものにほかならない。

人間以外の動物は種に固有の環境世界をもっている。なるほど、動物も人間と同様に、その関心のあり方に従って外界

を分節化し，世界を意味の秩序として経験している。だが，動物の場合この分節のあり方は決定的に本能によって規定されてしまっている。これに対して人間にとっての〈現実〉は何らかの必然性に還元してしまうことができない。つまりたとえば「生理的構造」とか「人間の本質・自然」からそれを根拠づけたり，説明したりすることは不可能なのである。その意味で，人間の〈現実〉とは，恣意的に定義された虚構にすぎない。それというのも根底的には，記号論が明らかにしているように，人間に意味を供給しているのが言語であり，言語とは「恣意的な差異の体系」にすぎないからである。

　言語はあらかじめ存在する事物に名前や意味を与えたり，それを指し示したりするものではない。言語の意味作用によって外界が分節化されることによって，はじめて事物は存在し始めるのだ。同時にそれらの事物の間の意味の連関が作り出される。これには認知的な意味だけでなく，規範的な意味も含まれる。このような意味として事物を経験することは，経験を類型化するが，そのことによって経験を客観化し，人びとと共有することを可能にする。制度が共有された経験のパターンだとすれば，言語はもっとも基本的な制度であり，他の制度はすべてその上に成立するといえるだろう。

　バーガーはこのような意味の組織が結晶化するプロセスを〈対象化〉とよぶ。しかし，意味が認識や規範として所有されるだけでは，それはまだ〈現実〉とみなすことができない。〈現実〉が成立するためには，この意味の組織が人びとの主体の内部に構造的に〈内在化〉され，主体がその意味を通して外界を経験するようになる必要がある。この時，対象を分節するものは，同時に主体の構造をも分節している。それは

社会的存在としての人間　077

対象を形作ると同時に，主体を対象として根底的に造型している。そのために，経験の分節化は知覚だけでなく，思考・行動・感情・記憶といったあらゆる経験の範囲を覆いつくす。その結果，この分節を生み出す装置は主体にとって意識できないものとなり，主体の内部で対象との間に介在しているにもかかわらず透明化する。このことは対象が構成されたものであることをあらかじめ忘却させてしまう。こうしてはじめて恣意的な意味の秩序が，必然的な〈現実〉としての〈信憑性〉を獲得することになる。その意味では，なんらかの思い込みなしには〈現実〉は成立しない。そして，この思い込みが自覚されない時，意味の秩序は主観的なものとして意識に現れるにもかかわらず，人びとの意識に外在的な拘束力をもつようになる。

デュルケムのいう「集合表象」は，そのようなものの典型だといえるだろう。だが，意味が拘束力をもつためには，原理的には必ずしもそれが「集合的」である必要はない。たとえば，社会的な意味の秩序から離脱してしまった狂人でさえ強く意味に拘束されているとしか思えないからだ。それにもかかわらず，一般的にいうなら，強制力をもった意味は「集合的」な性質をもっているのが普通である。というのは，〈対象化〉と〈内在化〉が実際には区別できない一つのプロセスであって，それは社会的相互作用の場においてなされるからである。この相互作用とは，人びとの間での広い意味でのコミュニケーションにほかならない。その点で，対象の認識にとっても，主体の形成にとっても，社会は本質的な意味をもっている。

さらに重要なことは，このプロセスが決して完成してしま

うことがないプロセスであることだ。人工的な意味の秩序は本質的に不完全で不整合なものであるほかない。人びとはこの秩序を越えたもの（カオス）にたえず遭遇し，秩序は攪乱され続ける。純粋に「現在」を生きるとは，隠蔽のメカニズムが完全に働きさえしなければ，本来，自己や対象の逸脱的な変容の経験を含むからである。それゆえ，〈現実〉を維持するためには，人はその〈信憑性〉を不断に構築し続けなければならない。そのような社会的プロセスは〈信憑構造〉とよばれ，それに参与する機会を失うことは，現実の崩壊を招くことになる。その意味では，社会は絶えざる〈現実〉構築の営みである。また，その世代的な累積を考えれば，それは社会的であるとともに歴史的な営為でもある。

〈現実〉構築の場が権力的なせめぎ合いの場であることも忘れてはならないだろう。人びとの間で〈現実〉定義に齟齬が生じる時，定義をめぐってさまざまな駆け引きが展開される。権力関係に明白な差がある場合には，力をもった者の定義が支配的な〈現実〉となる。社会化は，圧倒的な権力の不均衡のなかで進行する〈内在化〉の極端なケースである。

また，〈現実〉の内部には，その全体を統合する中核的な部分と思われている領域が存在する。それは象徴的な意味の領域である。〈聖〉と呼ばれるこの領域は，意味の秩序の総体を神聖な存在と関係づけ，それに究極的な存在論的位置づけを与えている。そのことによってこの高次の〈対象化〉は，〈現実〉を包括的に〈正当化〉し，安定化させている。なぜなら，それは〈現実〉への人びとの疑問を押さえ込み，秩序に自明性を与えることになるからだ。さまざまの宗教的儀礼はこの象徴的世界の〈信憑構造〉であり，逸脱―制裁メカニ

ズムはその一ケースとして位置づけられるだろう。

　以上のような形で、シュッツやバーガーは、現象学的観点を社会学に導入することによって、新しい意味の社会学の枠組を提示した。それは、ウェーバー的な主意主義とデュルケム的な客観主義との統合を可能にするものである。

　というのは、主観的であると同時に客観的な拘束力をもつという集合的な実在は、原理的には現象学的な構えの中ではじめて正当に扱うことができるようになるからである。

〔参考文献〕

Schutz, A., *Collected Papers I, II, III*, 1962, 1964, 1966（渡部光・那須壽・西原和久訳『アルフレッド・シュッツ著作集』全4巻、マルジュ社 1983〜98；中野卓監修・桜井厚訳『現象学的社会学の応用』〔原著第2巻第2部の訳〕御茶の水書房 1980、新装版 1997）．

Berger, P. L. and Luckmann, T., *The Social Construction of Reality*, 1966（山口節郎訳『日常世界の構成』新曜社 1977、『現実の社会的構成——知識社会学論考』新曜社 2003）．

Berger, P., *The Sacred Canopy*, 1967（薗田稔訳『聖なる天蓋——神聖世界の社会学』新曜社 1979）．

（架場久和）

9 ダブル・バインド (G・ベイトソン)

　人間のコミュニケーションにおけるメッセージには，メタ・メッセージによって自己言及してしまうものが多く含まれ，その中にはパラドックスを作り出してしまうような表現も存在する。人が権力関係の中でパラドキシカルな状況定義を強制されるとき，状況の正確な対象化能力を失って，適切な反応ができなくなる場合がある。このような状態をダブル・バインドとよぶ。

　G・ベイトソン (Gregory Bateson) がダブル・バインドという概念を最初に定式化した論文「精神分裂症の理論をめざして」(1956) は，3人の精神医学者との共著であり，その直接の目標も「分裂症」(現在では統合失調症と呼ばれている) の性質・病因・治療法の分析・解明に向けられている。しかし，近年この概念が再び人びとの注目を集めはじめたのは，単に特定の精神疾患への興味からというより，一般に「ポスト構造主義」とよばれる知的関心のあり方に基づいているといってよいだろう。ベイトソンは生涯にわたって普通の意味での専門領域をもつことがなかった。しかし，大まかにいって文化人類学，サイバネティックス，精神病理学，生態学と変遷した彼の探究を通じて，彼の思考にはある種の一貫性がみいだされる。彼の思考の基本的特徴は，なんらかの形態や構造がみいだされるなら，それを静態的な形で取りだすのではなく，それを生成，変容させていく錯綜した動的な相互連

関プロセスの中でとらえようとすることである。これが、ポスト構造主義的な観点と共振するところであり、彼が「分裂症」をテーマにした時、それを単に個人の内面の病としてでなく、個人を取りまく人間関係＝コミュニケーションの病理としてとらえる視点へ自然に導いたといえるだろう。

　外界を経験する時、われわれは外界から与えられるものを単に刺激として受容しているわけではない。特殊な場合を除いて、外界は直接的に意味として経験されている。このことが解りやすいのは記号現象の経験だろう。たとえば、本を読む時、人は紙の上の印刷インクの形を知覚しているわけではない。紙の上の紋様はいきなり意味のある文字や文として知覚されている。そのようなことが可能なのは、記号がもっている約束事の枠組を通して紙の上のインクが知覚されているからである。このことは記号現象だけにかぎらず、通常の場合、あらゆる種類の〈現実〉経験についていえることである。比喩的にいうなら、人は鏡に映った像を通して世界を経験しているのであり、この時この鏡面は記号・言語によって作られているのである。そもそも、たとえば映画のような虚構による経験が人間にとって存在しうるのは、〈現実〉そのものが虚構と同様の形式をもっているからである。さしあたりそのような観点に立つなら、あらゆる存在は記号であり、行動はコミュニケーションであり、行為は演戯であり、〈現実〉は意味の秩序であるといってよいだろう（「8　多元的現実の構成」の項参照）。

　E・ゴフマンが『枠組分析』（*Frame Analysis*, 1974）で分析しているように、〈現実〉は一義的な一枚の織物ではありえない。鏡像の内部に別の鏡が映り込むように、あるいは劇

中劇のように、〈現実〉の中の〈現実〉の重層的な堆積によって、それは構成されている。それゆえ、人間は多重の〈現実〉を同時に生きることができる存在である。人間が笑う動物であるのはそのことに起因している。笑いとは、緊張が必要な〈現実〉からそれほど必要でない別の〈現実〉への突然の「転調」(ゴフマン)によって、不要になった心的エネルギーが急激に放出される現象だからである。

　この多重的な〈現実〉は整然と成層化されているとはかぎらない。むしろ、本質的に層と層との間の癒着やメビウスの輪のような反転による不整合を避けることができない。鏡が折れ返って自分自身を映してしまうように、言語が自己自身に言及してしまうことを避けることができないからである。ダブル・バインドは、そういうエッシャーのだまし絵のような意味のもつれを、「分裂症」患者の家族内のコミュニケーション・プロセスにおいてみいだしたものである。

　人間のコミュニケーションが、動物やコンピュータのそれと較べて特徴的なのは、人間の場合それが同時に多重の意味の水準で行われることである。動物においてもそういうことが原初的に生じないわけではない。ベイトソンはある時、動物園で数匹のカワウソが遊んでいるのに着目する。カワウソがたがいに示す噛みつく身振りは、攻撃行動におけるそれとほとんど区別がつかない。にもかかわらず、本当の攻撃と混同して、相手を傷つけてしまうほど噛むようなことは起こらない。そうだとすれば、ここで交換されている身振りには二つの水準のメッセージが同時に含まれていなければならない。一つは遊びの内容そのものを構成しているメッセージだが、もう一つはこの身振りが本来の攻撃ではなく(つまり、この

社会的存在としての人間　083

メッセージが文字通りの意味ではなく)、「これは遊びだよ」というメッセージである。後者のメッセージは前者のメッセージに関するメッセージ——より高次の意味の水準に属するメタ・メッセージである。このメッセージの全体は、単に多義的であるのではなく、多重的に自己自身に言及しているのである。人間のコミュニケーションにおいて、このような自己言及的表現がより普遍的な現象であることは容易に察しがつくだろう。われわれは、しばしば、なにかを言いながら、同時に語調やしぐさでその言明が字義通りの意味でないことを伝える。そのようにして、たとえば、「おまえはバカだなあ」という言明は、その言い方によって転調され、親しみの表現となる。一般的にメタフォリカルな表現やユーモアはすべて潜在的にこのようなメッセージの構造をもっている。

このような自己言及的メッセージの中には、合わせ鏡の中の像のように、悪循環的パラドックスを引きおこしてしまうものが存在する。話をわかりやすくするために、言明自体に自己言及が含まれている例を考えよう。「この文は日本語で書かれている」という言明は自己言及的だが、単に自明であり、「この文は十三文字から成る」という言明は単に自己矛盾している。しかし、「この文は虚偽である」はパラドキシカルである（エピメニデスのパラドックス「私は嘘をいっている」のヴァリエーション）。つまり、この文が真であると仮定すればこの文は虚偽になり、虚偽とすれば真になる。このパラドックスは、「この文」が、異なる水準に属する二つのものを同時に意味し、それらが混同されることから生じている。一つはこの言明の主語であり、もう一つはこの言明の全体である。前者はシステムの要素（オブジェクト・レヴェル）であ

り，後者はそのメタ・レヴェルに属するシステムの全体である。一般的に，このようなパラドックスを避けるには，オブジェクト・レヴェルに属するものとメタ・レヴェルに属するものを階層化し，その混同を禁止すればよい。数学や論理学のある分野では実際にこれが実行されている。ところが，自然言語による現実のコミュニケーションに階層化をもち込むことは不可能である。それには言語の使用の仕方について大幅な制限を課さねばならず，それは自然言語にとって致命的なことである。というのは，パラドックスを避けることができたとしても，語りたいことが，規則上語りえぬことになってしまったり，効果的な仕方で語れなくなってしまうからである。

パラドキシカルなコミュニケーションによって状況が定義されるとき，人は一貫した行動の方針がたてられなくなる。通常，われわれはこれを適当にやりすごしたり，場合によっては，それを突破して新しい状況を切り拓いたりすることによって対処している。ところが，なんらかの理由によって，やりすごすことも，立ち向かうこともできないような場合，人は状況そのものの解体に直面し，ひどい場合には同一性を支える足場を失って途方に暮れてしまう。R・D・レインの『結ぼれ』は「分裂症」患者の状況定義に現れたこのような「もつれ」をとりだしてみせたものである。ここには，だれもが日常経験しないとはいえない言語のレヴェルの混同の例を豊富にみいだすことができる。

逃れようのない権力関係において，パラドキシカルな状況定義が弱者に強制されるとき，ダブル・バインドが生じる。もっとも単純な形はパラドキシカルな命令にさらされる場合

である。たとえば「あなたはもっと自発的であるべきだ」はパラドキシカルな自己言及を含んでいる。気の弱い夫に妻が命令する時のように，命令者は相手が自分の命令に対して服従的であること自体にいらだっている。それゆえ，この命令は形式的には服従することも，しないこともできない命令である。このような状況に適確に対処することができるのは，この命令がメタ命令であることを理解しえたときだけである。

「分裂症」患者がおかれる実際のダブル・バインド状況においては，微妙な語調，表情，しぐさ，メッセージの相互関係などがメタ・メッセージとして働いており，どこに自己言及が潜んでいるのか容易には判別しがたい。そこで極度に単純化したモデルを示そう。ある母親が病院へ，精神変調から少しばかり回復した息子に会いに行く。彼女は，本当は彼との親密な関係を恐れている。彼女を棄てた彼の父親を思い出すからである。彼女の愛情にあふれた言葉は，そのうしろめたさを隠蔽している。「私はおまえを愛しているよ。おまえも母を愛しておくれ」。しかし，母親の表情，彼が近づこうとした時の彼女のこわばりは，このメッセージが字義どおりのものでないことを表明してしまっている。彼は愛することも，愛さないこともできない。

母が本当に望んでいることは，形式化すれば「私を愛しなさい，でも，おまえが自らの意志によって愛さないことを望みます」ということである。しかし，母親との関係を維持しようとするかぎり，彼はこのメッセージを正確に理解してはならない立場に立たされている。それは彼女の自己欺瞞を明るみに出してしまうからである。彼は「自分には母を愛する能力がない」といった欺瞞のなかにとどまりながら動揺を続

ける以外に適当な方策が見つからなくなってしまう。

　このような不安定なダブル・バインド状況に反復的にさらされるとき，人はメッセージの認知を系統的に歪曲するようになる。苦しい立場に置かれた人間がしばしば示す防衛として，彼はあらゆるメッセージの字義通りの意味にだけ反応しようと努力する。このような態度が反復を通して主体に内在化されると，ついにはメタフォリカルなコミュニケーションをする能力を喪失する。彼は〈現実〉の多重性を縮退させ，それを一元的な平面として固定的に構成してしまうだろう。「分裂症」患者が〈現実〉の自然な自明性を喪失してしまうといわれるのはこのことによっている。

　ベイトソンによれば，患者をこのような症状から脱出させるのもまたダブル・バインドでなければならない。〈現実〉が一元化するということは，メタ・レヴェルの認識が禁じられているということである。分析者による治療的なダブル・バインドは，この一元的な〈現実〉を破綻させ，メタ・レヴェルへの道を開くように仕組まれる。〈現実〉を作りだす言語は言語のあり方に介入することによって，自己は自己と関わることによって，つまり絶えずメタ化する自己言及的特性によって，進展をもった変容として組織され，その生命を維持しているからである。

　ダブル・バインドは，いわば人間がもっている普遍的な条件である。近代社会はこれを抑制していた制度的な禁止や仕切りの多くを取り払ってしまった。「分裂症」の病状形成は，ダブル・バインドに対する病理的な対応戦略の一つと考えることができるだろう。

〔**参考文献**〕

Bateson, G., *Steps to an Ecology of Mind*, Ballantine Books, 1972（佐藤良明訳『精神の生態学』新思索社 2000）.

Bateson, G., *Mind and Nature*, 1979（佐藤良明訳『精神と自然』思索社 1982，普及改訂版，新思索社 2006）.

Laing, R. D., *Self and Others*, 1961（志貴春彦・笠原嘉訳『自己と他者』みすず書房 1975）.

Laing, R. D., *Knots*, 1970（村上光彦訳『結ぼれ』みすず書房 1973，新装版 1997）.

（架場久和）

行為と関係

10 認知的不協和の理論 (L・フェスティンガー)

> 認知要素間に，不協和 (dissonant) な，または不適合 (nonfitting) な関係が存在する場合，これを低減させ，もしくはその増大を回避させようとする圧力が生じる。つまり，不協和ないし数々の認知の間の不適合関係の存在は，それ自体一つの動機づけ要因である。

1957 年に本書『認知的不協和の理論』を出版したレオン・フェスティンガー (Leon Festinger) は，マサチューセッツ工科大学に置かれたグループ・ダイナミックス研究センターで，クルト・レヴィンに師事した後，1955 年以降スタンフォード大学教授として活躍したアメリカの代表的な社会心理学者である。

認知的不協和の理論が魅力的なのは，人間がほかの動物たちとは違って，自分の生きる世界にたえず意味秩序をもたらすべく行為している考える動物 (thinking organism) だという点を，さまざまなデータを用いて巧みに解析したことによる。意味の一貫性 (cognitive consistency) を目指すいかにも人間的な性(さが)は，しばしば，現実の否定(リアリティ)という代償をはらってまで貫徹されていく。意味のシステムのなかでしか生きられない人間のこの悲しさを，偏見・デマ・流言などの具体的ケースに即して解き明かしたところに，本論がとりわけ衝撃的だった理由もある。

「黒人はジャズ・ミュージックには向いているが，数理的な

訓練には向かない」などと思い込んでいる差別主義者（racist）がいたとしよう。彼の目の前に、現に黒人で偉大な数学者である人が現れたとしたらどうなるのか。彼のこり固った偏見にとって、この事実は不協和を引きおこすような（耳ざわりの悪い）データのはずである。しかもこの認知要素（cognitive element）は、現実との即応性（responsiveness）が大きく、一見否定しようもないようにみえる。にも拘わらず、彼は、このデータを誤認するという以上に、この事実を否定してしまうことすらできる。「その黒人の父親は実は白人だった。ただ、母親がそのことを恥じて、本人には内緒にしておいただけなのさ……」と。

　以上が認知的不協和の理論のエッセンスであるが、より一般的な命題の形で要約すると次のようになろう。不協和を増大させる傾向のある新しい情報に、強制的にかあるいは偶然にさらされると、その人は不協和の増大を避けようとして、しばしば新しい情報を誤解または誤認することになるであろう、と。

　もちろん、不協和を低減させる方法はほかにもある。つまり、ここに挙げた例のように、(i) 変えやすいほうの要素を変えるやり方のほか、(ii) 既存の認知と協和的な新しい認知要素を加算することによっても、(iii) 不協和関係に含まれている要素の重要性を減じることによっても、それぞれ不協和の増大を回避したり、それを低減したりすることができる。

　(ii) の加算による仕方は、フェスティンガー自身、そもそもこの理論を考えだすきっかけにもなったと述べる、デマのケースを借りて例証しよう。デマは多くの人びとをさらに不安にさせるような情報である。それなのに、人びとはなぜ簡単

にこれを信じてしまうのだろうか。例えば，壊滅をむしろ免がれたような震災地に，しばしば不吉なデマがはびこるのはなぜだろう。フェスティンガーは，これは人びとの怖れないし不安を正当化する流言であると主張して，大略次のように解いた。

　激しい地震が襲った。しばらくは家のなかで恐怖におののく。やがておさまったので，おそるおそる戸外に出てみる。そこにみる情景は意外におだやかでしんと静まりかえっていた。この時，最初肌で感じた認知要素と，次に目にした光景とが不協和な関係にある。そこでこの不協和をいわば橋渡しするように，「これで終るはずはない。……今に恐ろしい竜巻が襲ってくる，あるいは大洪水がくる」といったデマが広がるのだ，と。もちろん，本当に洪水が襲うこともあろうから，デマとはいい切れない場合もあるだろう。その点は問わないで，むしろここでは第3の認知要素が加算されたことで，先立つ不協和ないしギャップが埋められ，それなりに斉合性のある意味システムを得たというメカニズムのほうに注目したい。加えて，ある種の斉合性を得ようとする当のことが，そのまま人びとの軽信的な，あるいは狂信的な行為となって現れている点に注目したい。

　それでは，不協和を低減させる第3の方法，つまり重要性を減じるやり方はどうだろうか。詳細なデータ分析のある意志決定状況をとって説明しておこう。まずフェスティンガーは，決定に先立つ，いわば迷いの段階を葛藤（conflict）状況と呼んで，選択＝決定後に生じる不協和と区別した。つまり，左右いずれをとるかの迷いをふっ切って，ようやくある選択をした瞬間，当の決定に対して，選ばれたほうの選択肢の難

点と,選ばれなかった側の選択肢の魅力とが,今度は不協和を生じさせる要因となって立ち現れる,というのである。

だから,ごくありきたりな不協和低減のやり方は,次のような具体例によって,説明するまでもなく判るだろう。例えば,新しい車の持ち主たちは,買ったばかりの車に関する広告を,他の広告よりも,たくさん読むだろう。あるいは,新しい車の持ち主たちは,彼らが一度は考慮してみたが実際には買わなかった車に関する広告を読むことをなるべく回避しようと努めるであろう。

だが,なお不協和が解消しない場合はどうだろう。結婚後,選んだ夫の欠点が目につき,そうであればあるほど,むしろ選ばなかった彼氏の魅力 (relative attractiveness) を忘れかねる女性は,ついには,「どうせ,男なんてどれも同じよ……」と達観(?)することで,はじめて不協和を処理できるのかもしれない。"どうせ同じ"というこの達観ぶりには,確かに,選択肢間の認知的重複 (cognitive overlap) を過大視するという含みがあるが,それ以上に,決定にかかわる認知要素の重要性を減らすことで,事実上,選択事実そのものを否定してしまう含みがあるように思える。

ただし,この女性のケースは,当の選択行為から己れ自身を分離して見せる (*expressed* distance) 悲しい演技ではないのか,というE・ゴフマン流の論点は,フェスティンガーの深く追求するところではなかった。フェスティンガーの興味は,たんなるふりや強がりではなしに,むしろ本当にそう信じていく人たちのほうにあったともいえる。もう一度,協和的な認知要素を加算するという (ii) のやり方に戻って,それが社会的支持ないし"同志"をつのるという方法で具体化し

た，より劇的な場面をとり上げてみよう。そこでは，"本当に信じる"ことの意味がもっとはっきりする。

『認知的不協和の理論』の前年，フェスティンガーが仲間とともに出版した『預言が当らなかった時』(*When Prophecy Fails*, 邦題は，『予言がはずれるとき』) は，宗教社会学的にも注目された著作である。もとより，ここで詳しく紹介することはできないが，要は，現実との即応性が大きく，だからはっきり否定されるはずの預言が，教祖によってなされた時，それまで彼を信じてついてきた信者たちはどうするだろうか……，というのが追求されたテーマであった。実際，何月何日に大地震が襲うだろうとか，何月何日に救世主があらわれるだろうといった預言は，いわばバレるはずのものである。フェスティンガーたちが注目するのは，にも拘わらず，預言が当らなかった後も，なおしばらくの間，この種の狂信的グループは，教祖を中心にかえって活発な情宣活動をくり広げ，簡単には崩壊しないという，これまでくり返された歴史的事実であった。

預言と現実とのギャップは，ここでも，何か第3の認知要素を加算することで橋渡しされ，しかも，こうしてできたそれなりに斉合的な意味のシステムを，信者たちはより多くの同志をつのることで何とか支えあっていこうとする。これが，フェスティンガーらが用意し，かつ検証もした仮説であった。例えば，別の宇宙に存在する守護神を奉じていたグループは，教祖が伝達した預言——大洪水とそれに先立つ宇宙船による自分たちの救出——を信じて，旅仕度までして待機していた。しかし，もちろん指定された日時に，預言された事態は起こらなかった。当然，教祖への信頼は失われ，このグループは

崩壊するはずだ。だが，そうはならなかった。

「自分たちの篤い信仰に免じて，守護神は，地球にふり向けるはずの攻撃を中止した。……地球は救われたのだ」。この信仰（実は第3の認知要素）を，彼らは，より多くの人たちと共有することで，何とか不協和を低減すべくはかったのである。とりわけ狂信的であったのは，宇宙船による救出を期待して，すでに多くの資金を投じた人たちだった。ということは，彼らにおいて，予言と現実との不適合は何としても埋められねばならぬほど深刻（importance）なものだったということである。

コスト（→費用・労力・犠牲）という概念をフェスティンガーらは明示しなかったけれども，ブラジル移民中の例の"勝ち組"にしても，狂信的な人たちほど，より多くの犠牲をはらって帝国日本にいわば賭けた人たちだったことが知られている。本来，変えようとしても変えようもないはずのリアリティを否定してまで，かたくなに信じようとする人たち。ここにフェスティンガーは，論理的一貫性のほうに賭ける人びとの悲しさを，確かなデータ処理によって見きわめたのである。

最後に，これほど大仰な問題ではないが，アイロニカルという点では，むしろきわめつきともいえる状況に触れて終っておきたい。これまた詳細なデータをもって議論された，強制承諾（forced compliance）場面での不協和低減である。フェスティンガーはこういっている。「強制による外面的承諾だけではなく，本当の意見変化ないし態度変容を得たいと望むなら，むしろ外面的承諾をやっと引き起こせる程度に，賞や罰を与えるのが最良の方法である」と。いったい，どうい

行為と関係　095

う意味だろうか。

　例えば思想上の「転向」を強いられるといった場面を考えてほしい。もしそれが，命にもかかわる拷問によって，あるいは逆に巨大な利益によって引き起こされたものであったら，かえって見せかけだけの転向に終るだろうと，フェスティンガーはいうのである。もちろん，外面と内面（の真実）との不協和は残るわけだが，命びろいした，あるいは巨大な利益を得たという，もっと重要な認知要素のおかげで，その不協和はものの数ではなくなってしまう。ところが，ほんのささいな脅しにおびえて，あるいはほんのわずかのエサにつられて外面承諾をしてしまった場合，内心と外面との不協和は，耐えがたいものとしてのしかかってくる。ありうる解消法は二つしかない。その，実はささいな賞や罰を，なんとかして過大視するか，または，外面のほうにあわせて内心をも変えてしまうかの二つである。しかし，ささいな賞ないし罰で身を売ったからこそ，不協和に苦しんでいる以上，実行できる解決策は，結局，後者のほうでしかない。強制承諾の，"強制"面を事実上否定して，「実は，内心からそう思うところもあったのだ」と信じるほかにはない，というわけである。

　もっと身近なところへ引き寄せていえば，あるいはこういうことだろうか。もてない男性ほど，大きなエサで女性をひっかけようとするのだけれども，実は，そうすることの故に，かえって心からの愛情は，いつまでたっても得ることがないのである，と。

〔参考文献〕

Festinger, L., *A Theory of Cognitive Dissonance*, 1957（末永俊郎

監訳『認知的不協和の理論』誠信書房 1965).

Festinger, L., Riecken, H., and Schachter, S., *When Prophecy Fails*, Univ. of Minnesota Press, 1956（水野博介訳『予言がはずれるとき――この世の破滅を予知した現代のある集団を解明する』勁草書房 1995).

(大村英昭)

11　ラベリングと逸脱（H・S・ベッカーほか）

　1. 人が逸脱者というラベルを貼られるのは，逸脱行為のゆえにというより，社会的マジョリティによって定められた同調・逸脱に関するルールが恣意的に適用されたためである。したがってこのラベルは，とりわけ社会的弱者に対して適用されやすい。（セレクティヴ・サンクション）
　2. 人は，他者によって逸脱者というレッテルを貼られ，他者から逸脱者として処遇されることによって，逸脱的アイデンティティと逸脱的生活スタイルを形成する。（アイデンティティ形成）

　私たちは日常の相互作用の中で，絶えず他者に対してある種の評価（サンクション＝S）を下している。ところで，人びとの (S) は，行為者の具体的行為（パフォーマンス＝P）と正確に対応しているのであろうか。

　タクシーの座席に乗客が大金の包みを忘れる。運転手はこれを見つけ，交番へ届ける。やがて忘れ主が現れて感激の対面となる。新聞・放送はこれを報道し，なぜか届け主を「正直運転手」と呼ぶ。
　旅客が降りたあと，飛行機の座席に大金の包みが置いてあるのをスチュワーデスが見つけ，すみやかな事後処理によって大金は持ち主の所へ戻る。しかし彼女は，なぜか

「正直スチュワーデス」とは呼ばれない。同様に、「正直会社員」「正直教師」「正直警察官」などというのも、お目にかかれない。なぜ運転手の場合だけ、正直であることが記事に値するのであろうか。

「正直」という言葉の裏側には、車の運転を職業としている人たちに対する蔑視と偏見が、はっきりと根を張っている。この時代錯誤的ともいうべき無神経な呼び方が、今も新聞の紙面に、美談の陰に隠れて堂々と生き続けていることに驚きを覚える。新聞の表現上の言葉の選択が、そのまま社会的な基準となりうるだけに残念である。

「正直運転手の表現はやめよう」というこの新聞投書が、まさに命題1.の視点である。ラベリング論者は、不良行為(P)をしたから不良少年のラベルを張られる(S)のだとする伝統的実証主義者の主張を排し、勢力をもつ側がラベル付与に対して大幅な自由裁量権をもっており、「不良少年」というラベルが、ある種の社会的属性をもつ社会的弱者(マイノリティ、スラム、貧困、「欠損家族」……)に対して恣意的に適用される側面を強調する。事実、逸脱行為をやりながら社会的にはそう認知されていない、ラベルの回避に成功している「隠れた逸脱者」は多いし、逆に逸脱行為をやっていないのに社会的には逸脱者の濡れ衣を着せられている人すら存在する。ラベリング論者は、勝ち犬(over-dog)ではなく、逸脱者のラベルを貼られる可能性の最も大きい社会的弱者(under-dog)の立場に立つことを明言し、その視点から、社会的現実を再構成する。

この恣意的ラベリング(selective sanction)という考え方

を受容すれば、公式統計を前提とした犯罪・非行原因論も根底から覆る。たとえば、下層に非行が多いという統計的事実を説明するために、マルクス主義的貧困重視説から非行下位文化論、アノミー論、分化的機会構造論等々に至るまで、多くの理論仮説が構築されてきた。しかしこの推論の過程で、「学者が研究用に赤髪の犯罪者のみを選択しておいて、髪の赤いことが犯罪の原因であるという結論に到達した場合と全然変わりない」(サザーランド)誤りを犯していることになるかもしれないからである。

ラベリング論は、逸脱的アイデンティティ形成についてもユニークな視点を提供する。あらゆる人間関係はPとSとの絶えざるフィードバック過程 ($P_1 \rightarrow S_1 \rightarrow P_2 \rightarrow S_2 \rightarrow P_3$……) であるにもかかわらず、このPとSとの相互因果性は、なぜかいつもPを起点にして分析されてきた。文化的、社会的、心理的、生理的等々多様な要因によって非行 (P) が生じ、彼は不良だという評価 (S) は、Pに対する結果としてなされるにすぎない、と。しかし分析起点を一つずらすだけで、Sが原因となってPが生起する文脈をたどることも可能である。かくて因果関係は逆転し、逸脱行動の原因は他者によるラベルづけの結果である、とする文字通りラディカルな命題2.となる。

他者から押しつけられたペルソナがパーソナリティとして定着するというこの命題は、「預言の自己成就過程」のメカニズムや、主位的地位という概念の援用によって説明される。逸脱者という地位は、人種上の地位などと同様、他の従属的地位を圧倒し、優先権をもつ主位的地位 (master status) であるがゆえに、逸脱的な特性を一つでももつ者は、あらゆる

点で危険な人物とみなされる。他者との相互作用は，彼が逸脱者としての役割を演じた時にのみ可能となり，彼の自己観念は，自分について他者がいだくイメージの中に封じ込められてしまう。伝統的集団への参加が拒まれ，日常的相互作用から締め出され，最終的に他者の押しつけたラベルを受け入れることによって，逸脱的アイデンティティが形成される，と主張される。しかもこの過程は，一度作動しはじめると取消しのきかない非可逆的過程でもあり，したがって，個人が正常な地位に戻ることはきわめて困難であると仮定されている。

SがPの原因たりうることは，優秀な児童だという教師の思い込みが児童の成績を向上させるというローゼンタールらのいう「ピグマリオン効果」とか，まじめな良い子だという「重要な他者」の評価のゆえに良い自己観念が形成され，その自己像が非行を抑止させる要因になるとする，レックレスらの自己観念論からも推定されよう。

人を逸脱者として取り扱うことが逸脱深化の原因であるから，可能なかぎり放置したほうがよい，一過性にすぎない軽症を「治療」することで，逆に重症の「医原病」を創り出す，こう主張するラベリング論は，社会統制の弛緩が逸脱の原因だとする社会統制論や，個人の置かれている社会構造上の地位に由来する不満・緊張にその原因を求めようとする社会的緊張理論（アノミー論など）に対するアンチテーゼでもある。

社会統制そのものが逸脱行動を生み出す元凶だとするこの命題は，刑事政策の根底をもゆさぶる。警察や裁判所などが犯罪者を犯罪者として処遇することは，犯罪者の改善・更生，社会復帰に役立ち，犯罪がペイしないことを当人にも一般社

会にも自覚させ，将来の更なる犯罪を抑止する（特殊予防・一般予防）効果があると確信してきた従来の見解とは，きわ立った対照を示すからである。

以上見てきたように，ラベリング論は，逸脱をたえず行為者と他者との関係のあり方の文脈で理解しようとする視点であり，とりわけ，従来看過されてきた他者の反応への注目のゆえに，社会的反作用学派とも呼ばれる。

社会集団は，それを犯せば逸脱となるような規則をもうけ，それを特定の人びとに適用し，彼らにアウトサイダーのレッテルを貼ることによって，逸脱を生みだすのである。この観点からすれば，逸脱とは人間の行為の性質ではなくて，むしろ，他者によってこの規則と制裁とが「違反者」に適用された結果なのである。逸脱者とは首尾よくこのレッテルを貼られた人間のことであり，また，逸脱行動とは人びとによってこのレッテルを貼られた行動のことである，というH・S・ベッカー（Howard S. Becker）の言明は，この観点を端的に要約している。

社会的反作用への注目は，直接的にはタンネンバウム（1938）に始まる。シカゴ学派の流れをひく彼は，非行少年に対する鑑札づけの過程を重視し，善意からであれ，悪を矯正しようと懸命になればなるほど悪が大きく成長する，解決策はこの悪のドラマ化（悪循環）をたち切ることにある，だからできるだけ話題にしないで放置するほうがよい，と主張した。

レマート（1951）は，社会的，文化的，心理的，生理的など多様な要因によって生じる「1次的逸脱」（従来の原因論はこれに関するものだったということになる）と，1次的逸脱に

対する社会的反作用によって生じた諸問題に対する防衛，攻撃，適応の手段として採られる「2次的逸脱」とを区別した。ガーフィンケル（1956）も，公然と告発されることによって，行為者の公的アイデンティティが集団内でのより低いそれへと全面的に編成し直される，「地位貶下の儀式」（status degradation ceremony）について論じた。

これらの先行する研究をふまえて，1960年代に入ってラベリング論は一挙に開花する。キツセ，K・エリクソン，ゴフマン，シクーレル，シュアなどによって，他者の側の反作用を糾弾する新しい視点が全米社会学界を席捲する。他者，観衆，とりわけ警察や裁判所など刑事司法機関による処遇自体が犯罪増加の元凶だとするこの主張は，J・F・ケネディ以後の人間・体制不信という政治・社会状況に最適の，「機能的」イデオロギーでもあったからである。

ラベリング論の隆盛は当然，実証主義者の間にも，その仮説を調査研究に即して検証しようとする気運を高めた。しかしその結果，この仮説に対する否定的な実証的「証拠」が続出した。ラベリング論批判で最大の影響力をもったのはゴーヴ（1975）の編著であろう。

ラベリング論が世俗化しエスカレートする一方で，ベッカーは行為者と他者との双方を共に正当に評価する相互作用論の原点にまで戻るべきであると軌道修正を図り，レマートも「軽向」を宣言する。しかし，キツセ，シュア，シェフ，グードらは，ラベリング論のいう理論とは，実証主義者が前提にしている操作概念（operational concept）ではなく，ブルーマーのいう感受概念（sensitizing concept）であるとして，実証主義者と同じ土俵で論争すること自体を拒否する。また，

ラベリング論の提言を受け入れた形での少年司法政策が,思ったほどの効果を挙げていないこともあり,80年代に入って,ラベリング論は既に死滅した,との評価すら出はじめている。

* 実証研究を直接方向づける操作概念が,その手続的厳密さのゆえにかえって現実遊離的になっている事態を打破するために必要とされる,研究の方向づけを大まかに示唆し,分析の着眼点を提供する程度のルースな,それゆえにかえって柔軟に,具体的現実に接近できるとされる概念。

伝統的学派による数々の実証的証拠に基づく反論は,逸脱的ラベルの付与を規定する主要因は,結局当人の逸脱行為であって,決して当人が社会的弱者だからではない,ラベルに値する人がラベルを貼られるのであり,ラベルは正当だ,という点にある。

この主張の誤りは,黒人問題や被差別部落問題などに適用される,実態(P)と偏見(S)との悪循環,ポジティヴ・フィードバック,逸脱増幅的相互因果性のモデルを導入すると理解しやすい。P,S,2要因の絶えざるフィードバック過程を経て,現実にPとSとが一致してしまうと,この一致はいつも,PがSの原因であるとする伝統的文法で解釈されてしまう。実証主義者は,あたかも,能力が等しいのに低賃金であれば差別となるが,劣等だから賃金が低いのは差別ではない,と言っているかのようである。しかしわれわれは,この論法が,最初の差別を合理化し,差別を維持存続させ,さらには拡大再生産する危険性を十分に承知している。

「家庭裁判所や少年非行をあつかっている人々の，気軽に口にする欠陥家庭という言葉の響きに私はうんざりする。母親一人とか父親一人とか，別居中だとかの家庭に非行の発生率が高いという統計をもとにして，最近の家庭破壊をうれえるのである。それは，たしかに統計的事実であろう。しかし自分たちの示す統計が，企業の入社試験の時に差別の根拠とされていることに気づいている人は見当らなかった」という，なだいなだの指摘は，実証的研究が世論を形成し，その社会意識のゆえに，特定の社会的カテゴリーの問題性がクローズアップされるプロセスを的確に衝いている。

「欠損家族」と非行に関する実証的研究が，母（父）子家庭についての社会意識を形成する。他者の社会的反作用は，この社会意識を背景になされるのだ（この点，ラベリング論が行為者と他者，2者間の微視的相互作用に関心を集中しすぎて，社会構造などマクロな視点に欠ける，と批判されたことは反省されてよい）。この社会意識のゆえに「欠損家族」の非行があぶり出される。予断に基づく世間の冷やかな視線は，子どもの健全な自我形成を阻害しやすい。注視する世間の監視は，「欠損家族」の子どもの非行を見逃すことなく，ことごとく拾い上げる。こうして集められた「統計的事実」が当初の社会意識をさらに補強する。

　実証主義の立場から，ティトルは「種々の調査結果は，不利な社会的属性が現実の法侵犯行為以上に（more）処分規定力をもつとする命題とは矛盾するが，不利な属性が処分決定にある程度の（some）効果をもつとはいえる」と要約している。しかし，ラベリングが増幅モデルの刺激・強化因になるには，more ではなく some の効果だけでも十分なのである。

伝統的実証主義者たちは、見えたことは客観的真実だと主張するが、ラベリング論者たちは、見ようとしたからその事実が見えたにすぎない、と「視線」を問題にする。そして第三者的に傍観してきたはずのわれわれの視線が、逸脱を増幅させる加害要因にもなりうるのだという危険性を思い知らせてくれるのである。

〔参考文献〕

Tannenbaum F., *Crime and the Community*, Ginn and Company, 1938.

Lemert, E., *Social Pathology*, McGraw-Hill, 1951.

Becker, H. S., *Outsiders*, 1963(村上直之訳『アウトサイダーズ』新泉社 1978、新版 1993 年).

Gove, W. ed., *The Labelling of Deviance*, Sage Publications, 1975, 2 nd ed. 1980.

(徳岡秀雄)

12 預言の自己成就 (R・K・マートン)

　ある状況が起こりそうだと考えて、人びとが行為すると、そう思わなければ起こらなかったはずの状況が、実際に実現してしまう。

　マートン (Robert King Merton) は〈もし人が状況を真実であると決めれば、その状況は結果において真実である〉というW・I・トマスの公理を用い、具体的な事例を通して〈自己を成就(実現)する預言〉という命題を説明する。

　このトマスの公理は前半と後半とに分かれている。前半は〈もし人が状況を真実であると決めれば〉までであるが、それを言いかえると、人間は単に状況の客観的な特徴に反応するだけではなく、自分たちにとってこの状況がもつ意味に対しても反応する、ということである。しかも、この後者に対する反応のほうが時には主となるというのが、この公理の前半の主題である。したがって状況そのものが客観的に実在しているということをこの命題は否定してはいないが、しかしそれに対してどういう意味を付与するかによって反応が異なってくるということなので、この意味付与が実在に対して及ぼす反作用を強調している。その点がこの命題の前半部分の面白さである。

　意味付与の仕方は多様でありうる。したがって同じ状況が人によって多様に見えるということになる。しかしだれにとっても同じ状況に見える場合のほうがむしろ通常である。な

ぜそうなのか。それは，実在には一つの在り方しかないということによってではなく，実在への意味付与の仕方が社会的にパターン化されているということによって説明されうる。

公理の後半部分は，ひとたび人びとがなんらかの意味をその時の状況に付与すると，それに続いて為される行為やその行為の結果は，この付与された意味によって規定される，という命題である。どのような意味付与をするかによって，その後の行為および行為の結果が異なるから，状況の定義が，続く状況をつくり出す，ということになる。ただこの命題は，続いて為される行為がだれの行為なのか，また行為の及ぼす結果は何にとっての結果なのか，という限定を含んでいない。したがってこの命題はいろいろの具体的なケースに適用されうる。そこでマートンはこの命題を説明するためにいくつかの興味深い事例を挙げている。

その一つは〈銀行の支払不能の噂〉の場合である。これは，1932年に旧ナショナル銀行が支払不能に陥ったという噂が拡がり，預金者がわれ先にと預金を引き出しに殺到したので，とうとうその銀行が実際に支払不能になってしまった，というケースである。マートンによると，一般に銀行なるものは本来そういうもので，銀行資産が比較的に健全な場合でも，相当数の預金者が一挙に預金の引出しを求めれば，たちまち支払不能に陥る。言いかえれば，預金者がいっせいに引出しを求めないから営業が成り立つので，同じような噂が立って大量の預金者がいっせいに引出しを求めれば，どの銀行も破産する。

次の事例は〈労働組合員としての黒人の適性の欠如〉に関する場合である。黒人は労働組合の団体交渉の仕方に習熟し

ていないので、また組合のコントロールを受け入れないので、彼らはストライキ破りをするおそれがある。このように黒人の社会的性格を決めつけて、彼らを組合に加入させなかった場合が過去において一般的であった。そうすると、実際にストライキが起こった際、企業側は組合に加入していない黒人を当然雇うことになるので、黒人はストライキを無視する結果となる。したがって、黒人に対して白人が以前から下していた「黒人はストライキ破りをする」という定義が現実のものとなってしまう。

そのほかに個人にかかわる事例として、受験ノイローゼの場合がある。どうも試験に失敗しそうだと思って勉強している受験生は、その不安のために十分勉強できないので、その結果実際に試験に失敗する。最後に再び集団にかかわる事例として、戦争の場合を挙げておこう。二つの国のあいだの戦争がどうしても避け難いというふうに両国の首脳陣が状況を定義していると、お互いに感情的な隔たりができてきて、いつも相手が自分たちを攻撃してくるのではないかという不安をいだく。したがって双方は互いに相手に対して防衛的な反応を示す。その結果、武器・資材・兵員がしだいに大量に蓄えられていって、実際に戦争が起こってしまう。

マートンのこの命題の面白さは、第1に、素朴なリアリズムの否定という点に見いだされる。まず、公理の前半部分で素朴なリアリズムが否定されている。素朴なリアリズムの極端な1例は唯物論的な反映論であるが、そこまでゆかなくても、実在はだれにとっても一つであるという常識が広く拡がっている。その常識に対してマートンの命題は別の考え方を対置する。すなわち、状況というものは不変の実在として万

人の前に在るのではなく，それは主観的に意味を付与されて初めて行為者にとっての状況となる，という命題である。次に，命題の後半部分が加わると，どういうことになるか。そこでもまた，素朴なリアリズムが否定されている。行為者はみずからが状況に付与する意味に従って行動し，その結果，定義された通りの状況が生じるのだから，存在が意識を規定するのではなく，意識が存在を，あるいは，観念（情報）が実在を規定するということになる。要するに，マートンの命題の面白さは，第1に，常識的な素朴リアリズムを否定しているところにある。

マートンは上述のトマスの公理と同じような公理を提示した人びとの名を挙げている。ボシュエ，マンドヴィル，マルクス，フロイト，サムナー。私が知っている名を挙げると，アランも全く同じ考え方を述べたことがある。それは，「先生が生徒の能力を低く評価すると，その生徒は先生の前で自信を失い，先生が考えていた通りの愚かな生徒になる」という趣旨のものである。この事例は受験ノイローゼの学生の場合に近い。しかしここでは状況が先生という他者によって定義され，そのために生徒は定義された通りの人間になってしまうのであるから，この事例は受験ノイローゼの場合よりも，別項のラベリング理論の扱う事例のほうにいっそう近い。

預言の自己成就という発想の起源を思想史（history of ideas）の観点から探求することは，一つの興味深い課題である。その起源は遠く神話や民話の領域に求めなければなるまい。その領域に現れ，そして今日の西欧世界において最もよく知られている事例を取り上げよう。それは，ソフォクレスが『オイディプス王』において劇化した神話である。オイデ

ィプスはテーバイの王の家に生れた。ところが彼の両親は神託によって「この息子は父を殺し母を犯す」と告げられる。そこで両親はオイディプスを遺棄するが、彼は運よく助けられてコリントスの王家で育てられる。オイディプスはコリントスでもまた、彼の実の両親が告げられたのと同じ神託を告げられる。自分の本当の両親がコリントスの王夫妻であると信じて育ったオイディプスは、この神託によって預言された大罪を避けようとして旅に出る。そして旅先で全く偶然に、それとは知らず実の父親を殺してしまい、テーバイで未亡人となっていた自分の母親と結婚する。こうしてオイディプスの両親とオイディプス自身とが神託に示された預言の実現を避けようとしてとった行動がともに預言を成就することになるのである。

神託で示された預言の成就という光に照らしてみると、マートンの預言の自己成就という命題の面白さは、先に述べた素朴リアリズムの否定という点だけにあるとは思えない。その面白さにはもう一つの源泉がある。それは神託の成就という命題との構造上の相同性である。では神託の成就の面白さはどこにあるのか。神託＝預言は一つの情報であるが、この情報は当初、現実と全然かかわりがなさそうである。それは最初は一見ニセの情報であるように見える。つまり現実の写しではなさそうに思われる。オイディプスが最大の二つの罪を犯すという予想はあまりにも非現実的である。ところが、最初は離ればなれになっていた現実とその写しとが、だんだん相互に近づいてきて、最後にはぴったりと合致するにいたる。実在と情報との関係は二重である。両者は互いに異なった次元に属しているが、しかし本来は両者は一体である。オ

イディプスの場合,最初は両者の一体性はない。離ればなれの両者がしだいに収斂してゆき,そして遭遇する。この遭遇に立ち会った者はここで一種の驚愕を経験する。この驚きはいわば美的な驚きである。ソフォクレスの『オイディプス王』が永遠の傑作として今日まで生き残ってきたのは,一つにはそこに上述の美的体験を誘発する構造が含まれているからであろう。すなわち異次元に属するものの遭遇の構造。神託の成就というこの命題に,マートンの命題を重ね合わせてみると,両者は同じ構造をもっていることがわかる。そこでわれわれは,マートンの命題の面白さを神託成就命題の構造を鏡として説明することができる。この第2の面白さは素朴リアリズムの否定という第1の面白さとは別のカテゴリーに属する。第1が科学的法則にかかわっているのに対し,第2は美学的法則にかかわっている。そしてもし第1の面白さだけにとどまっていたとすれば,マートンの命題はそれほど魅力的ではなかったであろう。

　最後に,上の解説では文脈の関係上強調しえなかった一点に再度注目しておこう。それは科学的法則の面白さと美学的法則の面白さとが交わる一点であり,この点にマートンの命題は第3の魅力の源泉をもつ。神託の成就と預言の成就とはともに起こりそうな状況が最初に定義されたことから起こる。だが興味深いのはそのことだけではない。この定義と結果とのあいだに,定義された結果を避けようとする行為が介在し,それが結果を惹き起こす直接因となる,ということもまた,興味深いポイントである。この行為と結果との関係は〈意図しない結果〉すなわち潜在的機能の1ケースであることは言うまでもない。しかしそれはスペシャルなケースである。そ

の結果は意図されたものではなかったが，ただそれだけではなく，その結果はまさにそれを避けようとした意図の結果なのだから。このスペシャルな事例としては，銀行預金の引出し行為よりも，黒人の組合加入拒否行為の場合のほうがぴったりする。ある結果を避けようとした行為がその結果をもたらすという連関は，単なる潜在的機能の連関を超える部分を含む。それはいわばアイロニカルな連関の部分である。このアイロニーのゆえに，マートンの預言の自己成就命題は神託の自己成就命題がそうであるように，運命の観念へと人びとを導く。この点においても，マートンの命題は科学的であるだけにとどまらず，美学的でもある。もっとも，彼が自分の命題と神託の自己成就命題とのあいだの構造的な相同性をどの程度意識していたかは，テキストの上では明らかでない。

〔参考文献〕

Merton, R. K., "Self-Fulfilling Prophecy," *Social Theory and Social Structure*, 1949, revised ed., 1957（森東吾ほか訳「予言の自己成就」『社会理論と社会構造』みすず書房 1961）.

Rosset, Cl., *Le Réel et son double: Essais sur l'illusion*, Gallimard, 1976（金井裕訳『現実とその分身——錯覚にかんする試論』法政大学出版局 1989）.

（作田啓一）

13 欲望の模倣とモデル＝ライバル論（R・ジラール）

> 欲望は，他者（モデル）の欲望を模倣することによって発生する。それゆえ，欲望主体はモデルと同一物を欲望することになるから，欲望を貫徹しようとすれば，モデルは主体の欲望を妨げる障害（ライバル）に変わる。このような他者をモデル＝ライバルという。

R・ジラール（René Girard）は文芸批評から出発して，人類学，社会学，宗教学などの領域にまたがる体系的な理論を構築しつつある思想家である。

欲望が模倣によって発生しやすいという事実は，誰もが日常生活で多少とも経験している事柄だが，ジラールはこの欲望の模倣性の問題を徹底して追求した。もっとも，ジラールによれば，シェークスピア，ドストエフスキーなどの優れた作家たちは具体的な作中人物間の関係や状況として，欲望の模倣性をすでに完璧に表現しており，彼はただそれを理論化しただけである。

欲望の主体をS，対象をO，欲望を媒介するモデルをMとすれば，MのOへの欲望を模倣して，SはOに対する欲望を発生させる——これが欲望の模倣論の基本図式であって，さらにS—M間の遠近によって，その図式は二つの類型に分かれる。第1はSとMが遠く離れており，同一の生活圏に属していない場合であり，外的媒介とよばれる。ジラールが挙げている例では，ドン・キホーテと彼がモデルとする騎士

道物語中の偉大な騎士アマディスとの関係，フロベールの『ボヴァリー夫人』のヒロインと彼女があこがれるパリ社交界との関係がそうである。外的媒介では，SとMが生活圏を共有していないので，SがMの所有物を欲望するとしても（ドン・キホーテはアマディスの武勇を，ボヴァリー夫人はパリ社交界の華やかな生活を欲望する），Mがライバルとなって，Sの欲望の達成を妨害する事態は生じない。それゆえ，ここでは，憎悪や嫉妬がSのMに対する賛美の念に混在することはない。

　外的媒介とは逆に，S—M間の距離がきわめて短く，両者が同一の生活圏を共有している場合が内的媒介である。SとMが近接していると，欲望の模倣作用によって，両者が同一物を欲望すれば，MはかならずSの欲望に対して障害として立ちはだかる。Mは単なるモデルのみならず，モデル＝ライバルとなる。Sは自分の欲望の邪魔をするライバルと化したMを憎悪するが，MがSの手の届かない対象を保持しているかぎり，モデルであることには変わりないので，Mはあいかわらずを魅惑しつづける。崇拝と憎悪の共存はモデル＝ライバルに対するSの基本的な感情である。

　S—M—Oの欲望の模倣図式の諸変型を考えるさいに，もう一つ考慮に入れなければならないのは，Oの具体—抽象のパラダイムである。恋愛における異性や物質的な財などを一方の極とし，もう一方の極に，社会的名誉，閉鎖的なソサエティーの入会資格といったつかみどころのない，抽象的な対象を置くと，人間のさまざまな欲望対象はすべてその両極を結ぶ線上に位置するだろう。欲望対象が抽象化すればするほど，MとOは接近し，一体化する傾向がある。ドストエ

フスキーの『悪霊』のスタヴローギンは《三人の弟子》のモデル＝ライバルであって，彼らが欲望するスタヴローギンの所有物は，彼が人びとから集める人気ないし畏敬である。スタヴローギンの人気は彼から後光のように発散しており，理論的にはともかく，事実上は彼から分離できない。Sから見ると，OはMの属性のような外観を呈するのである。

　社会が近代化し，平等化するにつれて，S—M間の距離の縮小と欲望対象の抽象化が平行して進行するという現象が見られる。ある他者をモデルとして選択するには，その他者とSとの間にはOによって表される差異がなければならない。そのO＝差異こそがSの眼にMの魅力として映る。ところがSが実際にOを獲得したいと考え，SとMがライバル同士になるには，S—M間の差異が乗り越えがたいほど大きくあってはならない。中世社会の貴族と農民のように，確固たる法的差異に隔てられた人間たちはライバルとはならない。SとMが法的には，つまり，形式上は平等化しているが，事実上はO＝差異によって分け隔てられている，近代社会によく見られるような場合に，内的媒介つまりMがモデル＝ライバルとなる関係がもっとも発生しやすい。

　欲望対象が抽象化する傾向があるといっても，これは人びとが諸々の物質的な対象を欲望しないということではない。近代社会では，物質的な欲望は以前にもまして激しく燃えあがるだろう。しかし欲望対象が物質的であるとしても，その物質的対象が必要不可欠だから求められているのではなく，真の欲望対象は，自動車とかビデオといった財を所有することでそれを所有しない人びととの間に生じる差異なのである。人びとがある程度物質的な満足を得た現代社会では，人間の

最終的な欲望は他者による《尊敬》や《声望》に向かうのであり、物質的な財が欲望対象となるとしても、ほとんどの場合、それは他者の《尊敬》を獲得する手段として機能しているにすぎない。

そして物質的な財によっては獲得できないような《尊敬》を所有している他者がモデルとされたとき、欲望の模倣はもっとも重症化する。スタヴローギンの《声望》を欲望する三人の弟子たちのようなケースである。そのとき、Sが欲望する対象は貨幣で購入しうるような等価物をもたず、ただMだけが所有している唯一無二のものだから、MがSに及ぼす魅惑の程度は最大限に達し、またSから見れば、OはMの本質的な属性と思えるので、MがSの欲望に障害物として立ちはだかる度合も同様にもっとも強くなるからだ。モデル＝ライバルによって魅惑される程度も拒絶される程度も、いずれも最大限にまで高まるのである。

万人平等の思想が人びとの意識に浸透した近代社会で、ある他者を自分のモデルとして認めることは、その他者が自分より優位にあることを承認することにひとしいから、平等思想を信奉する個人の自尊心を傷つける。だから、われわれは彼をモデルとし、彼の欲望を模倣している事実を覆い隠そうとするだろう。そして最後には、彼はわれわれのモデルでないことを証明しようとして、われわれは彼とはすべて逆の行動を選択し、人びとの眼に彼を模倣していないことを印象づけようと試みるだろう。つまり模倣(ミメティスム)の病いが重症になると、モデルは反モデルになるが、それはMがますます深くSのモデルとなっているからこそなのだ。

プルーストの『失われた時を求めて』には、三流のサロン

を主宰するヴェルデュラン夫人というスノッブが出てくる。彼女のふるまいには，モデルが反モデルになる模倣の悪化がよく現れている。彼女は実は上流貴族たちを自分のサロンに招待したいのだが，彼らがブルジョワのサロンに来るはずがないことを承知しているので，人前では上流貴族のことを《退屈な連中》とよび，彼らに対する完全な無関心と軽蔑を標榜している。そしてその軽蔑を証明するために，貴族社交界では受容されない印象派の絵画や音楽のパトロンとしての自己——つまり貴族社交界との差異——を呈示する。しかしそのように仮装された軽蔑は，彼女が本当は一流貴族をモデルとしており，彼らのように貴族社交界に君臨したいと望んでいるからこそ，生じる。われわれがけっしてモデルと認めようとせず，単なるライバルとみなそうとやっきになるようなモデルこそ，正真正銘のモデルなのである。

　ジラールの欲望の模倣論の特色は欲望と模倣を結合させた点にある。ジラール以前の代表的な模倣論としては，G・タルドの『模倣の法則』(1890)があるが，タルドには欲望の模倣という問題意識がなく，それゆえジラールの最大の発見である欲望のモデルとライバルを結びつけるという発想はまったく見られない。

　欲望を模倣的なものとして捉えることは，欲望を対象との関連においてではなく，欲望の媒介者たるモデルとの関連で把握することだ。SとOの関係よりも，SとMとの関係が重要なのである。欲望の模倣の程度が高まってくると，モデルの選択が対象の選択に先行し，それを規定するようになる。

　誰をモデルとして選択するかという問題は，フロイト的に言えば，誰に同一化するかという問題である。フロイトでは

人は常に父親もしくはその代理者に同一化するとされるが，ジラールでは，Sよりなんらかの形で優位にあり，Sが賛美するような人間であれば，誰でもSのモデルとなりうる。そして，われわれはモデルとして選んだ他者の欲望するものであれば，それが何であっても，自動的に欲望するだろう。フロイトのエディプス・コンプレックスに関して，ジラールは，フロイトは同一化に規定されて対象選択が行われることを見抜けなかったと批判する。フロイトによれば，息子は母親を対象として選択するから，父親を敵視するのであり，最初に息子が父親をモデルとしたからこそ，父親の欲望対象たる母親を欲望するのだということは気づかれていない。フロイトの同一化はジラールのモデルの概念と非常に親近性の強い発想であるが，フロイトには模倣の考えがないので，同一化が対象選択を規定することを洞察できなかった。エディプス・コンプレックスにおける息子の父親への両価的な感情の存在も，父親が息子に対してモデル＝ライバルとして機能していると考えれば，容易に解決できる。息子はモデルとしての父親に魅了される反面，ライバルとしての父親を憎悪するからだ。

　欲望の模倣論は何々が欲しいという対象選択と誰々のようになりたいという同一化を統合するので，フロイトのように，対象選択と同一化は互いに無関係だとする誤りに陥らない。欲望の模倣論は対象選択が同一化に規定されることを明らかにするだけでなく，欲望対象の概念を拡大し，物質的な財から人気，声望，地位といった抽象的なものまで対象とみなすので，対象選択と同一化のいずれも模倣による欲望として把握できることを示す。スタヴローギンの《人気》を欲望する

ことは、スタヴローギンのようになりたいと望むことと同義だからである。

ジラールのモデルの概念と準拠集団論が言う準拠他者の概念は共通するところがある。ある他者をモデルとし、彼の欲望を模倣することは、彼を準拠人とすることと同じ意味だと考えてよい。ただし、現在までの準拠集団論が視野に収めているのは、欲望の模倣論の用語でいえば、MがSに対して単なるモデルとしてとどまっているような場合だけであって、Sに対してライバルとして立ちはだかるようになる段階は準拠集団論の考慮の外にある。東大志望の高校生があたかも東大生のようにふるまおうとするのは準拠集団論で説明できる。が、その高校生が何度も受験に失敗したあげく、東大なんてたいしたことない、某私立大学のほうが実際はずっと優秀だと言いだしたとすると、準拠集団論は否定的準拠集団というものをもちだし、東大は魅惑する肯定的準拠集団から反発させる否定的準拠集団に変わったのだと主張するだろう。しかしこの見方があまりにも素朴なのは明白であって、彼が東大に反発するのは、あいかわらず心の奥底では東大に魅了されているからであり、東大が彼にとって反モデルの外観を呈するのは、いっそう深くモデルとなっている、つまりモデル＝ライバルであるからだ。

モデルをライバルと結びつけるジラールのモデル＝ライバル論を前にすると、彼は他者に対する純粋なあこがれとか称賛というものをどうとらえているのだろうかとの疑問を抱く人がいるに違いない。ジラールの返答は簡単だろう。純粋な賛美は外的媒介の世界にしかありえない。いいかえれば、SとMの間がある絶対的な差異ないし距離によって切断され

る場合にだけ,SのMに対する賛美は純粋でありうる。われわれは同時代人や隣人を,過去や異国の芸術家を称賛するほど容易にはほめたたえられないのである。

〔参考文献〕

Girard, R., *Mensonge romantique et vérité romanesque*, 1961(古田幸男訳『欲望の現象学』法政大学出版局1971,新装版2010).

Girard, R., *Critique dans un souterrain*, 1976(織田年和訳『地下室の批評家』白水社1984,新装版2007).

Girard, R., *Des choses cachées depuis la fondation du monde*, 1978(小池健男訳『世の初めから隠されていること』法政大学出版局1984).

Tarde, I. G., *Les lois de limitation*, 1890(池田祥英・村澤真保呂訳『模倣の法則』〔第2版の訳〕河出書房新社2007).

作田啓一『個人主義の運命——近代小説と社会学』岩波新書1981.

(織田年和)

14 ルサンチマンと道徳（F・W・ニーチェ）

キリスト教道徳の起源は、抑圧された弱者の抱くルサンチマン（怨恨）にある。弱者は、その無力さのゆえに、自分たちのルサンチマンを報復行動に移すことができないので、ただ「想像上の復讐によってのみその埋め合わせをつける」。換言すれば、「恐るべき整合性をもって貴族的価値方程式に対する逆倒を敢行し、最も深刻な憎悪（無力の憎悪）の歯ぎしりをしながら、この逆倒を固持した」弱者たちによってキリスト教道徳は形成された。この意味で、それは「道徳上の奴隷一揆」の所産にほかならない。

19世紀後半における「ヨーロッパ的人間の矮小化と均一化」に「時代の危機」をみたフリートリヒ・ニーチェ（Friedrich W. Nietzsche）は、西欧近代社会の中核的な価値観に対するラジカルな批判者として知られている。彼の批判は、たとえば「客観性」を標榜する科学主義、「進歩」を自明視する歴史観、「奴隷の道徳」としてのキリスト教道徳などに向けられ、さらには「凡俗な弱者の政体」としての民主主義にも及んだ。

キリスト教批判は、ニーチェの思想において中心的な位置を占めるテーマの一つであるが、キリスト教道徳の起源を弱者のルサンチマンに求める上記の命題は、とりわけ『道徳の系譜』（1887）のなかでくわしく展開されている。

強者による抑圧を受けて強いルサンチマンを抱きながらも，行為によって報復することのできない弱者は，「価値の根本的な転倒」という「精神的な復讐」の手段をあみだし，それによって「圧制者に対する腹いせ」を試みるほかない。このとき，「ルサンチマンそのものが創造的になり価値を生むもの」となって，奴隷の反乱がはじまる。「すべての貴族道徳が勝ち誇った自己肯定から生じるのに対し，奴隷道徳は〈外なるもの〉，〈他なるもの〉，〈自己ならざるもの〉を頭から否定する。そして，この否定こそ奴隷道徳の創造的行為なのである」。こうして，一方では，自分たちが求めて手にしえない富や権力などの価値が否定され，他方では，自分たちの「弱さ」が価値あるものとして正当化される。つまり，「惨めなる者のみが善き者である。貧しき者，力なき者，卑しき者のみが善き者である。悩める者，乏しき者，病める者，醜き者こそ唯一の敬虔なる者であり，唯一の神に幸いなる者であって，彼らのためにのみ至福はある」とされ，また「報復をしない無力さが〈善良さ〉となり，臆病な卑劣さが〈謙虚〉となり，憎んでいる当の相手に対する屈従が〈恭順〉（とりわけ，この服従を命じる者だと彼らがいっているもの——すなわち，彼らが神と呼ぶもの——に対する〈恭順〉）となる。弱者の事なかれ主義，弱者がたっぷりもっている臆病さ，戸口に立ってぐずぐずと入るのをためらわざるをえない態度，そういうものがここでは〈忍耐〉という立派な名前を与えられ，徳とも呼ばれるようである。〈復讐ができない〉ことが〈復讐を欲しない〉ことだといわれ，おそらくは寛恕とさえ呼ばれる。そのうえ，〈おのれの敵に対する愛〉まで説かれる——汗だくで説かれる」。

行為と関係

こうしたニーチェの議論は，敬虔なキリスト教信者にとってはきわめてショッキングで不快な考え方であったにちがいないが，それだけに，社会学的な命題としてみると，独創的な面白さに富み，切れ味も鋭い。そこには，多くの人びとがほとんど自明のものとして受けいれてきた価値を疑い，それを鮮かにつき崩してみせる面白さがあり，一種の知的爽快さがある。

　キリスト教道徳という価値をつき崩すために，ニーチェは，その「価値」をルサンチマンという「現実」に還元してみせるという方法をとった。それは，「偉大なもの」や「高尚なもの」を「卑小なもの」に，「聖なるもの」を「俗なるもの」に還元するという方法である。この点で，ニーチェのルサンチマン論は，「われわれの美徳は，ほとんど常に，仮装した悪徳にすぎない」という観点に立つラ・ロシュフコーの『箴言』(1665)などに通じるシニカルな価値剥奪の面白さをもっている。あるいは，もっと素朴なレベルで現代のジャーナリズムにしばしばみられる現実暴露の面白さに近いもの，といってもよい。しかし，ニーチェの試みは，より大がかりで体系的なものであった。なにしろそれは，ほぼ2千年間にわたってヨーロッパ文化の中核をなしてきたキリスト教を相手どっての，壮大な現実暴露と価値剥奪の試みなのだから。

　『道徳の系譜』のなかでニーチェは，自明視されてきた道徳的諸価値を疑い，批判すること，つまり「道徳的諸価値の価値それ自体をまずもって問題とすること」が今や要求されているとし，そのためには「これらの諸価値を発生させ，発展させ，推移させてきた諸種の条件と事情についての知識」が必要であると述べている。そして，本書では「地上でどんな

ふうにして理想が製造されるかという秘密」を明らかにするのだという。この発想のなかには、今日「知識社会学」と呼ばれている分野を基礎づけている考え方にたいへん近いものがふくまれている。今日の知識社会学は、ニーチェのいう「道徳的諸価値」だけでなく、もっと広い意味での観念や知識（さらには人間の認知的活動一般）を扱っているけれども、その基本的な発想においては、ニーチェからそれほど遠くへだたっているわけではない。だからこそ、知識社会学の先駆者の一人として、K・H・マルクスやE・デュルケムとともに、しばしばニーチェの名があげられるのである。

しかし、もう少し視野を広げるなら、ニーチェのルサンチマン論の根底にある「不信の技法(アート)」は、P・L・バーガーが指摘するように、単に知識社会学のみならず、社会学そのものの特質や面白さとも密接に関連しているといってよいだろう。バーガーによれば、社会学的なパースペクティヴの特色は、多くの人びとが常識的に自明なものとして受けいれている社会的現実を疑い、その「裏を見透す」ことにある。社会学は、「物事はみかけ通りのものではない」という前提に立って、その「みかけ」の裏側の現実を示してみせることを重要な任務の一つとしており、そこに社会学の面白さもある。社会学は、私たちの「日常生活の意識からはしばしば隠されている意味のレベル」をさぐり、「社会の公式的な解釈のなかに与えられている現実」とは違ったレヴェルの現実を探究する。したがって、社会学的意識のなかには、現実を暴露し（debunking）、お上品な体裁を否定し（unrespectability）、すべてを相対化していく（relativizing）というモチーフが内在している。この意味で、ニーチェの「ルサンチマン命題」の

面白さは，社会学そのものの面白さに結びついている。

　ニーチェのルサンチマン論を現代の社会学につないだ功績は，主としてマックス・シェーラーに帰せられる。シェーラーは，カトリック的世界観に立脚する思想家として，キリスト教道徳の源泉をルサンチマンに求める考え方には反対したけれども，ルサンチマンと道徳との関係についてのニーチェの洞察そのものは「道徳的価値判断の由来に関する……最も深遠な発見」であるとして高く評価し，実際「ヨーロッパの歴史をみれば，道徳の形成においてルサンチマンが驚くほどの働きをしていることがわかる」と述べている。しかし，彼によれば「キリスト教倫理の核心はルサンチマンを土壌としたものではない」。そのことを論証するために，彼はまず，ギリシア・ローマ世界における古典古代的な愛の理念とキリスト教の愛の理念との差異を検討し，さらに後者を中核とするキリスト教道徳と「一般的人間愛」の概念を基本とする近代の市民道徳との差異を検討する。つまり，ニーチェが明確に区別しなかったこれらの差異を考慮に入れるなら，ルサンチマンに基づくのは，ほんらいのキリスト教道徳ではなくて，「13世紀以降，急速にキリスト教道徳にとってかわって伸張しはじめ，ついにはフランス革命においてその最高の実現をなしとげる市民道徳」であることがわかる，というのである。このようなシェーラーの主張，とくに資本主義の進展に基礎づけられた近代の市民道徳を封建的な貴族支配に対する市民層のルサンチマンに結びつける考え方は，W・ゾンバルトやM・ウェーバーに大きな影響を与え，「市民精神」や「資本主義の精神」の形成におけるルサンチマンの役割についての議論を呼び起した。

キリスト教道徳とルサンチマンとの関係に関するニーチェとシェーラーの見解の対立は、両者がそれぞれに立脚する世界観の違いに基づくところが大きく、経験科学の方法や手続きに従って決着をつけることはむずかしい。しかしここでは、この点に深入りする必要はない。ここで重要なのは、ニーチェに組みするかシェーラーに組みするかということではなくて、シェーラーがニーチェのルサンチマン論を基本的には高く評価したということであり、またそれを「社会学的に発展させた」（R・K・マートン）ということである。

　この「社会学的発展」については、とくに、ルサンチマン形成における「社会構造」的要因の働きにシェーラーが注目したという点が重要である。シェーラーによれば、「ルサンチマンが集団や個人のなかで形成される仕方とその程度」は、当人（たち）の「素質的要因」と、その人（たち）が生きている社会の「社会構造」とに関連している。もっとも、彼は、これら二つの要因の関係について、「社会構造」はしばしば「素質的要因」に「規定されている」としたため、のちに幾人かの社会学者からその点に関して批判を受けることになった。しかし、これらの批判者たちも「社会構造」に注目したシェーラーの功績そのものは十分に認めている。また、シェーラー自身「素質的要因」には還元できない「社会構造」的要因の働きについてしばしば言及していることも忘れてはならない。たとえば、現代の私たちの社会のように、形式的には政治的・社会的平等権が認められているにもかかわらず、実質的には権力や財産や教養などにおいて大きな格差が存在する社会では、まさしくそういう社会構造それ自体によって、「身分や階級が判然と区別されている社会」よりもかえって

ルサンチマンが生じやすくなる，とシェーラーは指摘している。あるいはまた，人びとが社会構造のなかで占める「位置」に基づくルサンチマンについての分析もある（たとえば，男性に対する女性の，若者に対する老人の，嫁に対する姑の「位置」など）。つまり，社会構造上の「位置」そのものが，その「位置」にある人びとの個人的な性格や素質とは無関係に「一定度の〈ルサンチマンの危険〉をはらんでいる」のである。

　こうしたシェーラーの考察は，シェーラーがニーチェを「社会学的に発展させた」と述べたマートンによって，さらに「社会学的に発展」させられる。もっともルサンチマンそのものについては，マートンは，彼が「反抗」（rebellion）と名づけた「適応様式」（あるいは，逸脱行動の類型）との関連で簡単に言及しているにすぎない。しかし，たとえば「人間の生得的な動因についての知識からは予測できない新しい動機づけを生みだす働きをもつものとして社会構造をとらえる」というマートンの視点，そして「社会的・文化的構造が，その構造のなかでさまざまの位置を占める人びとに対して，どのように逸脱行動への圧力を加えるか」を解明しようとする彼の試みは，L・A・コーザーが指摘するように，明らかにシェーラーの発想に根ざし，それを展開したものといってよい。シェーラーは，社会構造とルサンチマンとの結びつきに目を向けるとともに，ルサンチマンに基づく行動が「価値の転倒」や「理想の製造」だけでなく，犯罪行為などにも向かいうることを指摘した。社会構造—ルサンチマン—犯罪というこの図式の第2項と第3項を，マートンは，ルサンチマンをふくむ構造的圧力（動機づけ）と，犯罪をふくむ各種の

逸脱行動として一般化することによって、逸脱行動に関する一つの理論的な枠組みをつくった。また、マートンとは少し違った方向への展開として、社会構造―ルサンチマン―犯罪の第1項と第2項の間にサルトル流の「まなざし」を媒介項として導入するという見田宗介の試みも高く評価されてよい。

シェーラーのルサンチマン論の現代社会学への貢献について、コーザーは、知識社会学や逸脱行動論だけでなく、相対的不満論や準拠集団論、大衆社会論や大衆運動論などへの影響も見落してはならないと述べている。ニーチェの洞察は、シェーラーを経て現代の社会学に受けつがれ、さまざまの文脈で「創造的に活用されている」（コーザー）のである。

〔参考文献〕

Nietzsche, F. W., *Zur Genealogie der Moral*, 1887（木場深定訳『道徳の系譜』岩波文庫 1940，改版 1964；中山元訳『道徳の系譜学』光文社古典新訳文庫 2009）．

Scheler, M., "Das Ressentiment im Aufbau der Moralen," (1915) in *Vom Umsturz der Werte*, 1919（津田淳訳『ルサンティマン――愛憎の現象学と文化病理学』北望社 1972；田中清助訳「道徳形成におけるルサンチマン」『現代社会学大系8・知識社会学（マンハイム，シェーラー）』青木書店 1973，復刻版 1998；林田新二訳「道徳の構造におけるルサンチマン」『シェーラー著作集4・価値の転倒（上）』白水社 1977）．

Berger, P. L., *Invitation to Sociology: A Humanistic Perspective*, 1963（水野節夫・村山研一訳『社会学への招待』思索社 1979；普及版，新思索社 2007）．

Merton, R. K., *Social Theory and Social Structure*, revised ed., 1957（森東吾ほか訳『社会理論と社会構造』みすず書房 1961）．

Coser, L. A., "Max Scheler: An Introduction," in *Ressentiment* by Max Scheler, translated by W. W. Holdheim, The Free Press, 1961.

見田宗介『まなざしの地獄』河出書房新社 2008（初出は「展望」1973 年 5 月号，のちに見田宗介『現代社会の社会意識』弘文堂 1979 に収録）.

（井上　俊）

15 志向のくいちがいと羞恥 (M・シェーラー)

　人は,普遍的な存在としてもカテゴライズされうるし,個人的な存在としてもカテゴライズされうる。あなたが普遍者として見られることを期待しているとき,他者がそのような存在としてのあなたを注視しても,羞恥はおこらない。あなたが個別者として見られることを期待しているとき,他者がそのような存在としてあなたを注視する場合も,やはり同様である。これを要するに,普遍化と個別化との二つの認知志向が,自己と他者とのあいだでくいちがうときに,羞恥は生じるのである。

　羞恥の発生にとって必要な条件のひとつは,他者からの一種特別の「まなざし」のもとにおかれることである。この「まなざし」を究明しようと試みた代表的な人物に,M・シェーラー (Max Scheler) と J-P・サルトル (Jean-Paul Sartre) がある。ことに,他者からの一種特別の視線(まなざし)の構造を明らかにしたのは,M・シェーラーであった。

　シェーラーは,「羞恥と羞恥心」(1933)という論文を書いて,まなざしと羞恥の関連性を現象学的に追究した。シェーラーによれば,羞恥は,動物にもなければ,神にもない。人間にのみ特有の感情である。人間は,精神と身体,霊と肉,永遠と時間,本質と実存などの両界にまたがって,橋渡しをしている中間者にほかならない。羞恥は,そんな人間だけに固有の感情なのである。

すなわち，羞恥とは，精神的・人格的な存在としての人間が，衝動的・動物的な存在としての自分自身をふりかえり，自己のうちなる両者の不均衡と不調和に気づいたときに，必然的に生じざるをえない感情である。人間は身体（肉体）に縛られているからこそ，羞じざるをえない。と同時に，精神的な存在であるからこそ，羞じることができるのである。羞恥がすぐれて人間的なありようを示す感情であるゆえんである。

羞恥の発生のための基本条件は，以上のとおりである。しかし，これだけではまだ，一般的な基盤が明らかにされたにすぎないであろう。くわえて，シェーラーは，羞恥の日常的かつ具体的な発生にとって欠くべからざる第1の条件をもうける。——それは，自己意識ということである。より精確にいえば，「自己へのかえりみ」(Zurückwenden auf ein Selbst)，つまり，自分自身をふりかえることである。

たとえば，火事の際に，わが子を救い出そうとしている母親の場合を考えてみよう。彼女は，肌着や裸のままでさえも，夢中で家から飛び出してしまうことであろう。そんな瞬間には，あらかじめスカートをはいていたかどうか，などということは，まるで念頭になかったはずである。子どもが助かったことを知ってはじめて，彼女は羞恥をおぼえはじめる。わが身をかえりみるや，羞恥がおこるのである。

あるいはまた，羞恥心の非常に強い女性でも，男性にたいする彼女の愛が高まる瞬間には，彼女の意識は彼のなかに完全に没入しているので，彼の注視にもあんがい平気である。ところが，いったんこの愛の高まりがわずかでもゆるむと，そこには自分自身と自分の身体（肉体）とについての認識が

生じはじめ，羞恥がおこる。この場合も同様に，彼女の内面には，「自己へのかえりみ」がみられるのである。

これらの例からもわかるように，自分が見られることに気づくだけでは，われわれにはまだ，羞恥は喚起されないのである。それではいったい，われわれに羞恥をよびおこす決定的な条件は何か。じつをいえば，シェーラーのまなざし論がもっとも独創性にとんでいるのは，視線の構造に関する，以下のような説明にある。

シェーラーによれば，われわれの自己意識は，つねに，普遍者との関連において与えられることを必要としている。自分がたんなる個別者としてのみ与えられているときも，また，たんなる普遍者としてのみ与えられているときも，羞恥は生じない。したがって，羞恥が生じるのは，つぎの二つの場合であると考えられる。

一つは，自分は個別者として与えられているにもかかわらず，他者がそれを普遍化しようとするときである。たとえば，自分が相手にとって恋人らしく振舞おうとするときに，相手は自分との関係をたんなる恋愛の1ケースとしてしか，みなしていないような場合である。

もう一つは，自分は普遍者として与えられているにもかかわらず，他者がそれを個別化しようとするときである。たとえば，患者である自分を，恋人の医者が診察しようとするような場合である。

一般に，人前で裸体を見せることは羞ずかしいこととされている。しかし，患者はすくなくとも，異性の医者の前で裸になっても，羞恥はほとんど感じないであろう。彼または彼女は，あくまでも患者という「普遍者」として振舞っている

のであり，いっぽう，異性の医者も，彼または彼女を患者という「普遍者」とみなしているからである。

まったく同様のことが，恋人同士の振舞いをめぐっても，あてはまるであろう。彼らの振舞いが羞恥を招きにくいのは，おそらく，たがいにA夫とB子という「個別者（個体）」として振舞い，認知しあうことができるからである。つまり，両者のあいだには，患者と医者とのあいだの関係と同様に，認知志向のズレの生じる余地が少ないからである，と考えられる。

要するに，普遍化と個別化との二つの志向が，自分と他者とのあいだでくいちがうときに，羞恥は生じるのである。このことからシェーラーは，羞恥の本質は，「個体とそれの個別価値とを普遍者の一般領域にたいして保護する感情」，あるいは「個体的自己保護の感情」である，と説いた。

作田啓一は，このシェーラーの現象学的な定義は社会学のレヴェルに翻訳しなおすことができる，と主張する。そしてじじつ，作田は，認知志向のくいちがいという点に着眼して，「準拠集団」と「所属集団」のタームを適用しながら，ユニークな羞恥論を展開した。

作田によれば，人（行為主体）が所属集団のメンバーとして自足していないときに，まさにそのような自足的存在として彼を眺めるかもしれぬ準拠集団の目を意識して，彼は羞じらう。反対に，彼が準拠集団のメンバーとして見られたいときに，そうは見ない所属集団の目を意識する場合にも，羞恥はおこるであろう。両立しない視点の交錯によって，自我の同一性が見失われる危険——そんな危険にたいする反応が，羞恥なのである。

いまかりに，貧しい学生のなかで，富裕な学生がおぼえる羞恥の場合を，例にとりあげてみよう。もしも彼があらかじめ，富裕な学生（所属集団）と自己を同一化していて，貧しい仲間を準拠集団としていなかったならば，彼にはべつだん，羞恥は生じないであろう。逆にいえば，羞恥が生じるためには，彼が所属集団の視点のほかに，準拠集団の立場からも自己を見るという視点がなければならない。そして，この両者のあいだの認知志向がくいちがうときに，羞恥はおこるのである。

サルトルも，『存在と無』（1943）のなかに「まなざし」と題する1章をもうけて，存在論（実存）のレベルの問題として，まなざしと羞恥の関連性を追究した。人は他者に見られたときから，自分がたんに自分自身の目に見えているとおりのものではなくて，他者が見ているところのものにこだわりはじめる。人はもはや，自分自身のものとは別の評価にこだわることを，サルトルはするどく指摘している。

サルトルによれば，われわれがふつう他者を見る場合，その他者というのは，自分から見る他者と同じものである。ところが，この自分を見るものが，ほかならぬその他者である。自分は「他者＝対象」を見るが，同時にこの自分なるものは，「他者＝主観」によって見られているのである。

われわれは他者のまなざしをうけるとき，自分の世界はぬすみ去られた他者の世界の一部となり，自分はそのぬすまれた他者の世界のなかのひとつの客体（対象）と化す。サルトルは，それを「他有化」（aliénation）とよんだ。ために，「自分＝主体」と「他者＝主体」とのあいだには，どうすることもできないすき間が生じる。この〈すき間〉こそが羞恥にほ

かならない。

見田宗介は、サルトルのまなざしの呪縛性に着眼して、「自分＝主体」にそくして生きることを抑圧し、都市における「他者＝主体」のまなざしに自分をかぎりなく同調させようとする道を選んだひとりの少年の悲劇を、みごとに活写している。

主人公は、集団就職で"金の卵"ともてはやされながら、希望に胸をふくらませて田舎から東京へ出てきた中卒のひとりの少年である。彼は、「都市のまなざし」のなかで、表相性の演技に終始しようとけんめいにつとめる。だが結果は、あたかもそれと反比例するかのように、彼の運命を狂わせてゆくのだ。この少年のような人たちは、いまや、家郷からも都市からも二重にしめ出された人間として、マージナル・マン（境界人）というよりもむしろ、二つの社会の裂け目に生きることをしいられている。

サルトルの定義を、シェーラーの文脈のもとにとらえなおしてみると、どうなるか。サルトルも、認知志向のくいちがいを問題にしている点では、シェーラーと同様である。サルトルの命題は、人間の存在としてのユニークネスというところに重きが置かれていた。したがって個別化の側面が、よりふかく、よりするどく描き出されたともいえるであろう。しかし、もう一つの普遍化の側面は、ほとんど考慮されていないようにみえる。

サルトルが、シェーラーの論文をあらかじめ知っていたかどうか、いっさい参照(リファー)されていないので、よくわからない。ともあれ、普遍化の側面をも考慮に入れていたという点で、シェーラーの命題のほうがサルトルよりも、社会学への応用

範囲はひろいようにおもわれる。

　もしも,わが国が「羞恥の文化」とよばれるにふさわしいとすれば,それは,わが国の人びとのあいだに,認知志向のくいちがいを生じさせやすいような,社会構造上の条件がひそんでいるためである,というほかはない。その条件とは,いったい何であろうか。

　作田啓一にしたがえば,そのひとつは,社会と個人との中間に位置する集団の自立性が弱い——という点に求めることができる。幕藩体制以後,概してわが国の社会構造は,中間集団のどのレヴェルをとってみても,より上位のレヴェルの集団にたいして,弱い自立性しかもっていないのである。いっぽう,集団の成員のがわからいえば,これは「半所属」の状態にほかならない。成員ひとりひとりにとってみれば,ウチなる「所属集団」によってじゅうぶんな安定感をうることはむつかしい。ソトなる集団が,自分にとって重要な「準拠集団」となりやすいのである。その意味で,わが国は,状況のくいちがいが生じやすい社会構造上の特質を有しているといわなければならない。

〔参考文献〕

Scheler, M., "Über Scham und Schamgefül," 1933（浜田義文訳「羞恥と羞恥心」『シェーラー著作集 15』白水社 1978).

田中熙『マクス・シェーラー』弘文堂書房 1937.

Sartre, J.-P., L'Etre et le néant, 1943（松浪信三郎訳『存在と無』ちくま学芸文庫 2008. 初出は人文書院 1958).

作田啓一『恥の文化再考』筑摩書房 1967, 新装版 1976.

見田宗介『まなざしの地獄』河出書房新社 2008（初出は「展望」

1973年5月号,のちに見田宗介『現代社会の社会意識』弘文堂 1979 に収録).
井上忠司『「世間体」の構造』講談社学術文庫 2007(初出は日本放送出版協会 1977).

(井上忠司)

16 道徳意識の発達——義務と善（J・ピアジェ）

一方的尊敬によって特徴づけられる上下的な社会関係からは義務と他律の道徳が，相互的尊敬によって特徴づけられる平等的な社会関係からは善と自律の道徳が生れる。子どもの道徳的発達，すなわち義務と他律の道徳から善と自律の道徳への進化は，かれらが仲間との平等的な関係を経験することを通して生じる。

J・ピアジェ（Jean Piaget）は，20世紀を代表する，スイスの児童心理学者である。彼の主要な業績は，子どもの認知的発達に関する一連の研究であるが，同時にこれらの研究をふまえた，科学哲学やその他の分野における貢献もきわめて大きい。『児童道徳判断の発達』(1932)は，道徳に関するピアジェの唯一の著書であるが，近代的道徳理論の基本的テーマである義務と善，他律と自律といった諸問題に対するすぐれて社会心理学的なアプローチを示している点で興味深いものになっている。

彼は，ジュネーヴとヌーシャテルの子どもを対象にし，彼らの，遊びの規則の実行状態の観察と規則に対する彼らの態度のききとり，またさまざまの例話に対する彼らの反応の調査を通して，彼らが義務と他律の「拘束の道徳」(morale de la contrainte) から，しだいに善と自律の「協同の道徳」(morale de la coopération) へと進化していくことを示した。「拘束の道徳」の段階にある子どもは，規則を永続的で神聖なも

の，それゆえ修正不可能なものとみなす。教えられた規則をこのように意識から独立した実体とみなすことをピアジェは，「道徳実在観」(réalisme moral) と呼んでいる。それは，次のような特徴をもつ。第1に，「道徳実在観」においては，善悪は，所与の規則に対する服従・不服従と同一視される。それゆえ，道徳は本質的に義務と他律の道徳である。第2に，服従は，精神における服従ではなく，文字どおりに守るという意味における服従である。第3に，「道徳実在観」は，客観的責任観，つまり行為の動機ではなく，行為の結果を重視する責任観と結びつく。このような道徳的発達の段階にある子どもは，真に仲間と遊ぶことができない。彼らは，教えられた規則を絶対視するが十分理解しておらず，それを仲間との協同のために運用することができないのである。

「拘束の道徳」と対照的に，「協同の道徳」は善と自律の道徳であり，主観的責任観を採用する。この段階に達した (11〜12歳の) 子どもにとって，規則は彼らを離れて存在する実体ではなく，彼らの合意に基づくものである。彼らは，相互の同意に基づくものとして規則を尊重するが，より楽しく遊ぶ方法があれば，それを変えてもよいと考える。だれでも変更を申したてることができるが，それを実現するためには，仲間の同意を得なければならない。彼らの遊びを成り立たせているのは，教えられた規則に対する忠誠ではなく，規則の制定と革新の方法についての合意である。内容に対する忠誠から方法についての合意へという，重点の移行は，彼らの間で「事実状態」と「権利状態」とが区別されていることを意味する。というのは，一般的にいって，方法について語ることは，「一時的な真理が確立されている」ことを認めるが，

「まだ発見すべきものが残っている」ことをも認めることだからである。規則は尊重されるが,「権利状態」(「理想」)に向かって開かれており,それゆえに,個人の理性の自由な働き,つまり自律を許容する。善とは,このようにして保持される理想性にほかならない。

では,「拘束の道徳」から「協同の道徳」への進化はいかにして生じるのか。ピアジェによれば,それは,子どもの経験する社会関係の変化と拡大をとおして生じる。彼は,社会関係を「一方的尊敬」(respect unilatéral)の関係と「相互的尊敬」(respect mutuel)の関係とに類型化する。前者は,典型的に子どもとおとなの間にみられる関係であり,後者は,同輩の仲間の間にみられる関係である。劣者である子どもは,まず両親をはじめとして,優者であるおとなに対して尊敬の感情を抱く。その尊敬は,「準身体的」畏敬といえるようなものである。権威に対するこのような一方的尊敬の下では,権威の発する命令は,子どもにとって外在的な実体の性格をおびる。すでにのべたように,そこから生じるのは,義務と他律の道徳である。やがて子どもは,仲間との協同関係に入る。そこに見られるのは,仲間どうしの尊敬,つまり「相互的尊敬」である。仲間に向けられる尊敬は,一見,おとなに向けられた尊敬の拡大にすぎないように思われるかもしれない。だが,それは,相互的であるという点でそれ以前の尊敬とは異なる。それは,尊敬されることと均衡した尊敬であり,相互に精神的に相手の立場に自分を置くという,見地の相互交換と結びついている。それゆえ,そこから生じる規範は,自分がしてほしいと思うように他人にもするという相互性の原則である。それは,相互の要求の内容のいかんを問わず適

用しうる規範である。規則内容に対する忠誠から規則制定の方法へという，重点の移行をもたらすのは，この相互性の原理にほかならない。このように，子どもは，仲間との「相互的尊敬」の関係を通して，規則の実体視から脱却し，相互性の規範に従う「立法者」となるのである。

　道徳の2類型がそれぞれに社会関係の2類型に源泉をもつというピアジェの命題は，子どもの道徳的発達の問題を超えて，社会の道徳的進化に関する重要な議論ともなっている。ピアジェは，近代社会においては，平等的な協同がますます重要になってきており，個人の内的自由と自律とは基本的な道徳的要請となっているという。そこで支配的なのは，いうまでもなく，「協同の道徳」である（じっさい，ピアジェ自身が断わっているように，彼が対象としたのは，近代社会での子どもであって，すべての社会の子どもが「協同の道徳」へと進むわけではない）。この観点から，彼は，デュルケムが『社会分業論』のなかで，機械的連帯と有機的連帯とを区別し，前者を内的自由と人格とを欠くもの，後者を個人の尊厳の開花を示すものとしたことに賛成する。だが，デュルケムは，後にこの区別を社会的・道徳的事実の基本的同一性（その外在性と拘束性）の強調のなかに後退させた。このために，デュルケムは，一方では人格の尊厳と自律とが近代的道徳の基本的要請であることを認めながら，他方では道徳を本質的に集団によって個人に課せられたものとする矛盾に陥った。彼は，後者の観点から前者を説明しうると考えたが，それは不可能である，とピアジェはいう。たとえば，デュルケムは，彼の考えが精神を支配的な道徳輿論に隷属させるものだという批判に応え，良心の自律を弁護するなかで，道徳がわれわれに

欲せよと命じる社会は,「現れているような社会」ではなく,「存在する傾向にある社会」だという。この応答は,社会の理想的側面を強調することによって,この矛盾を解決しているように思われるかもしれない。だが,道徳が集団によって個人に課せられたものであるような「義務的同調の体制」の下で,どうして「現にある社会」から「あらんとする社会」が区別されようか。この区別が可能なのは,方法についての合意を基調とする「協同の道徳」の下においてだけであり,それは,デュルケムが最初正しく指摘したように,新しい社会関係の発展とともに成長してきたものである。

このように,ピアジェによれば,子どもにおける善と自律とがおとなによる拘束とは別の源泉をもつように,近代社会におけるこれらの道徳的価値も社会的拘束とは別の源泉をもつ。「協同の道徳」を特徴づける善と自律とは,「権利状態」つまり「理想」が「事実状態」から区別され,後者が前者に向かって開かれていることを前提とするが,この前提は,相互性の規範を生みだすような,「相互的尊敬」の関係の下においてのみ成立するのである。

子どもの道徳的発達の問題にもどるなら,ピアジェの命題は,子どもたち自身の仲間関係の果す重要な役割(これは,まさにデュルケムが無視したものである)にわれわれの目を向けさせると同時に,おとなによる道徳教育の限界を示唆している。おとなによる道徳教育は,もちろん,子どもの道徳的発達にとって不可欠である。だが,その役割は,主として子どもが「拘束の道徳」の段階に達するまでのものである。おとなは,真の意味で善と自律とを子どもに教えることはできない。なぜなら,ピアジェのいうように,道徳が社会関係に

源泉をもつものなら,「一方的尊敬」を特徴とするような上下的な社会関係のなかでは,善と自律とを経験させることはできないからである。

ピアジェの命題は,多くの子ども研究を触発してきた。しかし,道徳意識を社会関係の関数とみるこの命題は,子ども研究にとどまらず,知識社会学やコミュニケーション論などにとっても示唆に富んだ命題である。

〔参考文献〕

Piaget, J., *Le Jugement moral chez l'enfant*, 1932(大伴茂訳『児童道徳判断の発達』同文書院 1957).

Modgil, S., *Piagetian Research: A Handbook of Recent Research*, NFER, 1974.

Duska, R. and Whelan, M., *Moral Development: A Guide to Piaget and Kohlberg*, Paulist Press, 1975.

(磯部卓三)

集団と組織

17　結合定量の法則（高田保馬）

　個人の結合の傾向には定量がある。それゆえ一方の人びとと強く結合すれば，他方の人びととの結合は弱くなる。同様に全体社会にも結合の傾向の定量がある。それゆえ一つの部分社会の結合強度が増大すると，他の部分社会のそれは減少する。

　この法則は『社会学原理』（1919）および『社会学概論』（1922）において述べられている。『原理』は文語体で書かれており，かつ大著なので，『概論』のほうが広く読まれ，版を重ねた。1949年に『改訂社会学概論』と題する改訂版が刊行され，1971年の富永健一の解説を付した版は再び『社会学概論』と題されている。初版以降，全体の構想は変わっていない。

　結合の傾向の中には群居の欲望のほかに性欲や親子の愛，血族の親和の傾向が含まれている。上に述べたように，結合の傾向には定量があるので，一方の結合が強まれば，他方の結合は弱まる。たとえば恋愛に熱中する人は親不孝となり，友人から離れる。この命題の系として，高田は他者との結合のきずなが増せば，それだけ一人あたりの結合が弱くなる，と述べている。たとえば社交的で多くの友人をもつ者は，真の知己をもちえない。

　次に，上述のとおり，全体社会にも結合の傾向の定量がある。なぜなら，全体社会は諸個人から成り立っており，個人

に結合の傾向の定量があるからである。そこで全体社会に関しても，一つの部分社会の結合が強まると，他の部分社会の結合が弱まるという法則が見られる。この法則の系として，高田は部分社会の数が増すと，それだけ部分社会1個あたりの結合は弱くなる，と述べている。以上が結合定量の法則と呼ばれているものの内容である。

　ここで高田が系として明記しなかった法則を，彼の論理に即して明示しておく必要がある。彼は全体社会そのものの結合の量と部分社会の結合の量との逆相関について言及している。たとえば全体社会と家族とが一定量の結合のエネルギーをめぐって競争する関係がこれである。いわゆる未開社会においては，経済的世俗的な時期と社会的宗教的時期とが季節によって交替する。前者の時期においては人々は個人的家族的生活を営み，後者の時期においては家族は一時その形を潜め，各自みな極端に社会的となり，あまたの家族の境界さえ弱まるのを常とする。これは全体社会と家族とがその結合をめぐって排斥し合う一つの証拠と考えられる。高田はこの季節による聖俗交替の理論をデュルケムに負うと述べている。ところが高田は，全体社会と部分社会との結合量の分配をめぐる関係を例示するだけで，法則の一つの場合として明記しなかった。それはなぜなのか。もし全体社会に関して部分と部分とのあいだだけではなく全体と部分とのあいだにも競争の関係があることを命題化するなら，同様に個人に関しても全体と部分との競争があることを命題化しなければならない。なぜなら，高田にとって社会は諸個人から成り立っているだけであり，社会に個人とは異質の独自の属性を認めていないからである。したがって，社会において存在するものは個人

において存在しなければならない。ところが個人に関しては全体と部分との競争は考えられない。そういうわけで全体社会に関する全体と部分との競争を命題化しえなかったのである。しかしS・フロイトのナルシシズムの概念を受け容れるなら、リビドーが自己自身に向けられれば、それだけ他者へのリビドーの配分量が少なくなるのだから、個人に関して全体と部分との競争関係を命題化することができる。したがって、全体社会に関しても同様の関係を命題として立てる根拠が与えられることになる。もし高田がフロイトのナルシシズムの概念を知っていたなら、個人と全体社会の両領域に関して、結合エネルギーの全体への配分と部分への配分とのあいだの逆相関の関係をも命題化していたかもしれない。

　次に、結合定量の法則に関連する二つの命題に言及しよう。まず、結合定量の法則の背後にあるものとしての熱力学第1法則を挙げることができる。この法則によれば、一つの系の中の力学的エネルギーは光や熱に変わるが、これらの現象のすべてに関与するエネルギーの総和はいつも一定である。この法則が個人や社会に当てはめられると、結合の傾向には定量があるということになる。結合定量の法則の面白さ、あるいは高田社会学の命題一般のもつ魅力は、その論理的な明快さにある。それは自然科学の命題の明快さを思わせる。事実、結合定量の法則の場合は、熱力学第1法則のアナロジーであると読み取ることができるほどである。高田がこの物理法則を意識していたかどうかは明らかでない。しかしそれはどちらでもよいことである。問題は彼の思考法の、いわば自然科学的な特徴にある。

　しかし結合定量の法則はその自然科学的な明快さと引き換

えに過度の単純化という弱点を含んでいる。というのは、人間社会のシステムは物理的システムのモデルに還元できない複雑さをその属性としているからである。よく知られている野生児の事例から始めよう。孤立の状態で成長した子どもは、学齢期に達する頃になっても言語を解さないのはもちろんのこと、愛する能力も乏しい。愛と呼ばれる結合の傾向も社会的刺激によって初めて活性化する。この活性化の概念に依拠するなら、ある社会関係において活性化された結合の力が他の社会関係の結合を強めることがありうる、と考えなければならない。その場合には、一つの結合が強まれば他の結合も強くなる、ということになる。それは一方が強まれば他方が弱まるという逆相関の関係ではなく、順相関の関係である。この順相関の関係を法則として命題化するためには、当事者がおかれている具体的な状況を限定しなければならない。それを限定しないで一般的な関係とみなしてしまうと、結合定量の法則がそうであるように、非常に多くの例外を認めなければならなくなる。しかしともかく、二つの結合のあいだの順相関の関係は、逆相関の関係と同じ程度に、日常生活の中でわれわれが頻繁に経験するところである。

　結合定量の法則から結合の経験の多くが洩れ落ちてしまうのは、それが社会的刺激による力の活性化という人間的な特質を考慮に入れていないためだ、と言うことができる。そのことを言い換えると、この法則は時間の要因を見逃している、ということにもなる。社会的刺激による力の活性化の概念は当然時間の要因を含む。刺激の結果は即座には現れないからである。高田は時間の1点をとって、結合エネルギーがその時点でどのように配分されているかを考えるにとどまってい

る。ただし，時の経過とともに配分傾向が強化されるということは考慮されているかのようである。恋愛に熱中する人は親不孝になるという例示に見られる逆相関の傾向は，時間の経過とともにはっきりしてくるからである。しかし結合定量の法則が成り立つためには時間の要因を必要としない。というのは，所与の時点での逆相関の傾向が時とともに強化されたところで，その傾向に質的な変化は生じないからである。

次に，結合定量の法則との関連のもとで，その裏命題に言及しておこう。それは先に述べたように一つの結合が刺激となって他の結合が強まるという命題である。この命題は二つの結合のあいだの順相関を主張しているという意味で表命題の裏返しであるが，同時にまた結合のエネルギーの定量を公理として前提にしないという点でも，結合定量の法則の裏返しである。裏命題は表命題とは異なり，時間の要因の導入によって成り立つ。一つの結合が刺激となって，他の結合が活性化または強化されるまでには時間がかかるからである。

裏命題の1例としてこれまで最もよく知られてきたのは家族の結合と国家の結合との順相関の関係である。この順相関は社会学者以外に統治者当局によっても気づかれてきた。明治20年代に形成された家族国家観というイデオロギーもこの命題を前提にしている。それは国家は家族の拡大図であるというメタファーを含む。だがそれだけではない。このイデオロギーは，家族あるいはその代表者である家長への忠誠は，国家あるいはその代表者である天皇への忠誠の基礎を成すという命題を含んでいる。

最近の社会学者の中にあって，家族の結合と国家あるいはコミュニティの結合との順相関を検討しているのはスレータ

ー（P. E. Slater）である。ナチス・ドイツ，ソ連，中国は中央集権的政体のリーダーシップのもとで急激な社会変化をもたらそうとした。そのためには新しい社会変化に抵抗する古い世代の親から子どもを引き離す必要がある。そういうわけで，これらの政府はある時期において，伝統的な親の権威を否定する家族政策を共通して採用した。しかしここに矛盾がある。もし子どもが親の権威への服従を学ばないなら，こうしておとなになった人びとを政治的権威に服従させることは困難である。そこで政府は家族内の親の権威に対する攻撃を差し控えなければならない。政府は人びとの国家への忠誠を確保するために子どもの親への忠誠を許容し，さらには奨励さえしなければならないのである。ここにこれらの政府の家族政策のディレンマがある。その政策は親の権威の否定とその温存とのあいだを揺れ動く。

しかし家族政策のこの動揺はすべての国家において生じるのではない。それは政府が急激な社会変化をめざしている場合に限って現れる傾向である。それほど急激な社会変化を必要としない場合には，政府はむしろ家族の結合を常に温存しようとする。日本の社会においては，いわゆるファシズム期においてさえ，家族の伝統的な結合を温存しようとした。また上に見たように，急激な社会変化をめざす政府でさえ，ある時期を過ぎれば，家族の結合を維持する方向を選ぶ。それは家族の中でつちかわれる忠誠の態度が後になって国家の結合に順機能するという関係が知られているからである。それゆえ，時間の要因を考慮に入れれば，家族の結合と国家の結合とは順相関の関係にあるという一般的な命題が成り立つ。詳細は記憶していないが，40年ほど前のある講義で，臼井

二尚先生が結合定量の法則を批評された。その中でこの法則が当てはまらない事例として挙げられたのが、家族の結合と国家の結合との順相関の関係であった。

スレーターはまた同じ観点から、アメリカへ移住してきたピューリタンのコミュニティと家族との関係を取り上げている。聖職者は教会を中心としたコミュニティの結合を維持・強化するために子どもの親に対する服従を望む。親に対する服従を学ぶことによって神に対する服従が容易となり、次いで、神に対する服従が基礎となって教会の権威が受け容れられると、教会を中心とするコミュニティの結合が保たれ強められるからである。しかしここでも矛盾が生じる。ピューリタンの聖職者にとって神の権威は絶対的であり、その見地からは子どもの親に対する尊敬をある限界内にとどめなければならない。親は世俗的な権威であるにとどまり、神聖な権威ではないからである。しかしこの二つの権威の差を強調し過ぎると、子どもは親を尊敬しなくなり、したがって親に対する服従の態度をつちかうことがむつかしくなる。そうなると、神に対する服従を教えることが困難となり、ひいてはコミュニティの結合がゆるんでしまう。

以上の二つの場合において政府と聖職者は共通のディレンマに直面する。それは前者においては急激な社会変化をめざしての大規模な動員の緊急性という条件が課せられており、後者においては親の権威と神の権威とのあいだの根本的な異質性という条件が与えられているからである。これらの条件がない場合には、国家やコミュニティへの忠誠と家族への忠誠とは両立する傾向があり、ディレンマの生じる可能性は乏しい、と言える。

しかし時間のきわめて短い幅を取れば，家族と国家とのあいだに結合量の逆相関が見いだされることは言うまでもない。軍隊にはいることを強要される人の場合を考えてみよう。他の条件が同じであるなら，家族の結合への関与が強ければ強いほど，それだけ人は軍務に就くことをいやがるだろう。それだけ彼は軍務を通しての国家への献身に消極的になるだろう。これは結合定量の法則が当てはまる代表的な事例の一つである。

結合定量の法則とその裏側の命題とでは，どちらが意外性の面白さをもつか。私としては裏命題のほうが面白いと言わざるをえない。表命題は人間の心の作用を時間の1点においてとらえるスタティックな法則である。その意味で，この命題はわかりやすいが，平凡であるという印象を免れない。一方，人間の心は時間の流れとともに動いてゆくものであり，物理現象とは異なったこの人間的な現象は，裏命題によってとらえられることになる。ところで，われわれは動くものを動かないものへと還元する知性の習慣に従いがちなので，その習慣にさからう裏命題のほうに意外性を感じるのである。だがそうであるとしても，裏命題をたちまち想起させるという意味で，結合定量の法則は少なくとも反面教師の役割をもっていると言わなければならない。

〔参考文献〕
高田保馬『社会学概論』岩波書店 1971.
富永健一，上掲書解説「高田保馬の社会学理論」
大道安次郎『高田社会学』有斐閣 1953.
Bennis W. G., and Slater, P. E., *The Temporary Society*, 1968,

chap. 2（佐藤慶幸訳『流動化社会——一時的システムと人間』ダイヤモンド社 1970）.

(作田啓一)

18 外集団への敵対と内集団の親和 (G・ジンメル)

外部の社会や集団と対立関係にある集団では、成員相互の連帯感が強まり、結合的な相互作用が促進され、集団としての凝集性が高くなりやすい。その点で、対立・抗争は社会化の一形式でありうる。

ジンメルの大著『社会学』が出版されたのは1908年のことである。副題は「社会化の諸形式」となっている。この場合の「社会化」(Vergesellschaftung) とは、人びとが相互に関係しあって社会としてのまとまりある共同生活を形成している状況を意味しているから、対立・抗争が社会化の形式の一つであるといわれても、にわかにそのまま肯定しにくいところがある。だが、ジンメル (Georg Simmel) は、たとえば夫婦関係のなかに愛とともに憎しみや嫉妬が、遊びのグループのなかにゲームの楽しさとともにライバル間の競争や対抗の感情が、そしてまた宗教団体のなかにも熱い信仰の共感とともに激しい宗派間の論争があり、「どのような社会的統一体も、そのなかで諸要素の収斂する方向と拡散する方向とが、分離しがたく浸透しあっているのでなければ、存在しえないであろう」と考えている。それ自体としては社会にとって否定的にみえ、「もともと非社会化的なもの」と思われる対立諸形態も、実はより高い次元での統一性に向かって現実に役割を果しており、「決して単なる社会学的負債、否定的な出来事ではない」とする基本的な考え方を彼はとる。

集団と組織 155

結合も対立も、どちらを欠いても非現実的である、というだけではない。さまざまの形をとった対立が一つの統一体のなかで、あたかもタテ糸にたいするヨコ糸のように、結合的な相互作用で互いに織りなされることによって、むしろ積極的に——結合に活気を与えたり、新しい結合の契機を導いたり、結合をさらに促したりというふうに——作用しているとみているのである。たとえば異端との対決を迫られた教会組織が強固な連帯感をもって力をあわせ厳しい規律を課したり、臨戦態勢にある国家が国民の熱いエネルギーを結集し愛国心を高めることがあったりするのをみると、結合と対立、牽引と反撥、愛と憎しみの二元論的な見解を次のように押しすすめることができる。つまり「対立することは全体としての関連を維持するための手段にとどまるものでなく、むしろこの全体的な関連を現実に成りたたせる具体的な働きの一つである」。明らかにジンメルは、分業化や代表制や上下関係などと同じように、対立が社会化の積極的な一形式であると考えている。彼にとって、この「社会化」が「統一化」(Vereinheitlichung) という概念とほぼ等置されていたことを考えると、まさにジンメルは社会システムの諸過程を対立・抗争の交錯した事象であるとみていたことになる。「形式社会学」というレッテルを貼られ、まるで現実味のないように誤解されてきたジンメル社会学の、実は意外にリアルな眼がこの点にも現れている。

『社会学』第4章は"抗争"(Streit) に約70ページをさいていて、(1) それがなぜ社会化の働きをするかという基本的な問いに答えるとともに、(2) 闘争と競争の諸形態、(3) さまざまな抗争が社会の集団的な特質にどのように影響を与え

たり集団形成にいかに関わりあうかという問題，(4) 抗争が終結していく過程，について論じている。標記の命題は，この (3) の主題，いうならば"抗争と集団構造"という主題に属しており，抗争の集団統一効果として語られる，よく知られた命題の一つである。教団組織や国家の例を前にみたのであるが，他の集団や社会と対立関係におかれた集団や社会が，平和な状態にあるときよりもいっそう成員間の結合度を高め，ひんぱんな相互作用を促し，高い凝集性を実現する傾向をもつということは，たとえば学校対抗ゲームに湧きたつ学生たちが平素は感じないような自校への愛着心を呼びさまされる場合とか，普段は会話も少ない社員たちがストライキで会社と闘争中には親しく話しあう場合とか，さまざまな事例に見いだすことができる。「抗争は，現にある統一体をいっそうエネルギッシュに集中させ，敵との明確な境界をなくしてしまいそうなメンバーを徹底的に排除させるというだけではない。さらに抗争は，他の場合にはお互いまったく何の関係もなかった人びとや集団を，一つの結合にもたらすのが常である」。

　抗争を通じて集団や社会が人びとの間の協力関係を高め，内部の結合を促進するという命題は，たとえば社会進化と政治形態について論じた W・バジョットや，内集団が外集団との緊張関係のなかで統合の意識や組織を強めるという W・サムナーの所論にもみられるが，ジンメルの場合は，抗争現象に明確な社会学上の位置を与え，それを体系的に論じたことに価値がある。その叙述は決して命題の系統だった形をとってはいないけれども，内容的には論理的な展開が意識されている。たとえば，標記の命題は，〈抗争の当事者はそ

のエネルギーを集中しなければならない〉という上位命題に導かれる。ジンメルは言う。「抗争する者は「自らを総括」(sich zusammennehmen) しなければならない。すなわち、あらゆる瞬間に、彼のいっさいのエネルギーは、正しく必要な方向へとふり向けることができるように、いわば一点に集中されなければならない」と。

一方、標記の命題をより具体的な場合にあてはめて、たとえば外敵との敵対関係の類型的な相違を問題としている。「集団形成の社会学的な意味にとっては、次の二つの場合の間に本質的な相違がある。すなわち、外部の権力に対して集団が全体として敵対関係に入り、それによってさらに集団結合の緊密な収斂と集団の統一性の高揚とが意識と行動のうちに生じる場合か、それとも、多数のメンバーがそれぞれ単独に一つの敵をもち、この敵がメンバーすべてにとって同じであるという理由から、そこにはじめて全メンバー間に連合が生じる場合か、の相違である」。前者の場合、たしかに抗争に直面して集団内の成員間にある不一致・不調和を減少させ、成員間の連帯を高めはするが、その代り、平和時には考えられないような事態を生み出す。つまり、その集団状態を極度に高めるから、成員たちは「互いに完全に和合するか、さもなければ完全に反撥しあわなければならない。だからこそ、対外戦争は、内部の敵対にみちた国家にとっては、時にはこの敵対を克服する最後の手段となることもあるが、また時には、全体を決定的に崩壊させることともなる」。闘わないメンバーが集団の枠外にはじき出されるのはこの時である。闘争状態にある集団は（そして個人もまた）決して寛容ではありえない。

抗争集団の境界が厳格になり，規律も強化され集団が寛容でなくなる，とはいっても，もともとその集団（や社会）が柔軟な性質をもっているか，それとも硬直した性質をもっているかということによっても，事態は異なった様相を示す。たとえばカソリック教会は昔から二重の戦闘状態にあって，ある程度の柔軟性をもっていた。つまり，一つは，異端とされる種々多様な教義解釈との対決であり，いま一つは，教会の宗教的な関心や目的と並ぶ，世俗のさまざまな生活関心や利益から成り立つ領域との対決である。こういう対決状態にあっては，閉鎖的な統一性を必要とすることは当然であるが，それでいてなお損失がなく闘う力を保っていようとすれば，独特な形式で柔軟な対応をしなければならない。そこでカソリック教会は「教会を離脱した者をも，なおできるかぎり自己に属する者として扱うが，それができなくなったとたんからは，比較を絶するエネルギーで彼ら異端を退けるという仕方」をとったのである。それに対して，プロテスタンティズムでは，その教義がしばしば非寛容であることから，神秘的なものや幻想的なものが入りこんできた時，弾力的に──少なくとも教会に害を与えないかぎり，教会内で生きつづけるという柔軟なやり方のもとで──処理されることがなかったから，むしろ統一がおびやかされ，統一からの分離がしばしば起こった。

　ジンメルにとっては，結合と対立はともに人間の生における現実を語る不可欠な要素であり，社会の姿は，それらが1本の縄としてあざなわれているようなものであった。この彼の考えは，アメリカでA・W・スモールなどに継承され，社会過程論として生れかわったが，およそ1930年代から40

年代にかけて、社会構造の分析が優位を占めるようになったところから、抗争・対立を社会学的視野の外におく傾向が強くなった。つまり、社会学の主題が、社会システムの構造形成を促す、共通価値や支配的な規範の理論的・経験的な研究に集まり、過程的な分析が衰退してしまったのである。この傾向に対して再び50年代の後半に登場するのがL・A・コーザーであり、またR・ダーレンドルフであった。彼らは社会学の主流になった「構造―機能分析」の静態的な理論構成に反対して、闘争（conflict）研究の重要性を訴えた。とりわけ、コーザーは、ジンメルの抗争論のうち"抗争と集団構造"に関する主題を中心として、それを機能分析の論理に即しながら再構成してみせた。1956年に公刊された『社会闘争の機能』がそれである。闘争、すなわち「さまざまの価値や稀少な地位への要求、権力や諸資源などをめぐって、一方が敵対する他方を無効にし、排除し、傷つけようと意図する抗争」が、社会システムの安定性・弾力性・統合性に貢献しうるということを指摘することによって、機能分析の調和論的な偏りを軌道修正しようという考えに立っていた。

　コーザーは、ジンメルから16の命題を受けついだ。第1命題は次のように書かれている。「他の諸集団との闘争は、その集団の一体性の確立と再確認に寄与するし、また周囲の社会にたいしてその境界を維持する」（『社会闘争の機能』）。また第9命題は「他集団との闘争は集団成員のエネルギーを動員させ、それゆえにその集団の凝集性の強化を導く」とされている（同上書）。そして第10命題では「外部との持続的な闘争状態にある集団は、集団内に対して寛容ではない傾向がある」と述べられている（同上書）。つまり、そのような

集団は，集団成員の逸脱や離反を無際限に許すことはできないのであって，むしろできるだけ凝集性を高めることが要求されるから，集団内の異議や不満を処理するために，たとえば隔離され制度化された枠内の闘争を容認する必要も生じてくる。この課題に応えるのは，コーザーが「安全弁制度」と名づけた集団・組織・制度の役割である（第2命題）。

これら三つの命題が標記のそれと対応することはいうまでもないが，外集団と内集団の種別や規模，親和と敵対の形態や度合の具体的な内容を何とみるかということによって，これらの命題はさらに多くの下位命題を導くことになる。コーザーは，上記のもの以外に，外敵と内的親和に関連する命題として次のような命題を付け加えている。「闘争は，それによってある目的を達成しうる手段としての〈現実的闘争〉と，一方または双方の緊張を緩和することをねらいとする〈非現実的闘争〉とに分かれる」（第3命題）。「闘争は一つの関係内部で敵対者の分裂的要素を除去することによって，その関係を安定化に導く統合的要素となりうる」（第7命題）。「厳格に組織された抗争集団は，統一性や凝集性を維持するという，意図的または無意図的な結果を求めて敵を探索する」（第11命題）。非現実的闘争と仮想敵の探索とは，標記の命題を逆に応用したものであって，内部の闘争や不統合状況を回避するために，現実にはない敵対者をつくりだす場合がこれにあたる。

コーザーのこのような再構成作業は，ジンメルの難解な文章や論述からそのエッセンスを受けとめることができる点で，たしかに，古典的な作品を現代の社会学に適するようアレンジする一つの有効なスタイルであった。しかし，ジンメルの

集団と組織

分析内容は，必ずしも対立・抗争の統合化機能に局限されてはいない。コーザー自身が「闘争研究における新しい展開」(1967)において示したように，「社会システムがその境界内にさまざまな社会闘争を包みきれず，それらの闘争が時としてシステムの種々の境界を破り，新しい社会システムの確立に導く」過程をも分析の視界に含んでいたのであり，社会システム論の源流として幅ひろい可能性を秘めているのである。

〔参考文献〕

Simmel, G., *Soziologie*, 1908（居安正訳『社会学——社会化の諸形式についての研究』上・下，白水社 1994）.

Coser, L. A., *The Functions of Social Conflict*, 1956（新睦人訳『社会闘争の機能』新曜社 1978）.

新睦人「抗争理論」安田三郎ほか編『基礎社会学　第2巻・社会過程』東洋経済新報社 1981.

（新　睦　人）

19 インフォーマル組織の発見 (G・E・メイヨー)

フォーマルな集団のなかに自然発生的に形成されたインフォーマルな組織が，フォーマルな組織の生産性を左右する。

集団はその共同目標を達成するために成員の活動を調整し統御するなんらかの仕組みをもっている。この仕組みを組織という。組織には，人為的・意図的に作られ，成員の活動が明文化された規範によって規制されているものと，個人間の相互作用のなかから無意識的・自然発生的に形成され，成員の活動も暗黙の規範によって規制されているものとがある。前者をフォーマルな組織，後者をインフォーマルな組織という（フォーマルな組織，インフォーマルな組織をもつ集団を，それぞれフォーマルな集団，インフォーマルな集団という）。

ある特定の目標を達成するために集団を作るとき，フォーマルな組織を重視するのは当然のことといえよう。とくに近代社会においては，よりフォーマルで，より合理的な組織が目標達成に役立つとする考え方が一般的である。その典型が官僚制にほかならない。官僚制は，組織の効率と生産性を高めるために考えだされたフォーマルな組織といえよう。フォーマルな組織の重視というこうした考え方に衝撃を与え，その後の組織管理の方法に大きな影響を及ぼすことになったのが「ホーソン実験」における「インフォーマル組織の発見」であった。

「ホーソン実験」とは，1924年から1932年にかけて，アメリカのウエスタン・エレクトリック社のホーソン工場において行われた一連の調査研究をいう。この研究は1927年以降はハーバード大学のG・E・メイヨー（George Elton Mayo）の指導の下に行われたので，メイヨーがホーソン実験のいわば代名詞的存在となっている。メイヨーは1880年オーストラリアに生まれ，心理学を学んだのち，1922年アメリカに渡り，ペンシルバニア大学を経て，ハーバード大学の教授となった。ホーソン実験を指導し，「人間関係論」をうちたてたことで有名である。

ホーソン実験は，メイヨーが参加する以前から行われていた「照明実験」をはじめとして，「継電器組立実験」，「面接調査計画」，「バンク捲線作業観察」といった大別して4段階の調査からなっている。そしてこのうちインフォーマル組織の発見と最も関連深いのが，最後のバンク捲線作業観察である。これ以前の実験において，職場における動機づけと生産性の問題を考えるにあたっては，人間を経済的な動機によってのみ導かれる単純な「経済人」としてとらえることはあやまりであり，人間のもつ感情的，心理的側面を重視しなければならないということがすでに明らかになっていた。そうした知見をふまえて，この実験は，人間は感情的，心理的存在であるばかりでなく，一定の社会関係のなかに存在し，それによって行為が決定づけられる社会的存在でもあるということを明らかにしようとしたものであった。この実験は14名からなる配電盤組立ての作業集団のなかに調査者が加わって参与観察するという方法で行われた（参与観察法を用いたということでもこの実験は有名である）。

実験の結果明らかになったことは、フォーマルな作業集団のなかに、二つのインフォーマルな組織が存在し、それが人びとの行動を強く規制しているという事実であった。そこにはさまざまな規範、たとえば働きすぎてもいけないし、怠けすぎてもいけない、あるいは仲間のことを上役に告げ口してはいけないといった規範が存在していた。また1日の標準作業量が暗黙のうちに決められており、それが作業集団全体の生産性を規定していた。こうした結果から、作業能率や生産性を左右するのは、そこで働く人びとの間のインフォーマルな組織であるという、ホーソン実験の核心ともいうべき命題がみちびかれることになったのである。

　この命題の面白さは、それがそれまでの常識を大きくくつがえしたという点にある。ホーソン実験以前において最も勢力をもっていた経営管理論は、F・W・テイラーによって唱えられた「科学的管理法」であった。これは標準作業時間を定め、標準作業量を達成できた労働者には高率の出来高賃金を払い、達成できないときは低率の出来高賃金を払うという差別出来高賃金制度をとるものであった。また「科学的管理法」とおなじころ脚光をあびだした産業心理学も、もっぱら物理的環境条件と作業効率との関係を問題にしていた。ホーソン実験自体そうした考え方にたって照明度や作業時間配分と作業能率との関係を調査しようとしたのであった。したがってインフォーマル組織の発見は、文字どおり「発見」だったのである。それは人間観の革命であったともいえる。

　インフォーマル組織の発見は、当然のことながら経営学や社会学に大きな影響を及ぼすことになった。労働者を感情をもった一人の人間としてとらえ、インフォーマルな人間関係

を重視するメイヨーらの考え方は「人間関係論」とよばれるようになった（ホーソン実験の総括的な報告書を書き，メイヨーの哲学を理論化したのは，F・J・レスリスバーガーである）。

人間関係論は，人間本位の経営管理を志向するひとつの運動として，1950年代のアメリカや日本に広く普及した。その後経営管理イデオロギーとしての人間関係論は衰退するが，人間管理の技法，たとえばモラール・サーヴェイ，提案制度，社内報，カウンセリングといったものは広く定着しているといえよう。人間関係という言葉は，現在では当初のようにインフォーマルな人間関係をさすものではなく，集団や組織における人間にかかわるすべての問題を意味するようになっている。

ホーソン実験の社会学にたいする影響としては，まず産業社会学の成立があげられよう。人間関係学派の産業社会学が客観的な科学であるかどうかについては議論があるが，初期の産業社会学がホーソン実験を契機として成立したということに関しては異論はないであろう。

インフォーマル組織の発見は，また，小集団研究を発展させるひとつのきっかけとなった。小集団研究はジンメル，デュルケム，テンニース，クーリーらにその源流を求めることができるが，小集団研究が確立されたのは1930年以降のことであり，ホーソン実験はそのなかでも大きな役割を果している。フォーマルな集団とインフォーマルな集団という類型は，人間関係論にたいする批判にはかかわりなく，すでに社会学の大きな財産となっている。ただインフォーマルな集団という概念と第1次集団という概念とは混同しないように注意する必要がある。この混乱は「第1次集団の再発見」と

「インフォーマル集団の発見」との混同というかたちでおこるようである。たとえば第2次世界大戦中の軍隊研究（代表的なものとしてはS・A・ストウファーらの『アメリカ兵』1949がある）によって、兵士たちは戦争の大義名分や義務感のためにではなく、仲間への連帯感から戦っているということが明らかになったが（このこと自体大きな「発見」であった）、このことが「インフォーマル集団の発見」とも「第1次集団の再発見」ともいわれているのである。この場合兵士の連帯感は分隊というフォーマルな集団へむけられているのであって、インフォーマルな関係を意味しているのではない。対面的で親密な結合をもつ集団という共通点はあるが、第1次集団とインフォーマル集団とは別の類型に属するものである。第1次集団のなかにはフォーマルな集団も、インフォーマルな集団もあるのである。

〔参考文献〕

Mayo, G. E., *The Human Problems of an Industrial Civilization*, 1933（村本栄一訳『産業文明における人間問題——ホーソン実験とその展開』日本能率協会 1967［新訳版］）.

Mayo, G. E., *The Social Problems of an Industrial Civilization*, 1945（藤田敬三・名和統一訳『アメリカ文明と労働』大阪商科大学経済研究会 1951）.

Roethlisberger F. J., and Dickson, J., *Management and the Worker*, Harvard University Press, 1939.

（高橋三郎）

20 準拠集団と相対的不満 (R・K・マートン)

　人は自らの行動や態度を決定するさいに、その指針となる係留点を必要とする。この係留点が、とりわけ評価の基準点となる場合、人はその基準点として採用する個人や集団と自己とを比較することによって、満足を覚えたり、不満を抱いたりする。

　準拠集団という用語は、1942年、アメリカの社会心理学者、H・H・ハイマンが、「地位の心理学」という論文のなかではじめて使用したものである。彼はそのなかで、この概念を用いて、個人の地位に関する自己評価を説明しようとした。そこで彼は面接調査を行うことによって、こうした個人の〈主観的〉地位の評価が、その人の基準として採用する他人や集団にいかに大きく影響されているかを明らかにし、この比較の基準として採用した他人や集団を準拠集団と名付けたのである。

　こうしたハイマンの研究とほぼ同じ頃、やはり同じアメリカの社会心理学者であるT・M・ニューカムもまた、態度変化の過程を追求するなかで、準拠集団の概念を浮き彫りにした。彼は自分の勤務するベニントン・カレッジの女子学生を対象にして、彼女らが入学してから卒業するまでの間、どのように彼女らの政治的態度が変化していくかを見ようとした。そこで学ぶ女子学生の大部分は、政治的には保守的な態度をとる上流階級の出身であったが、大学の雰囲気はそれとは逆

に，自由主義的かつ進歩的であった。ところが，調査の結果，こうした女子学生達が大学の寮生活を送るにつれて，ますます自由主義的で進歩的な態度に変化していくことが明らかになった。つまり，彼女らはこれまでの保守的態度の基盤となっていた家庭から離れて，自分自身をよりいっそうベニントン・カレッジに関係づけ，自らをそれに一体化するようになっていったのである。すなわち，大学を準拠集団として選択するようになったのである。

だが，よく見ると，これら二つの研究で用いられている準拠集団の意味が各々異なっていることに気づくであろう。つまり，ハイマンのほうは，個人が自分または他人を評価するさいの基準点として用いる集団を指しているのに対して，ニューカムのほうは，個人が同一化したり，所属したいと願っている集団を指して用いている。こうしたことから，H・H・ケリーは準拠集団の機能を区別して，前者を〈比較的準拠集団〉，後者を〈規範的準拠集団〉と呼んでいる。ところで，こうした準拠集団の概念が体系的に整備され，しかもその重要性が認識されるようになったのは，なんといってもR・K・マートン（Robert King Merton）の功績である。

マートンはまず，準拠集団の理論化への手掛かりを，世に『アメリカ兵』として知られる軍隊における兵士の態度・感情・行動に関する調査事例に求めている。この調査は，第2次大戦中，アメリカの陸軍省情報教育局調査部が，社会学者や社会心理学者の協力を得て行ったものである。この調査の指揮にあたったS・A・ストウファーらは，召集・昇進・職務に対する考え方・戦闘意欲など，一連の軍隊生活で経験する兵士の態度・感情・行動を彼らの教育程度・婚姻の有無・

年齢・人種・階級・戦闘地域と関連させて考察を進めていった。こうして得られた結果は、われわれが一般に自明の事として考えていたこととは全く相反するものであった。例えば、航空隊は憲兵隊に比べて、昇進がはるかにはやいにもかかわらず、航空隊の兵士には、憲兵隊の兵士よりも昇進に関して多くの不満がみられた。

またアメリカの南部は、周知のように、北部に比べて人種差別が非常に強いことから、特に北部出身の黒人兵は、南部に駐留することに不満を示しそうなものなのに、じつは南部に駐留することにそれほどの不満をもっていなかった。そして、南部出身の黒人兵も、北部よりはむしろ南部に駐留することを望んでいた。

こうした一見、逆説とも思える事実に対してストウファーらは、「相対的不満」(relative deprivation) という概念を用意して次のように説明した。

憲兵隊の下士官にそれほどの不満が見られないのは、自分と同じ教育程度でありながら、まだ下士官にもなれず兵卒にとどまっているものが、約8割もおり、そうした彼らと自分とを見比べているからである。それにたいして、航空隊の下士官に不満が多いのは、自分と教育程度が同じで、下士官にとどまっているものが、わずか半数しかいないのを見ているからである。

次に、黒人兵が人種差別の強い南部に駐留することに、さして不満をもたないのは、自分が駐留している南部の都市で見かける大多数の黒人の民間人と比べて、自分はわりと生活のゆとりがあり、また威厳のある地位にいると感じているからである、と。

ストウファーらは、このなかで相対的不満の概念について厳密に定義してはいないけれども、その意味は、この説明からも明らかであろう。つまり、人間は自分のおかれている個人的状況と、他の人間や集団の状況とを比べることによって、自分は恵まれていると感じたり（満足したり）、あるいはみじめだと思ったりする（不満を抱く）のである。それゆえ、その人の不満の程度は、その人が比較の基盤として選択する他人や集団によって当然異なってこよう。そして、比較の対象として選択される〈他者〉も、アメリカ兵のデータも示しているように、所属集団の場合もあれば非所属集団の場合もある。

　それではこうした相対的不満はどうして生じるのであろうか。この点について、これまでの代表的な相対的不満論を丹念に検討したF・クロスビーは、その前提条件として次の五つをあげている。

(1) 他人がXをもっているのを見る。
(2) Xを望んでいる。
(3) Xを得る正当な資格があると思っている。
(4) Xを得ることは実現可能だと思っている。
(5) Xを持っていないことに、個人的な責任を感じていない。

　ところで、こうした不満が相対的だといわれるのは、例えば、「われわれの不満は、何もかも足りないときよりも、たった一つが足りないと思っているときの方が強いものである」といわれるように、それはある絶対的な基準では測られないからである。だからこそ、それが人の目にアイロニカルに映るのである。

こうして，この相対的不満の概念は，それが他者との比較にもとづいているという意味で，準拠集団，とりわけ比較的準拠集団と密接に関係する概念だということがわかる。だが，いうまでもなく，準拠集団の概念は，ただたんに不満という経験だけでなく，人が高く評価する価値基準をもつ集団へ参加したいという，積極的・肯定的な経験をも含んでおり，したがって準拠集団のほうが相対的不満よりも適用範囲が広い概念である。こうしたことからマートンは，相対的不満を準拠集団の一特殊概念として位置づけて，それを〈比較的〉準拠集団行動を説明するための基礎として利用していくのである。

『アメリカ兵』を検討していくなかで，いまひとつマートンの注意を引きつけた事例がある。それは「軍隊の規範に同調している兵士のほうが，そうでない連中よりも昇進しがちである」という事例である。このことは，自分が所属したいと願っている〈非所属集団〉を準拠集団（規範的準拠集団）とし，その集団の価値や規範を積極的に身につけた人のほうが，その集団にたやすく受け入れられ，それへの適応が容易だ，ということを示すものにほかならない。マートンは，このように個人が現に所属している集団の規範より，その人が所属したいと望んでいる集団の規範に同調しはじめることを，「社会化の先取り」(anticipatory socialization)と名付け，こうした態度のもつ結果について考察する。彼によれば，こうした社会化の先取りは，その個人にとっては機能的であるけれども，その人の所属する集団に対しては逆機能的だという。この理由は，その個人が所属したいと思っている集団の規範に同調することは，ほかならぬ自分が現に所属している集団

の規範にたいするいわば背信行為であり、したがって集団の連帯性を乱すもとになるからである。ところが、このように所属集団にとって逆機能的である社会化の先取りも、それよりも大きな社会体系の立場から見れば、機能的だという。なぜなら、例えば、兵士が公的な軍隊のモーレスを身につけることは、確かに彼の所属する部隊の連帯性を弱めることになりかねないが、軍隊全体から見れば、それは軍隊のもつ正当性を支持し、その権威の構造を温存することになるからである。

だが、こうした社会化の先取りも個人にとって機能的であるのは、社会移動の見られる比較的開放的な社会に限られ、逆に閉鎖的な社会の場合には、個人にとっては逆機能的だという。というのは、その社会には移動の余地がないために、いくら自分がある集団に所属したいと思っても、その集団には受け入れられず、そのうえ、こうした個人の積極的な志向のために、自らの所属集団からも、〈ゴマスリ〉とか〈おべっかつかい〉だとかいわれて、排斥されてしまうもとになるからである。こうした状況は、いずれの集団にも十分に属することができない、いわゆる「マージナル・マン」にも似ていよう。このように、マートンの準拠集団論は、『アメリカ兵』を素材として、そこで得られた知見のうち、一方の相対的不満から〈比較的準拠集団〉を、他方の社会化の先取りから〈規範的準拠集団〉を論じている。そして、とりわけ後者の社会化の先取りという、いわば準拠集団行動の結果の考察において、彼の社会学的立場である〈中範囲の理論〉と〈機能分析〉とが見事に一体化しているといえよう。

さて、こうした準拠集団の概念にたいして、もちろん批判

がないわけではない。例えば，準拠集団には実在の集団にはじまって，単に社会的カテゴリーとか抽象的観念にすぎないものまで含まれるが，これらの間の区別がなされないために，社会的影響や動機の源泉を正確に指摘することが困難だというもの。あるいは準拠集団にはニューカムが区別したように，「人が（外面的にせよ，象徴的にせよ）進んでその成員として受け入れられ，取り扱われたいという動機をもつ集団」，つまり肯定的なものもあれば，「人がこれに反対しようとする動機をもつ集団，あるいはその一員として取り扱われることを好まない集団」という否定的なものもあることから，その説明はさらに複雑になると懸念するものもある。とはいえ，準拠集団理論の社会学的重要性を疑うことはできない。一方において，相対的不満と密接に関連する比較的準拠集団の概念が社会的不平等・貧困・社会的公正の研究に，他方において，規範的準拠集団の概念が犯罪・非行といった逸脱やマージナリティの分析や理解に，きわめて重要な意義をもつことは否定できないからである。

〔参考文献〕

Hyman, H. H., and Singer, E., ed., *Readings in Reference Group Theory and Research*, The Free Press, 1968.

Merton, R. K., *Social Theory and Social Structure*, revisted ed., 1957（森東吾ほか訳『社会理論と社会構造』みすず書房 1961）.

船津衛『シンボリック相互作用論』恒星社厚生閣 1976.

(中野正大)

21 多集団の交錯と個性の発達 (G・ジンメル)

人格とは，文化の諸要素を個別的な様式で結合させたものである。それらの要素は集団に所属することによって個人へ伝えられる。したがって，個人が所属する集団の数が増せば，それだけ，人格はより個性を発達させることになる。

弱冠32歳で著された『社会分化論』は，G・ジンメル (Georg Simmel) の多才さを際立って印象づけた書物であった。ジンメルがその後半を生きた19世紀は，「18世紀の自由主義の理想のほかに，一方ではゲーテおよびロマンティシズムによって，他方では経済的分業によって，いま一つの理想を生じた。すなわち，歴史的束縛から解放された個人は，今や自分たちを相互に区別した」(『大都市と心的生活』) 時代である。ジンメルが，諸個人の人格 (Persönlichkeit) の差異の増大，すなわち個性 (Individualität) の発達をめぐる問題に魅きつけられていったのも，その時代の思潮によるものといえるかもしれない。

ジンメルは，「人格とは，もともとはたんに無数の社会的な糸の交錯する点にすぎない」(『社会分化論』，以下同)，「人格が個性になるのは，種属の要素がどんな量と組合せで人格のなかでいっしょになるかという，その量と組合せの特殊性をつうじてなのである」と考える。「糸」という比喩は「社会的」という形容詞を冠せられて何度も用いられているが，

糸の交錯する一点を個人の様態であるとする幾何学的イメージの人格観は、ジンメルがさまざまな考察において顕著に表わすダイナミックな理論構成の特徴を端的に示している。交錯する、あるいは交差するというのは、ある点で出会い、また離れ去っていくことを意味する。結合と分離、または個別化と一般化などの対立・矛盾する概念が、ジンメルの手にかかると、意外にも深く関連しているさまが浮かび上がってくることは随所に見られるところである。

一般的に多集団所属の現象について考察する場合、ある個人と各集団との絆は、集団の数が増すにつれて弱くなると想定される。たとえば、結合定量の法則を定式化した高田保馬は、結合量に限界があるとし、いずれかの集団との間に強固な絆を結べば、他集団との絆は弱化すると考えた。また、「人間が結合を多くもてば、各結合は淡くなる」（『社会分業論』）と述べたデュルケムもやはり、重複所属が連帯感を希薄化させる方向に作用すると考えていたと思われる。都市社会学におけるアーバン・パーソナリティ論においても同様に、多くの集団への所属と人格の分断化とを結びつける伝統が見られる。しかしながら、ジンメルは、「交錯」というキーワードに依りつつ、錯綜・混沌へは至らずに、集団所属と個人との関係のポジティヴな面の発見に導かれたのである。つまり、新たに集団に所属することは、個性にとってはそれだけ広い活動領域が与えられることになり、これを積み重ねていけば、必然的に個性はより高度に発達する結果となる。

たとえば、個人は生れ落ちると、たいていは家族という集団に所属し、もっぱらその集団内で時を過ごす。しかし、成長するにつれて素質や性癖や活動などの類似性によって共通

点を見出した他の人びとと結合するようになる。ここに「自然発生的な初期の接触圏をいろいろな角度で横切る，新しい接触圏ができあがる」。その圏には多くの集団が含まれ，それゆえに活動の幅が広くなる。もしも家族という集団に閉じこもり他の集団との接触がなければ，その家族の成員がいかに個性豊かであるとしても，その個人はおそらく個性的にはなりえないであろう。多集団所属は個性の発達のためにはぜひとも必要な土壌なのである。

個性の発達にとって活動領域の広さが確保されねばならないという視点は，『社会分化論』第3章「集団の拡大と個性の発達」においても述べられている。ここで，その系列命題に言及しておこう。

全体としては互いに異なっているが，その内部の諸要素に関していえば，それぞれ同質的で緊密に連関している二つの社会集団があると仮定する。そこに発展が生じて分化が進行すると，双方の集団の内部で異質化がきざし，しだいにこの2集団は全体像として類似してくる。なぜならば，各集団の諸要素が基準から頻繁に逸脱するようになり，他方の集団でみられる形態と同じものが多く現れるからである。分化が進行する集団は，必然的に外部との関係をもつことになり，集団（より正確には社会的関心の対象である圏）は拡大する。ジンメルのあげた例の中から同業組合の例を引いて簡単に説明しておこう。

初期の同業組合は生産・販売・取引の規範によって諸個人に対して同等に規制し，また保護するという平等性を特徴としていた。だが、しだいに貧富の差が増大し、平等の原理が破壊され，生産規模を拡大し販売市場を自由に選ぶことので

きる状態が出現する。組合内部での個別化，特殊化は，組合が保ってきた集団の境界線を維持できず，集団が拡大すること——空間的・経済的・精神的関係における元来の境界線が取り除かれること——を容認せざるをえなくなる。分化，個別化は，近いものとの絆を解くが，それに代わって遠いものと新しい絆を結ぶことを促す。テンニースはジンメルの『社会分化論』より3年前に『ゲマインシャフトとゲゼルシャフト』を著しているが，テンニースが近いものとの絆の衰退に強調をおくのとは対照的に，ジンメルは遠いものとの新しい絆の発展に，より心を動かされたといえよう。

さて，もう一度「交錯」のイメージに戻ろう。個人が多集団に所属する，あるいは多集団の交錯した一点に個人が存在する，というとき，所属集団の多様性と個性の発達とは，どのようにつながるのか。それは組合せの問題として捉えれば，速やかに納得がいく。すなわち，所属集団数が多ければまったく同じ組合せの集団所属をしている人を見つけることが困難になる。たとえ多くの集団に共通に所属していても最後のひとつが違えば，そこで他者との差異の基盤ができるのである。そして，万一，同じ組合せの集団所属をする人びとがいたとしても，おそらく集団内で占める地位に関して相違が生じるであろうから，結局その人びとは他者との違い——個性——を示すことになるはずである。

集団の拡大，および多集団の交錯は，個性の発達と並行して，自由の増大にも寄与する。個人が所属する集団が小さければ小さいほど，個人はそれだけ強く集団に融合せざるをえない。また各成員は，少数で構成されている集団の中では，集団の維持により多く貢献しなければならない。前者は集団

に対する個人の依存，後者は，逆に，個人に対する集団の依存（個人からいえば貢献）を示している。だが，集団が大きくなれば，依存も貢献も後退する。つまり，個人に対して集団が配慮することも少なくなり，集団が個人に要求することもやはり少なくなる。そして，成員に対して集団の外における発展の可能性を与える。ここに集団の拡大が個人に自由を多く与える根拠があるのである。いいかえれば，集団の外で生きていくことのできる可能性が多ければ，個人はその集団に依存する度合が低くなり，自由を獲得することができる。

多集団の交錯もまた同じ機能を果す。多数支配の考察において，ジンメルは，服従の重複による自由の増大，すなわち多数の君主に仕える臣下は自由であることを指摘している。それは，臣下が特定の君主との受封関係を断ち切られても生きていくことのできる基盤をもっているからである。もちろん，君主に全面的に服従している場合は，君主が対立したとき「二人の主人に仕える下僕」の典型的な状況に陥って義務の葛藤に悩まざるをえなくなり，臣下は自由であるとはいえないが，自発的に服従している場合は自由をもつことができる。ジンメルの考える多集団所属は，後者である。個人は，各集団に忠誠心をふり分け，たといずれかの集団から忠誠心を撤退させなければならない状況が生じても，その集団の外部で生きていくことのできる可能性が十分にあるので，個人はどの集団にも拘束されず，自由なのである。

これまで，個性の発達を個人の属性として述べてきたが，個性を他との差異という観点からみれば，単位を個人から集団に移して，集団の個性を論じることができる。そのようにして，ジンメルは，個人が示す個性と集団が示す個性との逆

集団と組織

相関について卓抜な指摘をした。この関係については，すでに系列命題を説明する際に実質的には述べたが，再度表現し直せば，集団の諸要素が同質的であるならその集団は個性を示すが，諸要素に個性が出現するにしたがって集団自体は個性を失っていく，となる。たとえば，別々の制服を着用している2集団があるとしよう。各集団の成員をひとりずつとりあげても個性的にみえないが，各集団は他の集団との差異を明瞭に示しているという意味で個性的といえる。次に，思いのままの服を着ている2集団を比較すると，各成員は互いに異なっているので個性的にみえるが，集団相互を比べた場合，双方とも集団としての個性を発揮することはない。この関係を理解すると，流行という現象が個性的であることと非個性的であることとの矛盾する性質を合わせもつ緊張関係にあることを，よりたやすく把握することができる。つまり，流行は個性的とみなされる側面が必要ではあるが，それだけでは流行とはなりえず，集団としての個性を発揮するためには，その集団内で同質的でなくてはならないという非個性的側面も必要となってくるのである。

しかし，ここで個性はそれだけで自立して存在するものではないことに注意しておかなければならない。それは，すでに述べたように，他との関係において現れるものである。他との差異が見出されなければ個性があるとは認識されない。したがって，ある人から見て個性的とされることが他の人にとってはそうでないとされることも生じる。また，時間の経過に伴って，差異を見分けることができるようになり，それとともに最初に全体から受けた個性的な印象が薄らいでいくという場合もある。ジンメルが，他民族と初めて接したとき，

諸個人を区別するのはむずかしいが、知り合って個人差を認めるにつれ、民族としての同質性・統一性が曖昧になっていくと述べているのは、まさに差異の問題が、すなわち個性が、見出す側にとっての問題であることを示している。

同時代に生きたデュルケムもまた、分業の進んだ社会において個人の人格が顕著に析出してくることをとりあげている。社会が拡大すると、小さな集団が個人を監視し集団規範を守らせて秩序を維持することが不可能となる。小さな区画の消滅に応じて社会統制も共同意識も衰微するからである。代わって、自らの人格を尊重させることによって自律的に自己自身を統制させようとする人格崇拝が出現する。しかし、ジンメルが人格の差異的側面である個性に多くの論議をさいたのに対し、デュルケムは個性について積極的に論じなかった。デュルケムが人格の尊厳性への畏敬に注目していたとしても、それは分業による道徳的秩序を脅かさない範囲内での人格の尊厳であり、そのためには専門化して一定の活動に限定されることを受け入れざるをえない。「自己の存在を申し分のない完璧な一個の芸術品とし、その全価値を……みずからの存在そのものからひきだ」(『社会分業論』)してはいけないのである。ここでは、ジンメルが論じている個性の発達は、むしろ抑制される方向にあるといえる。

連帯の絆の緩んだ社会において、デュルケムは「個人のエゴイズムを緩和するのに役に立つ唯一の力は、集団の力である」(『社会分業論』)として、衰退した中間集団の集合力を再び活性化させることに期待を託していた。それに対してジンメルは「社会的要素としての人間のかわりに、個体としての人間およびそれがたんなる人間としてもつ特性が、関心の表

面に出てくればくるほど,その人間は自分の属する社会集団の枠をこえて,およそ人間たるすべての者に結びつき,そこに人間世界という観念的統一体が生じるといった結びつきが強くなされる」と述べているように,世界主義へと超える傾きをもつ個人主義に魅せられている。

ジンメルのこの命題は,学問的出発の当初から抱かれていた主題だが,奇しくも彼自身の生は,その命題を体現したものといえよう。多集団の交錯によって個性が発達していくという過程は,ちょうど,ジンメル自身が哲学・論理学・倫理学・歴史学などの多くの分野を渉猟し個性的な思想を育んだ事実とみごとに対応している。個性の発達と尊重とが世界主義とともに現れるという見方も,ジンメル自身の個性が国家の枠を超えて世界を活動領域にしていることの自覚と切り離すことができないだろう。「魚にとって大洋がそうであるように,自分や自分のような人間にとっては世界が祖国である」というダンテの言葉に,ジンメルは自らの思いを託していたに違いない。

〔参考文献〕

Simmel, G., *Über soziale Differenzierung*, 1890(石川晃弘・鈴木春男訳『社会的分化論——社会学的・心理学的研究』世界の名著47 中央公論社 1968,中公クラシックス 2011;居安正訳『社会分化論』青木書店 1970,新編改訳版 1998).

阿閉吉男『ジンメル社会学の方法』御茶の水書房 1979,新装版 1994.

(細辻恵子)

22 寡頭制の鉄則 (R・ミヘルス)

大規模の組織においてその存続の必要上指導的地位の分化が生じ，この地位が固定化されるが，このことがさらに指導を支配へ転化させる。このようにして，あらゆる組織は必然的に寡頭制へ向かう。

「寡頭制の鉄則」の提唱者，R・ミヘルス (Robert Michels) は1876年にドイツのケルンに，豊かな商人の子として生れた。学生時代に社会主義の洗礼を受けた彼は，1900年に大学を卒業するや，将来の平等な社会の実現をめざしてドイツ社会民主党の運動に参加した。しかし彼が，自他ともにもっとも民主的であるとするこの党において認めなければならなかったのは，民主主義の名のもとに行われる組織強調主義と幹部支配，すでにG・モスカやV・パレートなどのエリート論者によって指摘されていた少数支配の現実であった。

彼はやがていっさいの社会主義運動から手をひき，この幻滅の体験をモスカ，パレート，さらにM・ウェーバーなどの影響のもとに，当時のヨーロッパの社会主義政党と労働組合，とりわけ彼が実際に体験したドイツ社会民主党を対象に理論化し，民主主義の実現を標榜するこれらの大衆組織に少数支配が貫徹することを『政党社会学』(1910)において示し，それを「寡頭制の鉄則」と名づけた。

彼が対象にした社会主義政党あるいは労働組合は，何物ももたない労働者にとっては，彼らの民主的な要求を実現する

ための唯一の武器であり、民主主義を実現しようとすれば、彼らは組織をもたざるをえない。それらの組織が民主主義の実現をめざすからには、それらはいうまでもなく民主的に運営されなければならない。そして実際にもまた組織が、意識の高い少数者の同志的な結合であった段階では、成員全体の参加のもとに意志決定がなされ、代表その他の役職も輪番あるいは抽選で選ばれるなど、組織の民主的な運営がなされていた。しかし民主主義の実現のためには、それらの組織は成員を増加させて社会における発言権を増大させなければならず、この成員の増加による組織規模の拡大は、必然的に少数の指導者を出現させる。

　成員の増大は、組織の果すべき課題を量的に増大させ質的に複雑化させ、組織運営の分業化と専門化をもたらすとともに、組織の統一的な指導を必要とし、ここに少数の指導者が生じることになる。なぜなら多数の成員がたえず直接に意志決定に参加することはもはや不可能であり、たとえ可能であるにしても一般成員大衆には決定と指導に必要とされる知識と能力とが欠けているからである。

　こうして組織の拡大は少数の指導者を一般成員から分化させ、特殊な指導的能力をもつ者が指導的地位につくこととなるが、さらに組織のいっそうの拡大は指導的任務の複雑化と特殊化をおしすすめ、指導的地位を一般成員には近づきがたいものとして、ここに成員と指導者とのあいだに分離が生じる。この分離とともに決定の権限は一般成員からはなれ、名目的にはともかくも実質的には、次第に少数の指導者に掌握されることになる。指導者への権力のこの集中化をさらに促進するのは、組織の「闘争組織」としての性格である。それ

らの大衆組織は,資本あるいは政府と与党とにたいし,たえざる闘争状態におかれ,そこに必要とされるのは,状況に応じた指導者の迅速な決定と,これにたいする成員の正確な服従による統一行動であり,これのみが組織に勝利をもたらし,民主主義を実現するとすれば,「少数者の意志への多数者の服従は民主主義の最高の徳」と考えられ,民主主義の原則は民主主義の名のもとに放棄される。

組織のこのような官僚制化と集権化,それより生じる指導者と一般成員との分離は,組織の拡大とともにますます進行するが,この分離は両者のあいだの心理的な関係によって架橋され,正当化される。組織の拡大は,一方では指導的任務をより複雑なものとし,特定能力の持主を指導的地位に固定化し,彼を職業指導者とするが,他方では社会における組織の発言権を増大させ,これによって指導者の社会的地位を上昇させる。これは指導者と大衆とのあいだの社会的距離の拡大をもたらすが,この拡大は必ずしも大衆の期待を裏切るものではない。なぜなら現代の複雑な分業体制のなかで生活に追われ,社会的な展望を欠いて無力感をもつ労働者にとっては,彼らの指導者が彼らと断層を深めて社会的に有名となり偉大とされればされるほど,彼らはこの指導者に拍手喝采を送ることによって彼らと一体感をもち,自己の無力感から抜け出すことができるからである。

ところで指導者が自己のこの優越性と自己にたいする大衆の依存とを自覚するとき,そこにひそかに権力欲がしのび込む。彼は無意識のうちに次第に大衆を奉仕すべきものとしてではなく,自らの特権を維持し強化するための手段と考え始める。民主主義と社会主義とはスローガンとしてはともかく,

現実には放棄され，その達成のための手段であった組織は，それに彼らの地位が基づいているところから，それ自体を維持し強化することが目的となる。そして指導者のこのような権力保持のための口実が，ミヘルスのいう「ボナパルト主義」である。指導者は民主的に大衆にえらばれたことによって大衆の意志の体現者であり，彼にたいする反抗は，主権者である大衆への反抗であり，したがって民主主義への反逆とされる。ミヘルスはこれを「投票箱からとび出るや，選ばれた者はいかなる反抗も許さない」と表現する。

　もちろん，このような指導者には，大衆の側から抵抗がないわけではない。しばしば大衆のなかから不平と批判とが生じ，指導者と大衆のあいだに闘争が展開される。しかし，勝利はつねに指導者のものとなる。時には指導者が大衆の非難にたいして辞意を表明することがある。しかし辞意の表明は大衆への脅迫であり，指導者を不可欠とする大衆はそれによって沈黙させられ，指導者の地位は以前にも増して強化される。また時には勝利が大衆に帰し，指導者が失脚することもある。しかし大衆そのものが指導することはできず，指導者を不可欠とするとすれば，これは新たな指導者の出現にほかならず，この指導者の覇権の確立は，同時にまた寡頭制化の発端でもある。民主主義と社会主義とは，既存の指導者に代ろうとする新たな指導者の大衆の支持獲得のための口実にすぎない。してみれば「社会主義者は勝利するかもしれないが，社会主義が勝利することはけっしてありえない」ことになる。

　しかもミヘルスは，国家もまた人間の組織であるからには，この寡頭制の鉄則の貫徹をさけえないとし，国家が少数の政治階級を不可欠とすると主張するモスカ，あるいは社会の歴

史がエリートの周流にほかならないとするパレートに同意し,寡頭制にたいする民主的な動向を,岸壁とそれに打ちよせる波にたとえる。「歴史における民主主義的な動向は,たえざる波濤に似ている。それは岸壁に砕け散る。しかしまたくり返される」。

この寡頭制の鉄則が示されたのは,ヨーロッパ一般において普選の実施によって人民の政治への参加が実現され,また社会主義運動も今や現実の運動として大きな力を示しつつあった時代である。それだけにミヘルスのこの理論は,彼自身の体験と豊富な資料とによって強い説得力をもち,彼に影響をあたえたモスカ,パレートの理論とともに,一部の民主主義者には大きな衝撃をあたえ,一方では民主主義とは何かを再検討させるとともに,他方では彼にならう研究をうみだした。

このような思想史的意義とその後の社会学の発展におよぼした重要性にもかかわらず,この寡頭制の鉄則には概念上の混乱と,その混乱より生じた恣意的な資料の選択と,一面的な解釈と誇張とが含まれている。

すでにルソーが「多数者が統治して少数者が統治されるということは,自然の秩序に反する」と述べているように,集団あるいは社会は,つねに指導あるいは統治にあたる少数者を必要不可欠とする。とりわけ彼が問題とした組織は,ウェーバーが「命令権の配分」と規定するように,その構成員の分業的な役割分担は必然的に全体の統一的な行為のために指導的地位を分化させる。この指導的役割の分化を非民主的寡頭制とみなせば,もちろん民主主義は不可能となり,寡頭制は組織のみでなく多くの集団とあらゆる社会の鉄則となろう。

そしてこの観点からすれば、指導者のすべての行為が権力の維持のために行われ、被指導者は彼らのたんなる支配の対象にすぎなくなる。

しかし労働者大衆が労働組合あるいは社会主義政党によって民主的な要求を実現させ、地位を向上させてきたことは疑いえない歴史的事実である。組合と社会主義政党が、たんに少数指導者の支配のための手段であれば、それらの大衆組織が大衆の支持に基づいて巨大な組織になり、存続することもなかったはずである。してみれば、指導者たちは大衆の要求に配慮せざるをえず、たえず大衆の圧力のもとにある。そうでなければ彼らはその地位を追われるであろうし、ミヘルスもその事例を認めている。そしてひとたび組織によって道を開かれた大衆の民主的な要求は高まることはあっても低まりはせず、その実現を求めて指導者への圧力をまし、指導者の一方的な恣意的支配を抑制するであろう。この面に注目すれば、ミヘルスとは逆に「民主制の鉄則」（グールドナー）について語ることができる。この観点からミヘルスの著書を読めば、かなり恣意的にとりあげられた事例のなかにさえ、民主化の方向を示すものをとりあげることができる。

ここで問題となるのは指導の質であり、これにはリーダーシップ論における指導（リーダーシップ）と支配（ヘッドシップあるいはドミナンス）の区別が手引となる。両者の相違はさまざまな面にわたるが、もっとも基本的な点は、指導が服従者の自発的服従に基づいて服従者の利益、あるいは服従者と指導者の共通の利益をめざして行われるのにたいし、支配は何らかの強制に基づき支配者の利益のために行われるものとされる。もちろん両者は概念的区別にすぎず、現実は複雑

であり，しかも今日ではあらゆる支配が指導を装ってあらわれ，そのため第3の操作あるいは操縦の概念が必要とされるし，また何が利益であるかも一義的には評価しがたい。しかし，それゆえにこそ現実の測定には，このような概念的区別が必要ともされるし，多義的な民主主義なる言葉も支配や操縦ではなく，指導と結びつけられるばあい有意味なものとなろう。

このような観点から寡頭制の鉄則を検討するとき，ミヘルスは（1）指導的地位の分化が（2）指導的地位の固定化をもたらし，これがさらに（3）指導を操縦をへて支配へ転化させるとしている。しかしこの3者が必然的に結びつくものでないこと，さらに（1）は組織が必然的にもたらすものではあるにせよ，（2）と（3）はそうでないことは，少し考えれば明らかになることである。してみれば組織が寡頭制を必然化するという寡頭制の鉄則は（1）のばあい——しかしこのばあいは民主制との対比について語ることが無意味となる——を除けば成りたたなくなる。

このような概念上の不明晰さと推論の誤りにもかかわらず，ミヘルスの著作はなお多くのことを教えてくれる。それが示しているのは，現実において組織の拡大は，一方では指導者を職業化するとともに，彼らに大衆とは異質な名誉と報酬，さらに権力への関心をひきおこすが，他方では組織に部分的な要求の満足のみを求める無関心者を増大させ，この無関心に乗じて指導者が大衆を操縦して支配者に転化するということである。この事実は，ミヘルスにならう大衆組織にかんする諸研究とともに，指導あるいは支配現象一般にかんする研究の示すところでもある。現実は指導と支配の混合であり，

寡頭制化の傾向と民主化への傾向との相克である。

してみれば問題は，制度とその制度を正当化する神話と，制度と神話におおわれる現実とを厳格に区別し，いかなる諸条件が民主化と寡頭制化のいずれをいかほど促進するかを明らかにすることにあるということになる。

〔参考文献〕

Michels, R., *Zur Soziologie des Parteiwesens in der modernen Demokratie: Untersuchungen über die Oligarchischen Tendenzen des Gruppenlebens*, 1910（森博・樋口晟子訳『現代民主主義における政党の社会学——集団活動の寡頭制的傾向についての研究』Ⅰ・Ⅱ，木鐸社 1973, 74, 新版 1990；広瀬英彦訳『政党政治の社会学』ダイヤモンド社 1975).

（居安 正）

システムとしての社会

23 AGIL 図式（T・パーソンズ）

社会システムが存続してゆくために充足されなければならない機能は，基本的に四つに分類される。

適　応（A）	目標達成（G）
パターンの維持（L）	統　合（I）

もしそれらのうちのどれかの機能の充足が阻害されれば，その社会システムは深刻な打撃をうけるだろう。それらの四つの機能は上のように図示される。

AGIL 図式は，1953 年以降の T・パーソンズ（Talcott Parsons）の社会学で，中心的な位置を占める概念図式である。概念図式というものについてまず説明しておこう。パーソンズは，社会現象という対象の観察なり分析なりを基本的に重視する。その場合に何も道具がなければ話にならない。対象に向きあって認識作用を働かせている時，われわれは必ず認識的な道具を使っている。この道具のことを，パーソンズは「概念図式」とか「準拠枠」と呼ぶ。

科学の中にさまざまに異なった分野があるのは，一つには，それぞれで使われている「概念図式」「準拠枠」が異なるからである。社会学が社会学たりうるのは，社会学に固有な概念図式が入手されたときである。社会学的な概念図式を創造し蓄積すること，これがパーソンズの一生追求してやまなかった課題である，といっても過言ではない。彼の社会学理論の中では，概念図式についての探究がかなりの比重を占めて

いる。だから，彼の理論は図式的にすぎる，という印象や批評が出るのも当然である。

パーソンズが編みだした概念図式の中でも，社会システム全体の構造分析にふさわしく適用できる図式として，彼自身は AGIL 図式をもっとも愛用した。けれどもこの図式は，第一義的には機能的必要条件（略して機能要件という）のリストである（このリストは，基本的には理論的な手法によって導き出される性質のものである）。構造―機能主義における機能要件論の占める位置について説明しておこう。構造―機能主義において機能要件論が重視されるのは，社会の構造は社会が異なればさまざまに異なるであろうが，それらの構造のヴァラエティを機能の面から通約しえないだろうか，という発想に基づいていた。たとえば動物の器官の構造を分析する場合を考えてみよう。動物が生きてゆくためには，酸素と炭酸ガスを交換しなければならない，栄養を摂取し排泄しなければならない……。これが要件のリストとなる。それらの機能的必要に対応して，呼吸器・消化器……などの器官が具体的に見いだされるだろう。これが構造分析（比較も含む）にあたる。

AGIL 図式は，1953 年に，小集団に関する実験室的な研究に従事していたベイルズと，要件論の理論化を模索していたパーソンズ（およびシルズ）との出会いによって生れた。ベイルズの実験は，実験室の中で作られたグループに課題を与えて，被験者達に，その課題を解決する方法を討論するように求めるものであった。被験者達の間で交わされる会話の分析によって，ベイルズは，小集団の中で展開される活動の質が，ある程度の規則性をもって変化してゆくことを見いだした。ベイルズ達は，このことを小集団の位相運動と呼んだ。

位相運動の発見は、パーソンズがAGIL図式を理論的に導出する過程で、経験的レファレンスを提供するという重要な役割を果した。

ベイルズの基本的な発想は次のとおりである。実験室的小集団において、まず、課題の解決に指向した手段的―適応的活動の先行がみられる。次に、このような活動の進行は、他方で、社会的―情動的な緊張の増大を招く。というのは、課題解決が追求される過程で役割の分化が起こり、それが集団の連帯を損傷するからである。そこで、集団内に蓄積された緊張の表出と解消をめぐって、社会的―情動的活動が増大してゆく。ベイルズの考え方は、パーソンズの考え方と比べると、手段的―適応的活動と社会的―情動的活動の並行性を強調しているのが特色である。

一般に、ベイルズの考え方よりも、パーソンズによって定式化された位相運動の概念のほうが、より広く普及している。パーソンズの定式化は、抽象的な概念図式のレヴェルにおける明確さを第1に重視するという観点の下になされた。ベイルズにおいては、並行して、あるいはあざなわれた1本の縄のようにからみあって進展すると考えられていた二つの位相を、パーソンズは、時間的な前後関係を鮮明にもつものへと組み換え、また各位相をさらに2分割して、次のように図式化した。まず、目標達成に必要と見込まれる種々の準備や工夫が探索される位相（局面あるいは状相という訳語もある）、次に目標が達成される位相、最後にメンバー間の緊張がほぐれて人間関係が再調整される位相が来て、グループは解散する。

位相運動という概念によって、社会的世界の多元性が、機

能の面から照らしだされている。日常のわれわれは往々にして，一つの機能的必要（たとえば目標達成）に眼を奪われがちであるが。機能的多元性に関連して付言しておくと，ベイルズ達は，2種類のリーダー——手段的リーダーと表出的リーダー——を区別している。前者はAとGの局面で，後者はI（とL）の局面で，それぞれ重要な働きをする。機能の異質性に対応して，二つのリーダーシップに適合する資質は異なるので，二つのリーダーの役割は，ふつう，異なったメンバーによって分担される。ここではリーダーシップの多元性が，集団構成の不可欠の要素として指摘されている。

このようにしてつくられた AGIL 図式を，パーソンズは社会構造の分析のための図式として使うようになった。要件論から構造分析への間を，一つの仮説が橋わたししている。それは，システムの構造が分化してゆく場合に，この AGIL という要件のリストに沿って分化が進む，という仮説である。この仮説，つまり構造と機能の1対1対応という前提に導かれて，経済・政治・共同体・価値（Lには fiduciary system という用語があてられることもある）という社会構造のモデルが作られた。このモデルによって，社会構造の比較分析が可能になるわけである。たとえば，パーソンズは17世紀英国社会を素描して，次のように述べている。「……歴史的に言うとその時までの特色のある「経済」。政治的領域では「議会主義」とその対応物としての地方の政府。「コモン・ロー」。宗教の分野での「ピューリタニズム」。これは AGIL によく適合しているといえます」（『社会システムの構造と変化』）。

さて，各機能要件のおおまかなイメージをつかんでほしい。

適応（Adaptation）——社会はそれをとりまく外部の環境

に適応する必要がある。適応といっても，たとえば自然的資源を利用することも含むから，積極的な意味あいも含まれる。アナロジーとしては，多くの哺乳類が，外界の気温の変化に抗して，体温を一定に保たなければ生きてゆけないので，体温を恒常的に保つメカニズムを備えている，ということがあげられる。

目標達成（Goal attainment）——社会にはそれぞれに個性的な目標があり，その目標が何らかの程度で実現されることが必要である。ただし，目標の具体的内容は何か，また，誰がどのようにしてその目標を決定するのか，という問題についてはこの図式は何も言及していない。それは，社会によって，また時代によって異なる問題であろう。アナロジーを用いるなら，哺乳類の中でもとくに人間に登場してもらうしかない。というのは，パーソンズは，人間およびその社会と，他の動物およびそのムレとをいろいろなやり方で区別しており，その一つが，適応と目標達成という二つの要件を明確に分離させることだからである。

人は何のために働くか？「食うため」と答えられることがある。しかしその人の働きぶりを仔細にみていると，あんなに働かなくても十分に食えると判断される場合がある。文字どおりに解すれば，この「食う」ということは，「適応」の事柄である。何のためにという問は，「目標達成」にかかわる事柄を尋ねたかったのである。（以下，Ａさんは非パーソンズ主義者，Ｐさんはパーソンズ主義者とする。）かりに何度尋ねてみてもＡさんは「食うため」と答え続けたとしよう。その場合には，尋ねた人Ｐさんが AGIL 図式に依拠しているならば，Ａさんが照れているかして表現をぼかしている，

あるいはAさんは表現能力が不足している，とPさんは判断するだろう。Pさんはさまざまな検討の結果，人間にはその身を打ちこんで実現しようとしている目標があるにちがいないと確信しており，また実際にAさんの生き様を観察して，Aさんは単に食うためにだけ働いているのではなくて，家を建てるためとか，旅行にいくためとか，ライフ・ワークを追求するために働いていることを見抜いてしまうのである。

ところで，「人生には目標なんぞない」という虚無的な人間の言明がかりにあったとして，この図式はそれにどう答えるのか？　誤解を避けるために注意しておくと，目標の変更や目標の選択に関する反省などということが，この図式からあらかじめ排除されている，というわけでは決してない。けれども，目標が不透明であったり選択しきれなかったり，あるいは思ったほど実現できないとき，われわれは悶々としたり気分がはれなかったり迷ったり挫折感を味わったりする。上記のニヒルな言葉にも，背景にそのような心理的葛藤がありはしないか。人がこのような意味でちょっと苦しい気分にあるのは，G要件が著しく不充足なので，何ほどか危機の状態にあるということである（以上，システム・レファレンスを，社会システムからパーソナリティ・システムに移して考えてみた）。

統合（Integration）——社会はその内部に，さまざまな方向に分化した構成単位を抱えているが，それらの構成単位間のつながりを確保し，統合する必要がある。統合といっても，硬直した単純さや単調さばかりをイメージしないでほしい。なにしろ，われわれはたとえば，オリンピックの開会式で気をつけの姿勢しかとれない国民の生まれなので，この用語か

らある種の思い込みを触発されがちだが。この要件には，「連帯がなければ社会はない」というE・デュルケムの思考が色濃く流れこんでいる。

具体例として野球チームを考えてみよう。チーム・ワークが大事であることはよく指摘される。その場合，チーム・ワークは何のために大事なのだろうか？　答えは二通りあるだろう。勝つためあるいは優勝するため，というのと，チームが存続してゆくためという二つである。AGIL図式を率直によめば，後者の答えになる。プロ野球のシーズン当初には，どのチームも優勝を目標にして燃えている。秋風の立つ頃には，来季の戦力の養成に目標を切り換えざるをえないチームもでてくる（どのような状況でもやはり何がしかの目標を掲げているだろう）。しかし，それとは別箇にチームの和を維持することは，そのチームが活気をもって存続するために必要であろう。家族を例にとれば，マイホームを建てるという家族の共同目標の達成も重要であるが，他方で家族間の団欒とか和合もそれ自体で重要である。和合それ自体が，目標達成のためにというよりも，むしろそれと並んで重要であるということになる。

パターンの維持（Pattern maintenacnce）——パターンは「型」と訳されることもある。パーソンズの用語法ではタイプ（型）が特殊な意味をもつことがあるので，ここでは「パターン」としておく。パターンとは，たとえば文化人類学で文化の定義に使われるときの，広い意味での「行動様式」に近いものと理解してほしい。これまで説明した三つの機能要件の充足が実行される際の，実行の様式を提供するという要件である。コンピュータ用語でいえば，ソフトがなければハ

ードが動かないということになる（パーソンズはソフトの中でももっとも統御力の強いもの，つまり価値をとりわけ重視して，この要件の中心に置いている）。

ところで，この要件は，AGILのLにあたるものである。Lは潜在性（Latency）の略語である。図式のもともとの姿は潜在性だった。この用語法は，たとえばフロイトの「潜在期」と通ずるところもある。潜在なり潜伏ということは，表面にあらわれていないということである。先ほどの言葉でいうと，「様式」そのものはおもてに表れない。言葉の表現によって定着することはできるが。

かりに，社会の成員が全員眠ってしまったとき，社会は解体しているのではなく，パーソンズなら社会は潜在していると考えるであろう。一定の時刻がきて，人びとがむくりと起き上がって，今までと変わらない活動を営みはじめるとすれば，人びとの睡眠中も，パターンは維持されていたと考えられる。パターンが全く破壊されていたとしたら，人びとが目覚めたとしても，社会はもはや成り立ちゆかない。あるいはまた，人の一生には限りがある。社会の成員は交代する。それにもかかわらず社会が続いてゆくのは，パターンが伝達されるからである。アナロジーとしては，生物体の遺伝あるいは遺伝子を考えるとわかりやすい。

さて，数ある機能要件論の中でも，パーソンズが考案したAGIL図式のもつメリットは，単純で，きりりとしていることである。つまり，リストの5番目はない。これは，本当はあってもよいが，省略しているということではない。AGILですべての要件を網羅している，ということについて，パーソンズはかなりの自信をもっているようだ。その自信を支え

ている根拠は，2極化した1対の変数を2組つくり，それをクロスさせて，4区画されたテーブルを生み出すという方法である。パーソンズは，この方法をP・F・ラザースフェルトから学んだと述べている（『社会システムの構造と変化』）。1958年以降のパーソンズは，内的─外的という変数と，手段的─成就的という変数とをクロスさせて，四つの次元を導出している。前者の対は，内部環境─外部環境というC・ベルナールやE・デュルケムらの考え方の流れを，また後者の対は，M・ウェーバーの手段─目的関係という考え方の流れをそれぞれとり入れている。これによってたしかに4区画は出来上がるけれども，各々の箱に割り当てられている内容は，やはりパーソンズ独自の考え方に従って特定されているといわざるをえない。

〔参考文献〕

Parsons, T., R. F. Bales, and E. A. Shils, *Working Papers in the Theory of Action*, The Free Press, 1953.

T・パーソンズ，倉田和四生編訳『社会システムの構造と変化』創文社 1984.

（溝部明男）

24 部分の機能的自律性とシステム内緊張
（A・W・グールドナー）

社会システムを構成する各部分は，他のすべての部分との間にシンメトリカルで高度な相互依存関係をもつわけでは必ずしもなくて，何らかの程度の機能的自律性をもつものである。機能的自律性はシステム内緊張の源泉となるが，他方では緊張に対処するメカニズムの発生を促し，システムの全面的分解を防ぐ。それはシステム解体のレクイエムではなく，再組織化のプレリュードである。

A・W・グールドナー（Alvin Ward Gouldner）の「諸部分の機能的自律性」という概念は，有機体アナロジーに依拠しすぎてともすると均衡性を過度に重視しがちな従来の社会システム・モデルの組み替えをねらったものであった。一般に，社会のシステム分析や機能分析に関心を寄せる社会学者の間では，社会システムを支える2大メカニズムは (1) 諸部分の「相互依存」と (2) 諸部分間の「均衡」であると，すでに認められている。だが，この「相互依存」と「均衡」を，ヴァリエーションをもつものとみなすか否か，つまり個々の社会システムのなかで，相互依存や均衡の程度が，〈それぞれ変化する〉または個々のシステムごとに〈それらの程度が異なっている〉と見るか，それとも〈不変のもの〉ないし〈所与のもの〉と見るかで，社会システム観は大きく違って

くる。

　社会システムを考察する際に、〈全体としてのシステム〉(system as a whole) に目を奪われすぎると、システム内部における「相互依存」と「均衡」という二つのメカニズムの存在は、自明の前提とみなされ、ともすると視野の外に追いやられてしまう。つまり所与のものであるかのような取扱いを受けることになる。グールドナーによれば、パーソンズの社会システム・モデルはまさにそのような難点を内包するものであった。パーソンズは社会システムの「全体性 (wholeness)」に目を向けるあまり、諸部分の相互依存と均衡の問題を自明の前提とみなしてしまい、相互依存の程度や均衡の度合いが変化することの意義をつかみかねている、とグールドナーは批判する。

　パーソンズは、社会システムを「実体的完結性をもった一つのまとまり」と見すぎたきらいがある。そこには、諸部分の相互依存と均衡とが互いに連動するかのような思い込みがあるけれども、それも〈システム＝諸部分の相互依存によって作り出された均衡体〉と想定したことから生じた思い込みであった。グールドナーの目から見れば、パーソンズのそのようなモデルは、実は「さまざまなヴァリエーションをもつ〈諸部分の相互依存〉と〈諸部分間の均衡〉との、一つの極限のディメンション」だけをとらえた、偏ったシステム・モデルにほかならなかった。

　確かに、均衡は相互依存を前提とする。けれども、相互依存は必ずしも均衡を生みだすとはかぎらない。もともと相互依存と均衡は、それぞれ独立したシステム構成変数のはずである。だからパーソンズのように、高い相互依存度と高い均

衡度を保った極限ディメンションをとらえて，まるで一枚岩のような強固な統合性をもった社会システムを想定するのではなく，例えば低い相互依存度と高い均衡度をもった社会システムや，逆に高い相互依存度と低い均衡度をもった社会システムの存在をも想定してみなければならないとグールドナーは考えた。システムを構成する部分のすべてが，ある種の至上命令によって配置されたり，特定の機能を遂行するように義務づけられたりしているかのように想定したモデルによって，家族や学校や企業組織などの現実の具体的なシステムを分析するのは困難だからである。

　一方，システム・モデルに内在するそうした問題から，機能分析の方法それ自体に目を移してみても，その底流には次のような考え方が残存しているとグールドナーは見る。つまり，初期の機能分析は「機能的互酬性の原理 (principle of functional reciprocity)」の一様な無限定的作動を前提として想定しており，ある構造と他の構造との間には，必ずシンメトリカルな互酬的活動の交換が行われていると想定している，と。だが現実には，部分と部分との相互依存，あるいは諸部分間の活動の相互交換といっても，そこに必ず互酬上のバランスが保たれているとはかぎらない。したがって，どのような形の互酬パターンが存在しているのか，またもし互酬性の原理がうまく作動していないのならば，どのような補償メカニズムが働いているのかを探り出すことが重要であると言う。

　さて，以上のようにシステム分析の観点からみても，また機能分析の観点からみても，単純で一様な「相互依存」と「均衡」を想定したシステム・モデルは現実的でないことがわかる。そこでグールドナーは，社会システム内の相互依存

はヴァリエーションをもつという見方に立ち，〈諸部分の相互依存度が低いということは，その部分が自らの存続上の欲求を充足するにあたって，他の諸部分に依存する度合いが低いということを意味する〉と見て，「各部分は機能的自律性 (functional autonomy) をもつものである」という見方を導入した。一見すると，これはシステム概念の単純な一転換にすぎないように見えるかもしれない。だが，たったこれだけの転換が，従来のシステム分析や機能分析の難点を補うことになった。「相互依存」という考え方は，もっぱら「全体性」や「諸部分の無限定的互酬性」に関心を払うものであったのに対して，「機能的自律性」という考え方は，「部分」に焦点を合わせ，(1) 各部分がすべて，互いに欲求を充足しあうとはかぎらない，(2) 各部分の欲求充足の仕方は，シンメトリカルな相互性をもつとはかぎらないという，現実的にきわめて当然視される，しかししばしば見落されがちであった視点にわれわれを導いてくれるからである。

　グールドナーによれば，部分の機能的自律性とは，「ある部分が，他の諸部分から切り離されても存続しうる可能性」のことである。だから，わずかでも機能的自律性をもちうる諸部分は，システムへの完全統合に抵抗を示し，自己の存在を明確にしようと努める（他の部分との境界維持に努める）だろうし，これに対してシステムの側はまた，システム自身が要請するところに従わしめるべく，各部分を統制してくるに違いない。このような実例は，現実の組織のなかにいくらでも見られるが，こうしたメカニズムによって社会システムとその部分との間には，絶えざる緊張状態が生まれることになる。もともと，現実の社会システムは，パーソンズ・モデル

のような一枚岩ではなくて，ストレイン（社会的な矛盾や緊張状態）にみちた一つのまとまりでしかないのである。

したがって，現実の社会分析に適したシステム・モデルは，(1) 全体としてのシステムの内部における相互依存の分析を可能にし，(2) 諸部分の機能的自律性の分析を可能にし，(3) 機能的自律性を維持しようとする諸部分間の具体的なストレインをも説明しうるたぐいのものでなければならない。グールドナーの執拗なパーソンズ批判も，上のような主張にもとづいて，社会システム・モデルを悪しき意味の「理論的」モデルから，現実的な「経験的」モデルに組み替えんがためのものであった。

さて，ここまでくれば，社会システムは単なる〈諸部分の相互依存の均衡体〉ではなくて，〈低い機能的自律度をもつ諸部分から構成された均衡体〉であると，はっきり言いかえられるはずである。その均衡は，(1) 諸部分の機能的自律性の維持→システムへの脅威，(2) システムからの統制→諸部分の機能的自律性への脅威，という形のディレンマの上に成り立つものでしかない。こうしたディレンマのなかで，当然のことながら各部分は自らの機能的自律性を維持するための戦略をもつが，これに対抗してシステムの側も自らの統合性を維持するための戦略をもつことになる。

部分の戦略としては少なくとも3種のものがありうるとグールドナーは考える。一つは「撤退」であり，P・M・ブラウが「欲求（水準）の低減」と呼んだものに似た戦略である。つまり，システムが部分の欲求を充足してくれる見返りとして，もし部分自身の最低限の代謝的欲求の充足すらも不可能にするほどの，高度の統合的強制を課してくるならば，部分

は自らの最低限の欲求充足（または目標達成）を優先させ，システムが充足してくれるはずの欲求を撤回して抵抗することである。第2の戦略は「リスクの分散」と呼ばれる。これは，部分が，自らの欲求を充足する上で依存すべきシステムを複数もつことによって，いずれのシステムに対してもある程度の自律性を保持しようとする方法である。第3は「システムの再組織化」であり，システムのなかで優先的にイニシアティヴをとることができるように，部分がシステム全体を再編成することである。

部分のこうした戦略に対して，システムの側も少なくとも3種の戦略をとりうると考えられる。一つは「部分の隔離または撤退」と呼ばれる。これには，高度の機能的自律性をもつ部分をシステム内から排斥し，統制可能な部分だけを内部に残す方法と，他のシステムにも併属する部分が自らの内部にとどまることを拒否する方法の二つがある（もっとも，それは見かけ上の違いから生じた区別であって，自律性をもつ部分をシステムから排除する点では，全く同じである）。第2の戦略「自己拡張」は，わがシステム以外の他のシステムが，特定のある部分を共有している場合，他のシステムを丸抱えして併合してしまう方法である。第3の戦略は「リスクの選別」と名づけられている。これは，最低限の機能的自律性しかもたない部分に，システム自身の基本的な代謝的欲求の充足をまかせることによって，自らの安全をはかる方法である。

いまさらあらためて言うまでもないことだが，現実の社会のなかに見られる政府機関・企業・学校・家族などといった集団は，ある場合にはシステムとみなされ，ある場合には部分とみなされる。例えば，企業組織は全体社会というシステ

ムの一部分であるが、同時にまた企業内の各セクションを部分として内包する一つのシステムでもありうる。したがって、グールドナーの「機能的自律性」の概念のなかに含まれていたものを、以上のようにフォローしてみれば、それが現実社会のシステム分析において、きわめて具体的で現実的なパースペクティヴをわれわれに提供してくれることが、即座に理解されるに違いない。というのも、われわれが社会と集団、集団と個人との関係を分析し、権力の獲得・権力からの自由などといった問題を取り上げる際に考慮に入れている「欲求水準の低減」「多岐依存」「分離・排斥」「丸抱え」などといった方策との親近性をそこに見てとることができるからである。いずれにしても、部分の機能的自律性の存在と、各ストレインへの対応策が、社会システムの内生的変動要因となりうるわけだが、それでもシステムはしたたかに存続し続ける傾向をもつと言えるだろう。

　さて、これまで述べてきたことを手短かにまとめてみれば、ある程度の機能的自律性をもった部分を内包する社会システムは、部分と部分あるいは部分とシステムの間に生じるストレインのゆえに、常に「変動」へ向けての内生的ポテンシャリティをもつが、また緊張に対する対応策をも内部に用意する。言いかえれば、部分のもつ機能的自律性は、単にシステム内の障害の源泉となるだけでなく、システムに対して外部から強力な障害が加えられた場合には、むしろシステムの完全な構造的分解を抑止する要因にもなりうる、と要約されるだろう。こうした観点は、パーソンズのシステム・モデルの視野のなかには必ずしもしっくりおさまっていなかったものである。

〔参考文献〕

Gouldner, A. W., "Reciprocity and Autonomy in Functional Theory," Gorss, L. ed., *Simposium on Sociological Theory*, Harper & Row. 1959.

Gouldner, A. W., "Organizational Analysis," Merton, R. K. *et al.*, eds., *Sociology Today*, Basic Books, 1959.

Gouldner, A. W., *The Coming Crisis of Western Sociology*, 1970（岡田直之ほか訳『社会学の再生を求めて』〈合本版〉新曜社 1978）.

Gouldner, A. W., "The Norm of Reciprocity: A Preliminary Statement," *American Sociological Review*, Vol. 25, No. 2, 1960.

（石川 実）

25 互酬の不均衡と権力の派生 (P・M・ブラウ)

　ある社会関係の一つの側面における互酬の成立は，他の側面における互酬の破綻を伴う。社会的交換の過程には，互酬上のバランスをめざすストレインとインバランスをめざすストレインの二つがせめぎ合っており，この二つのストレインが一つの社会関係の表裏に同時にあらわれるからである。権力はこのインバランスから派生する。

「社会的交換理論」または「交換理論」と呼びならわされている一つの分析的視点を，社会学のなかに導入した貢献者は，1960年前後のG・C・ホマンズ (George Casper Homans) とP・M・ブラウ (Peter Michael Blau) であった。この二人の社会学者は社会構造の基底にある相互作用の過程を，物財やサービスや感情の〈交換〉の過程とみなし，その相互作用を組み立てる要素としての社会的行動を〈交換〉活動という視点から分析しようと試みた。

　もっとも，この二人の分析以前に，〈交換〉への着目が全く存在しなかったわけではもちろんない。『貨幣の哲学』(1900, 改訂版 1907) を著したG・ジンメルは，人間の社会関係が「給付と反対給付との往復」から成り立つものとみて，ホマンズやブラウより半世紀以上も前に〈交換〉の視点を社会関係の分析に導入していた。

　一方，1920年代以後の人類学の領域では，B・K・マリノ

フスキーの『西太平洋の遠洋航海者』(1922)，M・モースの「贈与論」(1924)，C・レヴィ＝ストロースの『親族の基本構造』(1949) などが，それぞれ独自の立場で〈交換〉活動を考察の対象としていた。もちろん，人類学者のこうした業績はジンメルの影響の外にあった。だから，ジンメルの分析的視点は，約半世紀余の間，ほとんど活用されることがなかったと言ってよい。1960年前後になるまで，社会学，人類学，心理学の各分野における〈交換〉の考察は，それぞれ他の分野をかえりみることなく，独立して展開されていたのであった。

　ところが，1955年になると，レヴィ＝ストロースの『親族の基本構造』のなかに展開された〈交換〉の考察に対して，ホマンズが（D・シュナイダーとともに）激しく反発した。それまで社会行動の基本形態を探求していたホマンズは，その後，相互作用の過程に〈交換〉が介在するとみて，論文「交換としての社会行動」(1958)，および『社会行動──その基本形態』(1961) を著し，スキナー流の行動心理学に依拠して〈交換〉を説明しようと試み始めた。もともとスキナーらの実験行動心理学は，ある条件下におかれた動物に対して一定の刺激が加えられたとき，その動物がこの刺激に対してどのような随意的反応を示すかという，個体内心理メカニズムの探求を目的とした研究であったが，ホマンズは，そこで得られた個体内心理メカニズムに関する知見が，人間の行動を動機づけるメカニズムの説明にも，そのまま役立つはずであると考えた。したがって，動物の反応と同様に，人間もまたコストを小さくし，報酬を大きくするように自らの行動を修正して行くものと考え，この個体内反応の原理が対人間の

〈交換〉の場にも貫徹されると考えた。

 だが，ジンメルの流れをくみ，「対人関係の分析を手がかりにして，人びとの間に発展する結合の複雑な構造について，より適切な理解を引き出す」ために〈交換〉に目をつけたブラウにとってみれば，こうした形のアプローチは，(1) もっぱら個人の行動を支配する心理学的動機のみによって〈交換〉を説明する傾向をもつもの（つまり心理学的還元主義）であり，(2) また交換のプロセスのなかで発展してくる相互作用上のマクロな諸問題——権力の発生・地位分化の問題もその一つだが——の説明には必ずしも貢献しえないもの（つまり創発特性を無視したもの）であると映った。

 こうした批判の上に立って，彼は『社会生活における交換と権力』(1964) を著したが，そこで試みられたことを一言で表現するならば，「非経済的交換（＝社会的交換）の経済学的考察」と要約されうるだろう。

 ブラウによれば，人間の行動の多くは交換を考慮して営まれるが，しかしすべての行動が〈交換〉の視点から説明されうるわけではない。彼は，「報酬をもたらす他者の反応」を条件とする行動のみが，〈交換〉の視点からの分析に価すると見ている。つまり彼が社会的交換の枠内におさめたのは，K・ボールディングのいう「正（財）の交換」だけであって，中傷合戦や殴り合いなどといった「負（財）の交換」は原則として除外されている。

 さて，そのような限定をつけた上で，社会生活のなかの相互作用を眺めてみれば，贈り物に対する物の返礼，愛情に対する愛情のお返し，適切なアドバイスに対するお返しとしての敬意や感謝の表明，返し切れないほどの贈与に対するおべ

っかや追従やサービスのお返しといった形の，さまざまな社会的交換が存在していることがわかる。

このような形の交換には，特定化された等価性の基準（あるいは当事者同士が合意した基準）がなく，またその交換基準を厳密に守らせようとする契約的責務がないという点で，いわゆる商取引などのような経済的交換と異なっている。(少しブラウの見方からずれる点もあるけれども，われわれはここで「経済的交換は等価性の基準にもとづき，できるだけ短期間のうちに決済が完了することを前提にして成り立つが，社会的交換はむしろ完全な決済を望まないだけでなく，あまりに短期的な返礼を否定する傾向さえもつ」と見ておいたほうが，この後のブラウの理解に役立つかもしれない)。純粋な経済的交換と異なり，社会的交換は決済されないがゆえに，「個人的義務，感謝，信頼の感情を引き起こし」，人びとに道徳的責務の存在を再認識させるとも言える。

ところで，こうした道徳的責務は，いわゆる「互酬性の規範（norm of reciprocity）」によって裏づけられている。A・W・グールドナーによれば，社会的相互作用は原則として〈親切にしてくれた人に対しては親切にしなければならない〉，〈恩のある人を裏切ってはならない〉といったたぐいの互酬性の規範によって支えられている。だからこそ，社会的相互作用の過程は交換の過程であるとみなされうるのである。

この互酬の規範は，人びとを拘束して (1) 社会的交換を等価交換に近づけるように要求してくるが，その一方において (2) 等価といっても，それはおおよその等価（rough-equivalent）でなければならないと要求してくるものでもある。なぜなら，人びとを互いに「負債のある状態」にとどめ

ようとし，完全な決済を禁ずるメカニズムを維持して，借りが返済されたのかどうか，あるいは，長期的に見れば交換当事者のどちらが借りをつくっているのかを曖昧にしてしまうメカニズムをつくり出そうとするものだからである。

ブラウは，こうした互酬性の規範の概念をゴールドナーと部分的に共有しているのである。彼の社会的交換理論は，しばしば弁証法的であると言われるけれども，その理由の一端はこの互酬性の規範の概念を基盤にしていることにも求められる。つまり，ブラウによれば，社会的交換は互酬上のバランス化をめざす力と，バランスを破壊しようとする力とのせめぎ合いの上に成り立つものにほかならない。確かに，結果として表面にあらわれたタイプから見れば，社会的交換の基本的形態には，(1) ほぼ互酬上のバランスがとれていて，当事者同士の対等の結合を促進し，横の社会的統合を生み出すタイプの交換と，(2) 互酬のバランスを崩して，当事者間に権力とそれに対する服従という関係を生み出す，つまり地位分化を生み出すタイプの交換の2種がある。だが，それはあくまでも，結果として二つのタイプがあらわれただけであって，この2種の交換がそれぞれ異なったタイプの規範に拘束されているわけではない。互酬性の規範がもつ独特の曖昧さ，あるいはその規範がもつ〈許容の幅〉の大きさが，一方において互酬上のバランス化をめざすストレイン（つまり大きな借りを作ることなく，対等であろうとする力）を生み出し，他方において互酬の破綻をめざすストレイン（つまり相手に貸しを作り，最終的に相手を支配しようとする力）を生みだすからにほかならない。

このように，互酬の成立と互酬の破綻との間，あるいはバ

ランスとインバランスとの間に働く弁証法的な諸力に着目して，社会的交換関係の基本的形態を説明しようとしたところにブラウの交換理論の一つの特徴がある。だが，実はまだこれまでの見方では，彼の観察した〈交換〉という名の盾の片面だけを眺めたことにしかならない。というのも，彼の交換理論が依拠した最も基底的な理論的原理は「社会的結合におけるあるバランスは，同じ結合の他の側面におけるインバランスによって生み出される」というものであったからである。手短かに言えば，先ほどの，バランスに向かうストレインとインバランスに向かうストレインが，実は一つの社会関係の表裏に同時にあらわれるということである。つまり，社会的交換の過程は，ある側面における一方的贈与とそれに対する追従・服従の返報によるバランスが他の側面における権力の格差を生み出すようなメカニズムを秘めているものであると彼は見たのである。例えば，ある少女に強く心惹かれた少年は，彼女に対して涙ぐましい献身ぶりを示すかもしれない。その結果，首尾よく二人が同程度の好意を抱き合うに至ったとしても，その際に成立した二人の〈誘引力〉のバランス，あるいは相手に対する愛情という名の〈報酬〉のバランスは，それまでの献身度のはなはだしいインバランスによって生み出されるものと見ることができる。ブラウの社会的交換理論の真髄は，こうした理論的原理のなかに見出される。

　しかも，こうした原理は，単に個人と個人の間の交換過程だけでなく，集団間のそれにも同様に働いていると見られている。すでに交換関係の基本的形態のなかにも暗黙のうちに示されていたように，社会制度・社会構造の基本的構成原理は，個人間の交換過程に働くそれと同質のものと見るのが，

ブラウの本来の姿勢であった。

　以上，冒頭に掲げた命題にかかわるブラウの社会的交換理論の骨子だけを述べてきた。けれども，彼の交換理論の意義はこれだけにとどまるものではない。上に要約した骨子から派生する問題，例えば，(1) 他者に与える報酬としての〈是認〉や〈社会的支持〉，あるいは一般化された是認としての〈誘引力〉や〈魅力〉などが，交換過程のなかでどのような社会的統合上のディレンマやパラドックスを生み出すか，(2) マクロな組織化と分化はどのような交換メカニズムから生まれるか，(3) 相互依存関係のなかで用いられる交換上の戦略はどのような機能的自律化のパターンを生み出すか，といった問題にもとりくみ，多様な示唆を与えた点で，彼は社会過程論，相互作用論，機能主義理論，コンフリクト理論などの分野の「すべての人に何かを提供した」と評されている。

　しかし，彼の交換理論が，依然として未解決の課題や難点を抱えていることもまた否定できない。ホマンズの交換理論は，心理学的動機論から出発したことに制約されて，彼自身の意図と異なり，個人間のミクロな相互作用の分析にとどまりがちであった。これを批判したブラウの理論は，個人や集団の経済的動機から出発したものであり，マクロな社会構造を形成する基底的メカニズムの探求をめざしたものではあったけれども，しかし〈交換〉という視角からの展望を完全に切り拓くまでには至らなかったと言えるであろう。その最大の障害要因は，彼の力量をもってしても，ホマンズと同様に3者間以上の「一般的交換」への有効な分析的視点を見出しえなかったことと，個人間に代表されるミクロな交換過程と組織・集団間に代表されるマクロな交換過程の双方を媒介す

システムとしての社会　215

るはずの独特のメカニズムを発見できなかった点に求められるであろう。

〔参考文献〕

Blau, P., *Exchange and Power in Social Life*, 1964（間場寿一・居安正・塩原勉訳『交換と権力』新曜社 1974）.

Gouldner, A. W., "The Norm of Reciprocity," *American Sociological Review*, Vol, 25, No. 2, 1960.

Homans, G. C., *Social Behavior: Its Elementary Forms*, 1961, revised ed., 1974（橋本茂訳『社会行動——その基本形態』〔1974年改訂版の訳〕誠信書房 1978）.

（石川 実）

26　世界の複雑性と自己準拠システム（N・ルーマン）

　この世界には実現される体験や行為よりもはるかに多くの体験や行為の可能性が常に存在しており（世界の複雑性），われわれは生きてゆくためにはこの無数の可能性のなかから限られたものを選択せざるを得ない（複雑性の縮減）。この「複雑性の縮減」という機能を担うのが「意味」であり，この「意味」を構成する主体が「システム」である。

「社会はいかにして可能なのか」あるいは「人間の共同生活の秩序を支える究極的な根拠は何なのか」といった問題は，すぐれて哲学的な問題であり，社会学は通常この種の問いは避けている。ところがこうした超越論的な問題に「システム」という経験科学の概念を用いて挑戦し，社会をトータルに捉える理論としての社会学の確立をめざしつつあるのが西ドイツのN・ルーマン（Niklas Luhmann）である。

　ルーマンの社会理論の出発点は「世界の複雑性」という問題にある。われわれは日々の生活のなかでさまざまな体験や行為を行うが，それらはわれわれにとって可能な体験や行為の全体のうちのごく限られたものにすぎない。この世界には実現化される体験や行為よりもはるかに多くの体験や行為の可能性が常に存在しているが，われわれはそうした指示された可能性をすべて追求することはできない。われわれは何を考え，何を見，次に何をなすべきなのか，選択をしなければ

ならない。「世界の複雑性」とは、このようにわれわれに選択を迫る体験や行為の可能性が無数に存在することをいう。

ルーマンによれば、不確定的で可能な出来事の総体としての世界の複雑性こそ、われわれが日々の生活をとおして解決してゆかねばならない最も重要な問題となる。というのも、この解決なくしては、われわれは「可能性の過多」あるいは「可能なもののカオス」としての世界を前にして自己を見失うよりほかなくなるからである。ルーマンによれば、この問題の解決は「世界の複雑性の縮減」によって行われる。つまり体験や行為の無数の可能性を秩序化し、意思決定によって一定のものを選ぶと同時に、他のものを排除する、という行為によってである。

ルーマンによれば、こうした「複雑性の縮減」という機能を担うのが「意味」である。「意味」は秩序化の前提、あるいは「選択遂行の一定の戦略」として機能する。つまりそれは一定の前提や戦略に基づく選択遂行をつうじて、数ある体験や行為の可能性のなかから限られたものを選び出し、他のものは否定することによって複雑性を縮減する。しかし、一方また「意味」は「複雑性の維持」というもう一つの重要な機能をももっている。「複雑性の維持」というのは、選択によって実現化が試みられた可能性が期待外れの結果に終わった場合、それと機能的に等価な別の可能性を選ぶ拠りどころとして、この諸可能性（複雑性）を保持しつづけるはたらきのことをいう。複雑性の縮減によって、選ばれた体験や行為以外の諸可能性はたしかに〈否定〉はされるものの、それらは一時的に〈括弧に入れられる〉にすぎず、必要な場合にはいつでも別の選択肢の拠りどころになりうるように、諸可能

性は保持されつづけるわけである。一人一人の人間の意識は，こうした無数の可能性を保持しつづける能力に欠けている。「意味」は体験や行為のさまざまな可能性が行為者の限られた省察能力によって限定され，排除されてしまうことを防止し，複雑性に対する彼の限られた縮減能力を強化するはたらきをもっている。このように「意味」という戦略図式に従って，可能な体験や行為の選択肢を模索していく認識技法を，ルーマンは「機能主義」と名づける。

「機能」というと，従来の社会科学では全体の維持（目的・結果）に対する部分（手段・原因）の寄与，として考えられてきた。たとえばパーソンズ流の構造・機能主義理論にしても，そこで前提とされているのは一定の構造をもった全体としてのシステムであり，問われるのはこのシステムが維持されてゆくのに必要な下位システムからの寄与である。ルーマンによれば，パーソンズはシステムを一定の構造をもつ実体として捉える「存在論的システム概念」に囚われており，そうしたシステムの存在を前提として分析をすすめるため，「機能」がいつも「システム内的カテゴリー」にとどまってしまう。ここでは構造形成の意味やシステム形成一般の意味を問う可能性は方法的に閉ざされてしまっている。それゆえ，システム構造を前提とすることなく，しかもその機能について問いうるためには，存在論的システム概念を排し，機能概念を構造概念の上位におくことが必要になる。こうしてルーマンが提唱するのが「機能・構造的理論」である。この立場からすると，構造形成それ自体が世界の複雑性を縮減するための可能な戦略の一つ——構造という相対的な恒常性を確保することによって，選択として意識されない選択遂行をとお

して選択可能性の範囲を限定する方策——であることが判明する。機能主義におけるこの新しい立場を，ルーマンは「等価機能主義」と名づける。

　等価機能主義というのは，従来の因果論を支配している原因・結果の1対1的対応関係という考え方を否定し，一つの原因はさまざまな結果をもたらしうるし，逆に一つの結果はさまざまな原因をもつことができる，とする立場である。ルーマンによれば「一つの原因と一つの結果」というのは分析的な極限事例にすぎず，そうした対応関係を仮定することは存在論的な思考前提にとらわれている。というのも，ある原因とある結果との結びつきは，事象そのものの存在論的な定数を表すものではなく，ある一つの因果コンテクスト（ルーマンのいう「意味」）からみた事象の現れ方を示しているにすぎないからである。別の因果コンテクストを適用すれば，ある原因からは別の結果が導き出せるし，逆にある結果から別の原因を推測することもできる。現実の因果的現象は，すべてこうした多数の原因と多数の結果との結びつき（複雑性）からできあがっており，人はそのときどきのコンテクスト（意味）にしたがって，この無数の原因・結果の結びつきから一定のそれを選び出している（秩序化＝複雑性の縮減）のである。それゆえ，従来の因果論は，それ自体が可能な因果コンテクストの一つ，つまりは世界の複雑性を秩序化するための一つの抽象化であるわけである。一定の原因と一定の結果との間の固定的で法則的な関係を求めるのではなく，一定の原因なり結果なりからみた機能的に等価で可能な諸結果や諸原因を探り出す方法，それが「等価機能主義」である。

　ルーマンにとって「意味」の担い手，つまりは現実と可能

性との区別に配意し，機能的に等価な選択肢を模索し，それを保持してゆく主体は具体的な行為者ではない。それというのも，個々の行為者の主たる関心は身辺の事柄の処理に注がれていて，その注意力は彼の行為を可能にし，それを他者の行為と結びつけ，さらにまたその行為のアイデンティティの源にもなっている全体的な意味連関の存在とそのはたらきにまでは及ばないからである。個人の意識をこえたところで複雑性の縮減という根源的な秩序化機能を果たしつつあるこうした諸行為の意味連関，これがルーマンのいう「システム」である。つまりルーマンにとって「意味」を構成し，それを行為者に指示する主体は「システム」なのである。

この「システム」はパーソンズの場合のように一定の構造を前提とすることはない。それは物理的な境界によって自他を区別する実体的なシステムではなく，「意味」によって境界を設定し，自己を同定する「意味システム」，あるいは「意味連関そのもの」としてのシステムである。

こうした意味システムとしての社会システムの発生には，人間の相互行為を特徴づける「二重の不確定性」（double contingency）と呼ばれる複雑性を必要とする。相互行為の成立は，満たされるかどうか不確定な私の期待に依存するばかりでなく，その期待に反応する相手の意思決定にも依存する。しかもこの相手は，その意思決定を確かな情報や私の期待の正しい理解に基づいて下すとはかぎらないし，私と同様，自由で気ままな存在として，故意に私の期待にそむくように反応するかもしれない。こうして社会的世界の複雑性と不確定性が増幅されるのであるが，この複雑性が縮減されるのは，私が相手の行為を期待できるだけでなく，私の行為が相手の

期待にとってどのような意味をもつかを推し測ることができる，という条件が整ったときである。こうした条件が整うとき，さまざまに可能であった私の行為と相手の行為との関係のあり方は，相互間での選択遂行をとおして相対的に安定した一定の構造をもつようになる。つまり「システム」が形成されたわけであり，それによって自己の行為の確実性と相手の行為の計算可能性という二重の意味での確実性が確保されるようになるわけである。こうして，ひとたびシステムが形成され，そこでの行為期待が一般化されるようになると，個別的な逸脱や変化に対して無関心でいることが可能になる。つまりそうした逸脱や変化にその都度対応して行為連関を調整しなおす必要がなくなり，人はそれだけ自律的にふるまえるようになる，というわけである。ルーマンはこうした行為期待の一般化の方法として，時間的（期待を規範化することによってそれに継続性を与える），内容的（意味的な同定によって期待内容の多様性に意味の統一性と連関を与える），社会的（期待の制度化によって一般的な合意の想定を可能にする）の三つを挙げている。

　こうして形成されたシステムの内部では一定の規則が支配しているが，システムの外においては任意の規則がはたらいている。それゆえ，システムの外部においてはシステムの内部におけるよりも多くの出来事がおこりうる。システムの内外，つまりシステムと世界（環境）とを区別するのはこの「複雑性の格差」である。システムはそれ自体，世界の複雑性に対する一定の適応能力（世界の複雑性を吸収する自己自身の複雑性＝選択性）をもってはいるものの，世界の複雑性はシステムのそれをはるかにしのいでいる。それゆえ，システ

ムは自己を維持してゆくには，自己自身の複雑性を世界のそれに対応しうるように絶えず強化してゆくことを要請される。ルーマンによれば，生物体や情報処理機械とは異なり，社会システムにはより高度な，原理的には無限の複雑性がその選択領域として開かれている。それというのも，前2者ではその選択領域がシステムの構造によってあらかじめ限定されているのに対し，意味システムとしての社会システムは，必要な場合には構造それ自体をも変えることができるからである。全体社会システムの諸部分システム（政治システム，経済システム，科学，家族等）への機能分化，さらにはまた部分システムの内部分化（たとえば政治システムにおける行政，政党政治，世論への機能分化）などはその例である。このように社会システムは自己を構成する要素を自ら生み出してゆく自己産出的（autopoietic）なシステムであり，自己と世界（環境）との間の複雑性の格差という問題を自己の選択性の強化という内的過程の再編をとおして解決してゆく自己準拠的（self-referential）なシステムである。

「意味」という人文科学的あるいは解釈学的概念の導入によってシステム理論の修築をはかるルーマンの試みが，どれだけシステム理論からハーバーマスが批判したような社会工学的なバイアスをとり除き，システム理論に自己省察的な次元を組み込むことに成功するか，今後の展開が注目される。

〔参考文献〕

Luhmann, N., *Soziologische Aufklärung I, II, III*, Westdeutscher Verlag, 1970, 75, 81.

Habermas, J. and Luhmann, N., *Theorie der Gesellschaft oder*

Sozialtechnologie——*Was leistet die Systemforschung?*, 1971（佐藤嘉一・山口節郎・藤沢賢一郎訳『批判理論と社会システム理論——ハーバーマス゠ルーマン論争（上）』木鐸社 1984）.

(山口節郎)

27 贈与論 (M・モース)

贈与は，外見上，自発的，一方的，断片的な現象であるけれども，根底においては，拘束的，互酬的，システム的な実在である。つまり，贈与は「物」の提供というよりも，むしろ「シンボル」の交換である。

贈与の問題は，モース（Marcel Mauss）によって，『社会学年報・第2シリーズ』（*L'Année sociologique*, seconde série, tome I, 1923-24）所収の論文で扱われている。この論文はまとまりがなくいささか冗長なものであるが，未開社会にみられる贈与現象を手がかりにしてより深いレベルにある一つの社会的実在（レアリテ）に迫ろうとする。

贈与，すなわち贈り物ないし進物をする行為は，文字通り，任意的で自発的な行為のように外見上みえる。ところが，モースの強調したことは，贈与の「義務的特性」なのである。贈り物は気前よくなされなければならず，喜んで受け取らなければならず，さらに忘れることなくお返しをしなければならない。つまり，贈与は，提供の義務，受容の義務，返礼の義務という3要素を含んでいる。

ポリネシアにおいては，与えることを拒んだり招待を怠ることは，親交と協同を拒否し宣戦布告するに等しい。また，歓待や贈り物を受容しないような自由はない。北西部アメリカの先住民諸部族にみられるポトラッチ（競覇型贈与）においては，首長や貴族は自分の「面子」を保つために贈り物を

しなければならない。また、贈り物を受け取ることを拒むことは、お返しをしなければならないのではないかと気づかっていることを表現しているに等しく、いわば最初から敗北宣言をするようなものである。さらに、提供された贈り物以上のものを返礼しなければ、「面子」が永遠に失われる。したがって、ポトラッチでは、贈り物の提供・受容・返礼は、各集団の首長の「面子」に賭けて、「競争」という形の集合的強制力のもとで実行される。このように、モースにおいては、贈与は、個人的レベルでの自発的な好意の問題ではなく、デュルケム的な言い方をすれば、集合的レベルにおける拘束的制度の問題であった。

　贈与は、外見上、集団から集団、あるいは個人から個人への一方的な財の移転ないし提供のようにみえる。だが、返礼という契機を介して、贈与は、本質的には、一種の「互酬性」(réciprocité) という特性を示す。モースは、「贈り物を受けた場合、その返礼を義務づける原理はなにか、すなわち、贈られた物の中には受贈者に返礼させるようないかなる力が存在しているのだろうか」という問題を追究する。このような、返礼を強制する「力」の観念は、ニュージーランドのマオリ族にみられる「贈られた物の霊(エスプリ)」、すなわち「ハウ」への信仰である。マオリ族の情報提供者によれば、特定の品物あるいは所有物（タオンガ）は、ハウという一種の「霊的力」を宿している。ハウは、また、タオンガの所有者の本性の一部、あるいはかれの霊の一部でもある。したがって、人に物を与えることは自分の霊を与えることであり、もらった当事者にとっては他者の霊を保持することになる。これは「危険」であり「生命」にかかわる。それゆえ、受贈者は、

贈られた物と同等ないしそれ以上の物を返礼するという形で,本来贈与者に属する霊を元に戻さなければならない。

このように,外見上,一方的提供とみえる贈与が返礼を契機として互酬的性格をもちうるようになるのは,贈与者―受贈者間におけるタオンガ(物)のやりとりを媒介とする,ハウ(霊)の往復運動なのである。

ところで,ハウは二者間に限定された贈与―返礼にもっぱらかかわるだけではない。それは第三者の介入する贈与関係にも深く関連している。たとえば,ある贈与者が自分の所有する特定のタオンガを第1の受贈者に贈り,後者がこれを第2の受贈者に贈ったとする。返礼として,第2の受贈者は別のタオンガを第1の受贈者に贈らなければならず,さらに後者はこのタオンガを最初の贈与者に返礼として贈らなければならない。この場合,第2の受贈者から第1の受贈者への返礼は,直接的には,第1の受贈者が贈ったタオンガのハウによって強制される。だが,このハウは最初の贈与者から第1の受贈者へ伝えられたものである。したがって,究極的には,第2の受贈者の返礼を強制するものは,最初の贈与者のタオンガにもともと宿るハウの力なのである。すなわち,彼は,第1の受贈者を介して自分に伝えられた最初の贈与者のハウを,別のタオンガの上に乗せて,送りもどさなければならない。さらに,第1の受贈者は,彼から返礼されたこのタオンガこそ最初の贈与者のハウが「生みだしたもの」であるという理由から,これを最初の贈与者に返礼する義務がある。このように,贈与者から出発したハウは,最初の受贈者のみならず第三者(第2の受贈者),さらにはそれ以上の人びとをも追いかけ彼らにつきまとい,そして,その「古巣」へ戻ろう

システムとしての社会 227

とする。ハウの循環運動への信念に支えられた，こういった贈物の提供・返礼プロセスを，モースは「義務的循環」(circulation obligatoire) と呼んでいる。

「義務的循環」は，第三者の介入による「返礼」の間接性，遅延性という点で，二者間に限定されそのなかでのみ互酬性が実現しているような贈与──返礼関係を超えている。この意味で，モースの「義務的循環」は，レヴィ＝ストロースの「限定交換」，すなわちA, B両パートナー間に限定された「直接的互酬性」($A \rightleftarrows B$)，におさまる概念ではなく，レヴィ＝ストロースが明確化した「一般交換」への道を切り拓く一つの契機となる概念であるといえよう──「一般交換」においては，3以上のパートナー間の，$A \rightarrow B \rightarrow C \cdots \rightarrow A$ といった間接的・一方向的・円環的互酬性がみられる。円環的連鎖の最初の輪であるAの贈与は直接的，即時的にBから報われるのではなく，最後の輪であるCの返礼によって間接的，遅延的に報われる──。以上のように，外見上の一方的贈与は，根底において，間接的な互酬性を含んでいるのである。

一つ一つの贈与行為は，表層においては，断片的で相互に孤立した現象であるけれども，深層においては，これらは一つのシステム的実在をなしている。贈与現象においては，提供の義務，受容の義務，返礼の義務という3要素ないし3契機が別々に観察されるにすぎない。とりわけ，提供と返礼との間には「遅延」がみられる。モースは，「ハウ」観念がこれら3契機を統合しうると指摘し，そこに互酬性のシステムをみいだした。だが，このシステムは，3契機の断片性を接合しているが，一人の贈与者と一人の受贈者との対に限定さ

れた閉鎖システムにすぎない。ここに、これら各対の全体社会内で並存し相互に無関係であるような、システムそれ自体の断片性・孤立性も問題となる。しかし、モースの「義務的循環」は、限定的なシステムを破り、それを超え、贈与行為を連鎖的に結合させうるような、より広大な互酬性のシステムの実在を示している。このシステムこそ限定的システム相互間の孤立性を克服するものである。つまり、「ハウ」あるいは「贈り物を循環させようとする力」は、社会全体をかけめぐり、個々の贈与行為や贈与者を関係づけシステム化する。

したがって、モースにとって問題であったのは、提供・受容・返礼という個々の「項」ではなく、これらの間の「関係」であり、さらに個々の孤立した関係ではなく、「諸関係のシステム」(レヴィ=ストロース)であった。かれは個々の贈与行為について語ったのではなく、「贈与システム」について語ったのである。贈与現象がモースのいうように「全体社会事実」であるならば、それは、外見上の個々の贈与現象が根底においてはシステムとしての実在性をもつということであろう。

それでは、贈与(提供)―反対贈与(返礼)のシステム、すなわち「贈与交換」(échange-don)のシステムにおいては、なにが交換されるのであろうか。モースによれば、交換の対象は、財産や富、動産や不動産などの「経済的に有用な物」だけではない。饗宴や儀式や舞踏や祭や婦女子といった「感情価値――レヴィ=ストロース流にいえばシンボル的価値――を付与されたもの」も交換される。この意味で、贈与交換は、たんなる経済的交換だけに還元されえず、同時に宗教的、道徳的、政治的、法的、審美的でもあるような「全体社

会現象」なのである。たとえば、ポトラッチにおいては、贈与交換は「面子」、すなわち「威信」の相互給付という点で政治的現象であり、マオリ族においては、贈り物の循環は、霊的力としてのハウの循環であるという意味で、宗教的現象であった。いずれのケースにおいても、贈り物——物的形態であれ非物質的形式であれ——は、「威信」とか「霊」とかいう、経済的有用性とは「別の次元に属する実在」を運ぶノリモノ（レヴィ゠ストロース）である。いいかえれば贈り物は政治的であれ宗教的であれ、「意味」の担い手としてのシンボル（symbole）なのである。

贈与交換においてとりかわされる「意味」とはなにか。モースはいう。「人が物を与え返礼するのは、互いに「尊敬」を与え返礼しあうからである。さらにまた、それは、物を与えるとき自分自身を与えるからであり、そして自分を与えるのは、自分を他人に「負っている」からである」。贈与によって得られる「威信」は他者の「尊敬」に負っている。贈り物の提供は、ハウ、すなわち自分自身の霊を与えることである。いずれにせよ、贈り物は「自他のかかわり」を意味している。レヴィ゠ストロース特有のスタイルでいえば、贈り物は「他者性の記号（signe de l'altérité）」としかいいようのないものである。この場合、贈り物は、宗教的、政治的、道徳的といった特定の部分的な意味を表すシンボルではなく、「相互性」という全体的な意味——モースの表現に従えば、「社会や人間が自らについて、そして他者とのかかわりにおける自らの位置について感情的に意識する束の間の瞬間」——を担うシンボルなのである。

さらに、贈り物が物的形態であったり、行為形式であった

り，人間であったりするというその多様性・差異性にもかかわらず，これらは，贈与交換の中に置かれるとき，「同一の性質と同一の機能」を，すなわち，シンボルとしての一般的機能をもつようになる。贈与交換が「全体社会事実」でありうるのは，贈り物がこういったシンボル的特性，いいかえれば，シンボル・ノリモノの次元における「一般性」とシンボル化された意味の次元における「全体性」という二重の特性をもっているからであるといえよう。以上のように，一方的な「物」の提供とみえる贈与現象は，より深い実在のレベルでは，シンボルの交換という互酬性システムを構成している。

「贈与論」は，精錬された理論体系というよりも，むしろ，粗削りの原鉱石の集積体である。それゆえ，かえって，そこから本命題以外の多様な命題を抽出し，これらを発展させることができよう。しかし，本命題に限ってみても，「贈与論」はいくつかの領域に理論的影響を与えつつ独自に展開している。

第1に，人類学——というよりも人間科学の領域では，レヴィ＝ストロースへの影響である。彼は，「贈与論」の中に，現象レベルの直接観察可能な「項」を超えて，より深い実在にある「項の間の関係」を把握しようとする，構造主義的企図を見た。彼は，モースが贈与現象にみられる提供・受容・返礼の3項目の背後に，これらを統合する交換システムをみいだそうとした点については評価する。だがこれら3項目の綜合のさい，モースが「ハウ」という先住民の意識の産物である「情動的，神秘的な力」の観念に訴えたことには批判的となる。交換システムという一つの全体的実在は，このような主観的要因による「情動的再構成」によっては説明できな

い。交換は，一挙にそして直接的に「シンボル的思考」によって与えられた「綜合(サンテーズ)」であり，説明されるべき現象というよりもそれ自体説明原理なのである。そして，この原理は，無意識のレベルの人間精神に内在する「互酬性の原理」——あらゆる現象に自他の対立を刻印するとともにこの対立を統合しようとする「直接的な形式(フォルム)」——に究極的には求められるべきである。つまり，レヴィ＝ストロースは，モースの「贈与交換」が含む諸要素のうち，「情動」要因の介入を取り去り，「シンボル・システム」要因をすくいあげ，これをいっそう彫琢したのである。

第2に，社会学の領域では，P・P・エケの集合主義的な社会的交換理論への，レヴィ＝ストロースを介しての間接的影響がある。エケは，「自己を脱却し，自由かつ義務的に与えなければならない」という「贈与論」の「道徳上の結論」を，「社会的交換の道徳性(モラリティ)」として位置づける。この「道徳性」は，社会的交換状況から独立し，これを規制し，より広い社会の統合を与えるような道徳的基準である。つまり，エケは，「贈与論」の中に，反個人主義的（交換当事者は個人ではなく集団内で社会的役割を果す人間(パーソン)である），反経済的（贈与交換は経済的交換を超えている）な社会的交換理論をみいだし，このタイプの交換理論の，社会的連帯問題への重要な意義を指摘した。以上のように，「贈与論」の「互酬性」命題は，一方において，「人間精神」の構造という認知的方向へ，他方において，「社会的連帯」への機能という規範的方向へと展開した。

いずれにせよ，「贈与論」との対話を通し，われわれはそこからなにほどかの贈り物を受けることができ，そこへなに

ほどか返礼することができるだろう。

〔参考文献〕

Mauss, M., "Essai sur le don," *Sociologie et anthropologie, précédé d'une introduction à l'œuvre de Marcel Mauss*, par Cl. Lévi-Strauss, 1950 (有地亨訳『贈与論』勁草書房 1962, 新装版 2008；有地亨ほか訳「贈与論」『社会学と人類学Ⅰ』弘文堂 1973；吉田禎吾・江川純一訳『贈与論』ちくま学芸文庫 2009).

Lévi-Strauss, Cl., *Les Structures élémentaires de la parenté*, 1949, 2e éd., 1967 (馬淵東一・田島節夫監訳『親族の基本構造』上・下, 番町書房 1977, 78；福井和美訳『親族の基本構造』青弓社 2000).

Ekeh, P. P., *Social Exchange Theory*, 1974 (小川浩一訳『社会的交換理論』新泉社 1980).

(大野道邦)

28 女性の交換と近親婚の禁止 (C・レヴィ゠ストロース)

　近親婚の禁止（インセスト・タブー）は，母，姉妹，あるいは娘を娶ることを禁止する規則であるよりはむしろ，母，姉妹あるいは娘を他人に与えることを強いる規則である。すなわちそれは，女性を与え，また受け取る集団相互の互酬的交換体系を始動させる規則なのである。

「インセスト・タブー」という用語をここではレヴィ゠ストロース（Claude Lévi-Strauss）の用法に従って「近親婚の禁止」と訳しておくが，この語もまた，みる角度によってさまざまな色を反射して，これと定まらぬ人類学用語の一つである。ある説によれば，それは血族結婚による遺伝上の弊害に対する防御策である。しかし，家畜や作物について，同族交配は一定期間続けられれば，むしろ安定した基型に到達することが知られている。またある説によれば，これは本能的な怖れの感情に基づくのだという。しかし「怖れ」とは，むしろ禁止から派生する感情ではないのか。精神分析学者は，人間精神の奥にインセストに対する願望を見出そうとするが，実はこれも現実には実現不可能なことに対する希求をあらわしているといえる。さらにまた，それはあらゆる社会に存在し，近代社会においても生命を保っていることから，過去の個別的事件や習慣に由来するものともいえない。こうして，レヴィ゠ストロースは，経験によって検証可能な諸機能のうちに，近親婚の禁止の起源をみるよう促すのである。彼はそ

の初期の大著『親族の基本構造』において,親族関係が直接結婚できる相手を規定するような社会の観察を通して,近親婚の禁止という一規則を,社会的交換の体系の中へ位置づける。この交換という視点こそ,彼がM・モースからうけついだものであるが,この書においては,それを,個別的現象としてあらわれるもろもろのことを,体系あるいは構造の中に位置づけることで理解しようとする彼の方法そのものへと発展させたのである。では,その論証過程をたどってみよう。

近親婚の禁止の規則は,社会的規則としては例外的ともいえるほどの普遍性を持っている。近親と名づけられる者の範囲やこれを犯した時の制裁の程度はさまざまであるが,この規則を持たない社会はない。社会は婚姻を偶然と,恣意にゆだねず,婚姻に干渉し,秩序を与えている。

社会は女性の自然的分配(各家族内の女性)を社会的分配へと置きかえる。こうして社会による干渉の第1歩は,まず家族のうちでの女性の自家消費を禁じ,「女を家族に対して凍結」することである。これが近親婚の禁止の規則の直接の目的である。しかしこの規則が単にこのような消極的なものにとどまらないことは,あきらかである。娘や姉妹を性的対象にするのを禁ずることは,彼女たちにほかの男との結婚を余儀なくさせ,同時に彼女たちに対するその男の権利を確立する。このようにして,いわば市場にあらわれた女性に対して,集団は今度は,その分配についての干渉にのりだすことができる。この意味において,レヴィ=ストロースは「近親婚の禁止……ひとつの組織を始動する」といえるのである。事実,内部での結婚を禁じられた集団の存在は,その外部の集団の存在を想定している。そして,その組織とは,これら

の集団間の女性の互酬的な交換体系を指すのである。

　社会的に貴重な財としての女性の分配を，ただちに互酬的交換の組織に結びつけるのには説明が要る。まずいえることは，近親婚の禁止そのものの一見したところ一方的な性格にもかかわらず，それは，互酬性の規則だということである。人は，隣人も同じように断念するという条件でなければ，自分の娘や姉妹を断念しないからである。これまで，近親婚の禁止と婚姻規則をとりまいていたあいまいさの根源は，実際には婚姻が双方的な行為であり，対称的な制度であるのに，われわれ自身の婚姻制度に影響されて，一方的な委譲行為であり，非対称的な制度であると考える傾向にある。例えば，父系的・父方居住的な親族集団ＡとＢを考えてみよう。Ａの男とＢの女が結婚したとすると，Ａ集団は女ｂを獲得しＢ集団は彼女を失ったことになる。同じようにどちらの集団においても男の婚姻はその集団にとって利益となり，従って，その集団全体を，また特にその男の家族を債務者の立場におく。逆に集団内の女の婚姻は損失を示し，補償をうける権利を与える。つまり，男は先行する世代に姉妹あるいは娘を失っている故に女を要求でき，また一方，先行する世代に女が獲得されている故に，兄弟は姉妹を（父は娘を）自己の集団の外部に与えるべく義務づけられているのである。

　こうしてみてくれば，近親婚の禁止が，外婚制の規則と表裏一体のものとするレヴィ＝ストロースの考えは容易に首肯できるものとなろう。外婚制とは通常，自らの属する集団内に配偶者を求めることを禁止して，他集団との婚姻を求める規則であり，しばしば禁止だけでなく，結婚すべき，または望ましい相手（集団または範疇）を積極的に規定するもので

ある。ここにおいて、組織がはじめて具体的に姿をあらわす。例えば双分組織では、A集団の男はB集団の女の間からしか妻を選ぶことができず、B集団の男は逆にA集団の女としか結婚できないといった規定が存在する。こうして集団AとB、さらに複雑になれば、集団CとD、EとFなどが対になって交換を繰り返すことになる。

　交換組織としてはこれほど明白ではないが、交叉イトコとの結婚を優先的に規定することもしばしば行われている。交叉イトコとは、異性の兄弟姉妹の子ども同士を指すので、男からみれば父の姉妹の娘、母の兄弟の娘が望ましい結婚相手となる。この場合同じイトコであっても、同性の兄弟姉妹の子ども同士は平行イトコと呼ばれ、結婚することはできない。生物学的近接度は同等であるにもかかわらず、この両者は社会的観点からすると全く異なったものと考えられている。交叉イトコと平行イトコとを社会的に区別させるものが何かは、系図を書いてみれば明らかである。父系社会であれ母系社会であれ、平行イトコは自らの属するのと同じ親族系統に、交叉イトコは別の親族系統に属する。従って、平行イトコとの婚姻は異なる系統間の女性の交換を途絶させるが、交叉イトコとの婚姻はこの交換の流れにのることになる。ここにおいては、結婚できる相手を決めるのは、生物学的配慮ではなくて、社会的配慮であることは明らかである。このように婚姻における社会の干渉は、まず親族集団相互が女性の交換を継続するように働きかけている。女性は社会的財として高い価値をもつ故に、贈られ、またお返しされなければならないのである。

　このような交換が何を意味するのかは、モースがすでに示している。第1に未開社会では、交換は取引の形というより

はむしろ互酬的な贈与の形のもとに現れる。そして、第2に交換のこの原初形態は、ただ単に経済的性格にとどまるのでも、本質的に経済的性格のものでもなく、社会的であると同時に宗教的、呪術的であると同時に経済的、功利的であると同時に情緒的、法的であると同時に道徳的なもの、すなわち「全体社会事実」なのであると。こうした交換をわれわれの社会における経済的取引と同様のものと考えてはならない。交換される贈り物は時には全く同じ価値のものであり、時には経済的には全く無意味なものである。ここでは交換を人に命じるところの利益は、交換されるものから生じるのではなく、交換そのものから生じるのである。

　これと似たことは、未開社会のみでなく、われわれの社会でも観察することができる。レヴィ゠ストロースはフランスの大衆レストランにおけるワインの交換の例をあげている。一つのテーブルにたまたま同席した2人の客は、お互いに自分のワインを相手のグラスに注ごうとする。グラスの大きさは同じであり、経済的観点からみれば、どちらも得も損もしていない。しかし交換それ自体が何かをうみ出すのである。見知らぬ者同士が至近距離で同席するということは、全く無関係でいることもできず、逆に安易な関係を設定することは危険であるといった緊張状態をつくり出す。ワインの交換が解決するのは、この社会関係の空白である。友好的社会関係をつくり出そうとする一方の行為に対し、相手のとるべき態度は親愛か敵対かのどちらかである。平和裡に食事をすませようとするなら、人は自分のグラスにワインが注がれるのを拒まず、自分もまたお返しにワインを注ぎ、さらにちょっとした会話をかわしもするだろう。この小さなドラマと、女性

の交換との双方の底流にあるのは,交換の目的は精神的なものであり,それは人と人,集団と集団との間の友好と連帯の絆をつくり出すことにかかわっているということなのである。「自分の酒瓶のワインを飲むことに対して,南フランスの農民が抱いている嫌悪感は,近親婚の禁止を説明するモデルを提供する」とレヴィ゠ストロースは述べている。

こうして,近親婚の禁止——外婚制——女性の互酬的交換組織とみてくれば,『親族の基本構造』の冒頭において,「この本の基本目標は婚姻諸規則,もろもろの特典およびタブーの語彙や体系が同一の実在——これは当該の体系構造である——の解離しえない諸相であることを示すことである」とのべたレヴィ゠ストロースの方法はより理解しやすいものとなろう。近親婚の禁止を外婚制と不可分のものとみなすことによって,彼の考えを E・B・タイラー流の社会ダーウィニズム(より良い統合組織をもつ社会が生き残るとする説)とするみかたがあるが,彼が述べているのは別の次元のことである。

〔参考文献〕

Lévi-Strauss, Cl., *Les Structures élémentaires de la parenté*, 1949(馬淵東一・田島節夫監訳『親族の基本構造』上・下,番町書房 1977, 78).

Mauss, M., "Essai sur le don," *Sociologie et anthoropologie, précédé d'une introduction à l'œuvre de Marcel Mauss*, par Cl. Lévi-Strauss, 1950(有地亨訳『贈与論』勁草書房 1962, 新装版 2008;有地亨ほか訳「贈与論」『社会学と人類学 I』弘文堂 1973;吉田禎吾・江川純一訳『贈与論』ちくま学芸文庫 2009).

(筒井幸子)

29 犯罪の潜在的機能 (E・デュルケム)

犯罪は、その被害者はもちろん、当の犯罪者も意図せず、あるいは認知すらしていないような、何らかの有用な結果を社会全体に対してもたらす。

E・デュルケム (Emile Durkheim) の犯罪論は、二つの意味でなお読みつがれるべき価値をもつ。一つには、ここで主としてとり上げるとおり、「潜在的機能」分析の考え方が、(そういう用語は使っていないが) すでに明瞭に打出されていたこと。二つには、今の犯罪学にいう「ラベリング」論が、これまた事実上提示されていたことによる。しかも、これらは、少なくともデュルケムにあって、同じ「社会学主義」から派生する二つの枝葉にすぎなかった。社会的事実は、いずれにせよ、当事者各人の主観的意図には還元しえない独自の実在(リアリテイ)であるというかれの方法認識。それが、たまたま犯罪現象にも適用された時、ごく自然に導きだされたのが、先の二つの帰結だったといってもいい。従って、デュルケムにおいては、犯罪の機能分析とラベリング・パースペクティヴとが、何ら矛盾することなく併存している。どちらを採っても、犯罪の原因は、当の犯人側ではなく、それを取り巻く社会の側で探求される結果になるからだ。あらゆる社会が、一定率の人びとをして犯罪にはしらせる必然性をかくしもっている。故に、比較的恒常的な比率の犯罪は、異常現象であるどころか、むしろ「公共的健康の一要因」ですらある、と彼はいう。

ただし,ここでは先に,「潜在的機能」(latent function)の概念をはっきりさせることからはじめよう。デュルケムのことを「機能主義者」と呼ぶひともいるが,もちろん先駆的な意味でそういえるのであって,一般機能分析の範型(パラダイム)を定式化したのは,ずっと後の時代のR・K・マートンであった。とりわけ,〈潜在的―顕在的〉の区別を明示した点で彼の功績は見逃せない。マートンによれば,そもそも「機能」とは,観察者(observer)の側で確定すべき何らかの客観的(ないし社会的)結果を指す概念であって,問題にしている現象を現に担っている当事者(participant)の,主観的意図を問う概念ではない。もっとも,顕在的機能(manifest function)のほうが,当事者によって意図され,あるいは認知されている客観的結果であるのに対して,潜在的機能とは,当事者によって意図も認知もされていないような結果だという区別はできる。具体的にいって,犯罪行為がもたらした害悪ないし被害は,当の犯人が意図し,かつ認知している結果であろう。だが,そういった犯罪のおかげで,傍観者であるわれわれの日々の退屈が少しはしのげるなどという効用は,おそらく犯人の意図し,あるいは予知していた結果ではないだろう。いうまでもなく,この後のほうの効用が,犯罪の少なくとも一つの「潜在的機能」だというわけである。ただし,カンのいい方ならすでに気付かれたとおり,「意図しない」(unintended)ことと,「認知しない」(unrecognized)こと,さらには「予期しない」(unanticipated)こととは,それぞれ大いに違う。自分のやった犯罪が,新聞紙面を飾り,多くのひとに話題や退屈しのぎを提供したこと,いずれそのことを認知する犯罪者は少なくないだろう。だが,それを予期して犯行にお

よぶものは少なく、ましてやそれを意図してやったなどとは考えがたい（ただし「劇場犯罪」については話は別だが）。マートンの一見明快な区分にも難点があるという次第だが、それでも、彼の範型提示によって、それまで機能主義者が見逃してきた欠陥の多くが正しく指摘されたことは間違いない。とくに、「誰又はどの集団にとっての機能なのかを明示せよ」、加えて「機能的等価項目（functional equivalents）ないし機能的代替物（functional alternatives）を提示せよ」という、彼がした二つの要請は、静態的と批判されてきた従来の機能分析を是正するのに欠かせぬ着眼点であった。実際、どんな制度でも、現に存続している（survival）かぎり、（誰かにとっては）それなりの有用性があるのだろう。とすれば、ただやみくもに潜在的機能をいいたてるだけでは、結局、現状維持のイデオロギーに手を貸すことになる。一方の階級ないし集団にとっては有用でも、他の階級ないし集団にとっては無用、はては有害ですらある制度もある。あるいは、その程度の必要なら、もっと別の制度ではるかに能率的に充足される可能性もあろう。正味の差引勘定が本当にできるかどうかは別にして、制度や現象の存在理由をいうことが、ただちにそれを肯定することにはならないという点、少なくともそれだけのことは確認して、では、デュルケムの犯罪論はどうだったのか、もう一度戻って考えてみよう。

　犯罪が、社会全体に対してもつ積極的効用を、彼は次のように説明している。どんな先駆的思想も、当初それが唱えられはじめた段階では、人びとの集合的諸感情を何ほどかは傷つける犯罪であったに違いない。実際、「犯罪がもっぱらきたるべき道徳の予兆をなし、やがておとずれるものへの一道

程をなしたことがなんと数知れずあったことか」と。つまり道徳意識の硬直化を防ぎ，社会の進化に貢献するかぎりで犯罪は有用であると，デュルケムはいう。だが，これを潜在的機能と見做すことができるだろうか。少なくとも，彼が例示するソクラテスはじめ多くの「確信犯」は，自分たちの行為が犯罪として罰せられることをよく知っていながら，なお社会の進化に貢献することを予期し，あるいはそれを意図するがゆえに敢えて法を犯したのである。いや，当の犯人だけではなく，大衆もまた，この種の「確信犯罪」と，私利私欲からなされる通常の犯罪とを区別している。とすれば，こういった有用性をもって犯罪の潜在的機能をいったことにはならないだろう。実は，初期の『社会分業論』なども併読していえば，デュルケムは潜在的機能としてまったく別種の有用性をも念頭においていたのである。ただ，この場合は，犯罪行為そのものよりも，むしろそれを処罰しようとする人びとの集合行動にも着目して，はじめて云々できるような有用性であった。もともとデュルケムにとって，犯罪は，たんに個人利害の侵犯であるに止まらず，「それを目撃し，それを知ったものすべてが，同じような憤怒の念にかられ，贖罪を求めずにはいない」ような，要は，超越的権威（聖）の冒瀆である，と考えられていた。だから「集合的反作用こそ，犯罪の本質的属性をあらわしているのに，ひとは，これを犯罪にたいする付随的反響の一つとしてしか考えようとしない」と彼はいう。換言すれば，デュルケムは，贖罪を求める人びとの集合的憤怒によって，秩序（とりわけその聖性）に新たなエネルギーが充塡され，社会全体の連帯が更新・賦活されるものだと考えていたようである。なるほど，古い時代の処刑は

システムとしての社会　243

もとより、今なおどの国の処罰方式にも、公衆の面前にさらす一種祭りの雰囲気はつきまとっている。古い共同体の定期的な祭礼が衰微しているような場合、もし犯罪がなければ、それだけ突発的な集合沸騰のチャンスも少なく、どんな道徳的連帯も、やがてはいわゆるケガレ（→ケ枯レ）の状態に陥って弛緩していくであろう。被害にあった特定の人には気の毒だけれども、集合的憤怒を喚起するかぎり、どんな凶悪な犯罪も、いや凶悪であればあるほど社会全体にとっては潜在的機能をもつというわけである。「機能的代替物」の概念を生かして付言すれば、かりにこの種の犯罪があまりにも少ない場合、社会は、無辜（むこ）の人を犠牲山羊（スケープゴート）に仕立ててまで、己のケガレを祓（はら）おうとするかも知れぬ。かくして、「犯罪が存在しないという仮説は、集合的諸感情が史上例をみないほどの強度に達していることを前提にしてのみ成り立つものであるが、なにごとによらず、無限で過度にわたることはよくない。……犯罪の率が平常の水準から余りにも著しく落ち込むような場合、それは喜ぶべきことであるどころか、この外見上の進歩は何らかの社会的混乱と同時的に、また緊密に結びついて生じているものと考えて間違いない」、とデュルケムはいうのである。

　以上で、命題の説明は尽したとも思えるが、はじめに断っておいたように、デュルケムは犯罪の潜在的な有用性を指摘したに止まらず、今にいうラベリング論の先駆けともなった人である。従って考えようでは、犯罪の有用性をめぐる議論よりも、むしろその必然性について云々した箇所がより重要であるとすらいえる。もちろん、有用性論と必然性論とは切り離しがたく結びついているのだが、次のようなG・ベイト

ソンの言明を引けば，あるいは必然性論をとくにとり出す理由もわかってもらえるだろうか。「素人の間でも専門家の間でも，数々の概念が論理階型（logical type）上の誤りを内に秘めたまま大手を振って歩き回っているのである。例えば"探求"という概念。電気ショック装置のついた箱を多数用意してネズミの前に並べても，ネズミの探求心を決して殺ぐことはできない。この事実に心理学者たちは頭を抱えているようだ。いくら罰しても，ネズミの学ぶことは，一度電気ショックを受けた箱の中は突っつくまいということだけで，箱というものの中を突っつくべきではない，ということは一向に学習しないのである。……箱というものの中は探るべきではないということを学んでしまうことが，ネズミにとっていかに好ましくないことか，少しばかり感情移入してネズミの視点からものを見れば，すぐに気がつくことである。……探求の目的は探求自体の是非を知ることではない。探求の対象に関する情報を得ることである。"犯罪"というような概念についても同じことがいえる。われわれは，ある行為そのものを指して，またはその行為の中に含まれるものを指して"犯罪"と呼んでいないだろうか。そしてあたかも犯罪行為とわれわれが呼んでいるものを処罰し続けていくことによって，この世から犯罪が消えてなくなるかのように考えて行動してはいないだろうか。"犯罪"とは実は"探求"同様，行為の組織法に他ならない。したがって行為を処罰して犯罪が消滅すると期待するのは浅薄である。犯罪学と名のる学問は，こんな単純な論理階型の誤りから，何百年もの間，抜け出してはいないのである」（佐藤良明訳『精神と自然』）。

もちろんベイトソンのいい方には誇張がある。少なくとも，

デュルケムは，彼のいう論理階型の違いに気付いていたし，今のラベリング派犯罪学もそれがわかっていたから旧来の犯罪学に180度の視座転換をもたらしえたのだ。デュルケムも，犯罪は何らかの有用性をもっているが故になくならない，などといっているのではない。潜在的機能論にせよ，それはむしろ過激な議論を和らげる説得術の一つでしかなかったともいえる。要するに，犯罪なき社会など，"探求"を止めたネズミと同様，そ̇も̇そ̇も̇生きてはいけないはずだ，とデュルケムはいいたいのである。模範的で非のうちどころのない僧院にあっても，そこではきわめて些細な道徳的過誤がやはり犯罪として罰せられるだろうから，結局，"犯罪"とは社̇会̇の̇側̇の̇一つの恒常的な性向を指す概念であって，個々の行為内容から定義すべき概念ではない。確かに，論理階型の違いというレベルにまでは一般化しなかったにせよ，犯罪動機をむしろ社会の側に見出したかぎりで，ベイトソンの批判を免れうる地平にデュルケムはいち早くたっていたといえる。そして今のラベリング論の起点ともなるような次の言明を早くも『社会分業論』(1893)ですることができた。「ある行為は社会によって排斥されるからこそ，社会的に悪なのだとしか云いようがない。……われわれは，それを犯罪だから非難するのではなくて，われわれがそれを非難するから犯罪なのである」と。

〔参考文献〕

Durkheim, E., *De la division du travail social,* 1893（田原音和訳『社会分業論』青木書店 1971, 復刻版 2005).

Durkheim, E., *Les Règles de la méthode sociologique,* 1895（宮島

喬訳『社会学的方法の規準』岩波書店 1978).
Merton, R. K., *Social Theory and Social Structure*, 1949（森東吾ほか訳『社会理論と社会構造』みすず書房 1961).
Bateson, G., *Mind and Nature*, 1979（佐藤良明訳『精神と自然』思索社 1982, 普及改訂版, 新思索社 2006)

（大村英昭）

類型と比較

30 閉じた社会と開いた社会 (H・ベルクソン)

閉じた社会とは，その成員が外部に対してみずから防衛しながら，責務の圧力によって相互に結ばれている社会であり，蟻塚を思わせるような生命進化の一到達点である。これに対して開いた社会とは，原理上全人類を包容する社会であり，生命の根源から愛の力を汲み出す少数の選ばれた魂によって渇望され，彼らの招きによって成員がみずからを変質させてゆく。

H・ベルクソン (Henri Bergson) は同時代の科学の先端にある知見に常に目を配り，これらの知見に彼独自の解釈を与えた。あるいはそれらを通して彼の生の哲学を表現した。このようにして，たとえば心理学の哲学としての『物質と記憶』，生物学の哲学としての『創造的進化』が書かれた。最後の著作である『道徳と宗教の二源泉』は彼の社会学の哲学である。

この社会哲学はそれに先立つ『創造的進化』において到達された地点の上で構築されている。ベルクソンは生命のきわ立った特徴を生の飛躍（élan vital）という言葉で表現する。それは生命の内部から突き上げてくる力の運動であって，その力は生殖細胞から生殖細胞へと伝わってゆく。生命の進化のコースを環境への種の適応によって説明しようとするダーウィンの決定論は，生命のこの能動的な本性を見逃している。それは生命が物質に遭遇した際，生命が物質の抵抗に出会い，

それに刻みつけた痕跡をもって，逆に生命の流れを説明する誤謬に陥っているのである。しかし形質のレベルの研究にとどまっていた当時の進化論とは異なり，今日では遺伝子のレベルにまで研究が進み，淘汰圧の概念の内容が大きく変わってきているので，ベルクソンのダーウィニズム批判は的を変えなくてはならないだろう。

　命題の説明にはいろう。閉じた社会は人類種の進化の一到達点である。もう一方の進化の線の先端には膜翅類の社会（たとえば蟻塚）がある。どちらにおいても種は群居によってみずからを存続させているが，社会組織の型は相互に異なっている。膜翅類社会においては役割の分担は個体の身体の構造と結びついており（たとえば働き蜂），すべての役割活動は本能によって指示されている。これに対して自然は人類種に知性を付与したから，この社会の成員は各自の知性に従ってみずからの行動を統制する。しかし社会成員に「圧力」を加え，そのことによって社会秩序を維持している責務の一つ一つを，知性はある程度納得のゆくよう説明しうるとしても，責務なるもの一般，あるいは責務の全体がなぜ存在しているかを説明することはできない。責務の全体は，存在しているがゆえに存在しているというほかはないが，それはこの全体を造り出したのが知性ではなく本能だからなのである。実際，そうしなければならないがゆえにそうしなければならないと成員が感じる場合こそ，責務の本質が最もよく現れている。蟻塚や蜂巣の個体にもし感じる能力があればそのように感じるだろう。

　膜翅類社会に対応するヒト類社会の閉じた道徳の特徴は以上の通りである。それでは，どうしてこの道徳が「閉じた」

と形容されるのか。膜翅類の場合と同様，もともとヒト類が種の保存のために営む群居の単位はごく小規模のものであった。その中で成員は責務により相互に結びつけられているが，この単位の外にある社会に対しては成員はなんらの責務も負わないどころか，むしろ敵対的である。なぜなら，この単位は外敵に対してみずからを防衛することで種を保存する任務を自然から課せられているからだ。このように閉ざされている社会の範囲は家族から国家まで拡がっている。しかしそれは人類までは拡がらない。なぜなら，国家はどんなに広くても外部に潜在的な敵性をもつ他の国家を予想して成立しているけれども，人類は外敵を前提としないで存在しているからである。それゆえ家族と国家とのあいだは連続しているが，国家と人類とのあいだには質的な差異がある。

　それでは，人類を範囲とする開いた社会は進化の線上のどのような地点に位置しているのであろうか。生命の創造的エネルギーはその進路において幾多の障害に出会う。相次いで現れるさまざまの種はこの躍動の力と物質に属する反対諸力との合成の結果である。ベルクソンは『創造的進化』において，ヒト類を他のどの種よりも生命の躍動力を保ちつつ前進してきた種であるとみなした。しかし人類種もまた進化の最先端において足踏みしながら旋回している。その状態が閉じた社会である。この停滞を突破するためには，生命の根源にまでさかのぼってその創造的エネルギーに直接触れるほかはない。生命の根源に触れる能力は本能でもなければ知性でもない。これらの能力は相互に働きを異にしているとしても，どちらもすでに到達された状態を保存する能力でしかないからである。「産まれた自然」ではなく「産む自然」に直接根

ざしている能力は直観以外にはない。意志の天才あるいは神秘家たちは直観を通じて「産む自然」そのものの中に身を置き，こうして生命そのものである愛の躍動が彼らを通して他の多数者へと伝わってゆく。愛の躍動はエラン・ヴィタールと別のものではない。エラン・ヴィタールが特別の個人を通してその創造的機能を発現する場合，それを愛の飛躍と呼びうる。

神秘家は生命の根源から汲み取った愛によって，多数者を惹きつける。多数者はこの牽引を「招き」と感じる。神秘家の中には瞑想のうちにとどまるタイプと積極的に周囲に働きかけるタイプとがある。しかしいずれにせよ彼らの人格が多数者の範例となることには変りはない。多数者は与えられた状況においてこれらの指導者ならどうするかを想定し，この想定に従って，今までの方向とは異なった方向へと進んでゆく。それゆえ閉じた社会においては規範は非人格的であればあるほど効力を発揮するのに対して，神秘家が導いてゆく開いた社会への方向においては規範が特定の人格によって体現されていればいるほど効力を発揮するのである。

以上に述べたところから推測されるように，閉じた社会と開いた社会は同じ次元に属してはいない。たとえば国民が閉じた社会の成員であるのと同じ意味において，人類が開いた社会の成員であるとは言えないのである。もともと，開いた魂，神秘家の魂に宿った愛は人類を対象とした愛であるとは言えない。それは祖国や家族に対する愛のように対象によって規定された愛ではなく，万物に無限に拡がってゆく愛である。その愛がたまたま人類に結びつく場合にそれが人類愛と呼ばれるにすぎない。ベルクソンは対象によって規定される

情緒を知性以下，本来対象をもたない情緒を知性以上と呼んでいる。彼は対象によって触発されはするが，それを越えて拡がる情緒の例として音楽の与える感動を挙げている。

しかしこのような知性以上の情緒によって結ばれた社会は現実に存在するのだろうか。ベルクソンは宗教的天才のカリスマにより結合した実在の宗教団体についていくらか語っている。もちろん，このような団体といえども開いた社会の純粋型ではない。純粋型はこの世のどこにも実在しない。同様に，閉じた社会の純粋型がそのままの形で実在しているわけではない。実在する社会はこの二つの純粋型のあいだのどこかに位置しているにすぎない。こうして実在の社会においては，開いた道徳は閉じた道徳からその強制力の幾分かを受け取り，閉じた道徳は開いた道徳からその香気の幾分かを受け取っている。しかしそれにしても，開いた社会や道徳の実在性は，閉じた社会や道徳のそれよりも，はるかに稀薄であることは確かである。

宗教の機能に移ろう。ここでもまた静的な閉じた宗教と動的な開いた宗教とが区別されている。閉じた道徳と静的宗教は相互に連関し合って共同体を維持しているが，それぞれが維持する側面は多少異なっている。道徳のほうは成員相互の慣習的な責務を一般化し体系化したものである。これに対して宗教のほうは共同体と個人の関係に関して生じがちな動揺を鎮め，外部に対して共同体の団結を固めるよう作用する。しかし静的宗教はもう一つの重要な機能をもっている。それは死の予見がもたらす不安を鎮める機能である。人間は一般化を行う知性の能力のおかげで，すべての生きものが死ぬ以上，自分も必ず死ぬことを確信する。この確信は彼を意気阻

喪の状態におとしいれるだろう。ところで自然は人間をこのような状態の中に放置することを望まない。彼の活動力は衰え、種の存続が困難となるからである。そこで知性のこの破壊性に対抗するため、たとえば肉体の死を越えて存続する霊魂の観念が形成される。このようにして多種多様な虚構が産み出されてゆく。こうした作用をベルクソンは仮構機能（fabulation）と名づけている。それはいわば知性的本能の作用であって、純粋な知性がもたらす破壊作用に対抗する自然の防禦反応なのである。

仮構機能の働きは上のパラグラフの前半で述べたようにもう一つある。人間以外の動物の場合には、個体の利益と全体の利益とは本能による行動の中で調整されている。しかし人間には知性が付与されているので、個体が全体のために支払う犠牲に関して疑いをいだく。この利己心の働きを放置しておけば、共同体は解体の危険にさらされる。知性のもたらすこの種の破壊作用に対する自然の防禦反応もまた仮構機能の働きなのである。その場合、重要な役割を演じるのは特定の共同体の成員だけを信者とする自然宗教であって、それは儀礼などを通じて成員を互いに緊密に結びつけ、この集団を他の集団から区別し、共同の企図の成功を保証するとともに、共通の危険に対しては安全を確保してくれる。

それでは開いた魂の宗教すなわち動的宗教の機能は何か。ここでも人は安らぎを与えられる。しかしその安らぎは知性的本能による仮構機能を通して得られるのではない。直観によって生命の根源に到達した時、人は自分とは比較にならない大きな力をもつ存在が自分の中に浸透していると感じる。この存在との一体化のおかげで、彼の心は安らぐ。しかしこ

の状態に達することができるのは神秘家だけではなかろうか。確かにその通りである。だが神秘的状態を全く経験したことがない人でも、この状態について語られるのを聞く時、心の中に何ほどか反響するものをもつ。そして多少とも明日のことを思いわずらう必要はないと感じ、またそれにもかかわらずいっさいのもののどれ一つに対しても高い精神的な意味を多少とも認めるにいたるのである。

　開いた社会、開いた魂などの一連の概念について語ることはむつかしい。なぜなら、これらはすべて直観によって到達された心の状態の諸側面であって、われわれが説明のために用いる言葉は基本的には知性の道具にすぎないからである。しかしそれにもかかわらず、われわれは種と集団の存続にかかわりのなさそうな神秘主義的な生の充実感に関する多くの情報を知っている（たとえば河上肇『自叙伝』所収の「大死一番」）。われわれはこのような状態がベルクソンの言うように生命進化の流れの深層への下降として位置づけられうるかどうかについての判断を保留しよう。われわれとしてはその状態の経験が個人の所属集団との一体化による自己拡大感とは別の種類のものであることを確認するだけで十分である。自己の所属する集団がどんなに広くても、自己拡大に伴う昂揚感の中には「われわれは彼らとは違う」という満足感が不可欠の要素として含まれている。それに対してベルクソンの言うエクスタシーの中にはそのような要素は含まれていない。この経験は自己の拡大ではなく、自己と外界とのあいだの隔壁の消失である。それは拡大体験に対して溶解体験とでも名づけうるものである。ベルクソンの生命の形而上学の命題に関して判断を保留するとしても、この二つの体験の区別に関

する命題を否定することはできないように思われる。

最後に、ベルクソンに固有の社会学的諸概念を他のなじみのある概念と照合しておこう。G・ギュルヴィッチはベルクソンを「深さの社会学」の先駆者の一人とみなしている。もっとも、ギュルヴィッチは、『笑』において社会の表層と社会の深層の区別に到達したベルクソンが、『道徳と宗教の二源泉』においてはこの到達点から後退し、生の深層に沈みうる個人とその表層にとどまるだけの社会という、個人・対・社会の古い「虚偽問題」に陥ってしまった、と批判している。この批判をそのまま承認できないが、『二源泉』の中にはこうした読み方もできる部分が含まれていることも確かである。

ギュルヴィッチは言及していないが、表層と深層の区別は閉じた社会そのものの中にも見いだされる。すなわち表層においては知性によって分割された個体と個体との合理主義的な結合が見られ、深層においては個体と全体との本能的な融合が澱んでいる。知性を通して個体は融合の澱みから合理主義の貫徹する表層へ浮かび上がる。だがそこにながらくとどまっていることはできない。責務の全体を支える圧力が彼を澱みの中へ引き戻す。このいわば同次元における深層と表層の区別は、ゲマインシャフト対ゲゼルシャフトの区別に典型的に現れている社会学の伝統的思考に対応するものである。ただ、この種の集団の2類型が相互に相容れない対立物としてではなく、相互に補完し合う対立物と見た点に、ベルクソニスムの独自性が見いだされる。

ベルクソンはこの社会哲学の書の中でE・デュルケムとL・レヴィ＝ブリュールを取り上げ、彼の立場から批評している。個人に対する社会の外在性を強調するデュルケムの考

え方は，上に述べた閉じた社会の二つの層が対立しながら補完的であると見る観点から批判されている。またレヴィ＝ブリュールの原始心性論は，今日の文明人のあいだでも仮構機能が作用していると見る観点と相容れない。しかしこれらの批判にもかかわらず，ベルクソニスムはデュルケムの社会運動の昂揚に関する考え方や彼の機能主義的方法と共通する側面をもっている。昂揚期の人びとの心性は社会の深層の表面化であると言えるし（もっとも，その深層が開いたものであるか，それとも閉じたものであるかの解釈は分かれるであろうが），仮構機能の理論は明らかに機能主義的である。

　ベルクソンのこの命題が日本の社会学に及ぼした影響は大きいとは言えない。しかし日高六郎の初期の仕事にはその影響が明瞭に見いだされる。

〔参考文献〕

Bergson, H., *Les Deux sources de la morale et de la religion*, 1932, 58e édit., 1948（森口美都男訳『道徳と宗教の二つの源泉』世界の名著53 中央公論社 1969，中公クラシックス 2003）.

Gurvitch, G., *La Vocation actuelle de la sociologie*, t. II, 1963.

（作田啓一）

31 「神の道具」と教養人（M・ウェーバー）

> ピューリタニズム（あるいは禁欲的プロテスタンティズム一般）は「神の道具」として仕事に励む人間を生み、儒教は自己完成をめざし教養をつむことに努める人間を生んだ。

M・ウェーバー（Max Weber）『儒教と道教』（最初1915年に「社会科学・社会政策雑誌」に掲載され、のち大幅な加筆修正のうえ『宗教社会学論文集』第1巻、1921に収録）における記述に従えば、儒教とピューリタニズムという二つの宗教は「合理主義的」であるという点で互いによく似ている。双方とも呪術の束縛から自由であったし、また非合理的衝動に対する理性の優位を双方ともに認めていた。「禁欲」はこの地盤から生まれる。だが二つの宗教によって形成された社会的性格は相互に全く対照的であった。上の命題はそのことを明らかにしている。いうまでもなくウェーバーは、「神の道具」（Gottes Werkzeug）と自らを規定した人間、つまり世俗の職業を神より与えられた「使命」とみなし、それに全力を傾注する人間が資本主義の勃興に関与したと考えた。儒教は現世改造に積極的にかかわる人間を生み出しえないというのが彼の考えであった。以下に命題の説明を行ってゆくことにするが、ピューリタニズム（あるいは禁欲的プロテスタンティズム一般）についてはあとの「42 プロテスタンティズムの倫理と資本主義」の項で詳しくふれることにし、ここでは主とし

て儒教に焦点を合わせてゆくことにしたい。

　儒教においては社会の秩序は宇宙の秩序の一特殊例であるとされる。宇宙的秩序自体は人間の幸福を願うものであるから，人間は社会の秩序によく順応し，そのことによって宇宙の調和の一端を担うべきだとされた。宇宙的秩序の模写としての調和のとれた人格は，この現世への順応によってはじめて生まれてくる。もちろん人間には利欲の念，喜び，怒りといったさまざまな情熱があり，それらはしばしば人の魂の平衡と調和を乱す。そしてよき世俗人として生きることを妨げる。人格完成のためにはこれらの情熱に動かされる自己を超えなくてはならない。それは難しいけれども不可能ではない。人間は努力によって完璧な調和をもった「小宇宙」としての自己を完成することができるのである。ではどのような努力をなすべきか。自己完成の手段として認められていたのは，古典の不断の学習であった。人は古典の教養をつみ，それをもとに思索と反省をくり返すことにより，理想的な人間（「君子」）に近づいてゆくのである。

　古い中国においては古典の教養をつむことは，官職を得るために必要な条件でもあった。近代官僚制における官僚とはちがい，家産官僚制下の官僚には専門的知識は必要とされなかったのである。官職についた人間は自らの職業として古典の学習を続けることができた。その意味で官職は人格完成を可能にする職業なのであった。このため中国においては，官職の地位こそが高等な人間にふさわしい唯一の地位であるとされた。他の職業（たとえば商業，医者，祭司など）は人間を専門化させ，その限りで人間を「道具」化するから，君子たる人間にふさわしいものではなかった。君子たる人間は美的

価値を有する1個の「芸術作品」であり，有用性とは無縁な存在だったからである。君子はいかなる意味でも「道具」ではない（「君子不器」）のであった。

以上の叙述から明らかなように，儒教においては現世内での「活動」（営利活動を含めて）が宗教的に正当化されるということがなかった。正当化されたのは人格完成という「状態」の獲得であった。その結果そこではピューリタニズムの場合とは全く異質の社会的性格が形成された。儒教徒たちは「道具」となることを望まず，ひたすら自己完成に励むタイプの人間たちであった。たしかに彼らもピューリタンたち同様禁欲的ではあった。自己抑制に努め，あるがままの自分をできるだけ超えようとしていた。しかしこうした「禁欲」は，ピューリタンたちのそれとは明らかに異質である。ピューリタンたちの禁欲は職業活動にエネルギーを集中するためのもの（「行動的禁欲」）であったのに対し，儒教徒たちのそれは，自己抑制それ自体のもつ美しさのゆえに追求されたものだからである。彼らの禁欲は「特定の内容をもたぬ」ものであった。

儒教とピューリタニズムが形成した社会的性格のちがいの背景には，両者の現世観・人間観のちがいがあった。儒教の場合，現世は宇宙の秩序と整合的な関係にあり，「考えうるさまざまな世界のうちで最善のもの」とされる。その立場から世俗への順応が宗教的に価値あるものとしてすすめられた。儒教は世界宗教の中でも現世との緊張関係が最小限度にまで縮小した宗教であった。これに対しピューリタニズムは現世と鋭い緊張関係をもつ。現世はあくまで「罪の容器」であり，そこでの生活に無批判に順応することは瀆神的な行為なので

あった。

　人間観のちがいに関してはどうか。ピューリタニズムにおける「神の道具」という観念は、人間と神との超えがたい断絶を背景にして成立する。圧倒的に優勢な神と殆ど無に等しい人間という対比の中から、人間は神の意思を実現するための一つの手段にすぎないとの考えが生まれた。ピューリタニズムにおいては聖なるものは神のみであり、人間の中には「聖」の一片もなかった。これに対し儒教は、人間を完成可能な存在、つまり聖なるものになりうる存在とみなす。人間の中に聖性をみとめる点で儒教的人間観はピューリタニズムのそれと鋭く対立する。

　ウェーバーは、古い中国において近代資本主義が成立しなかった理由として家産官僚制的な支配構造の存在、都市の未成熟、普遍主義的倫理の不在といったものを考えているが、中でも彼が特に重視したのは、上に述べたような主体の側の問題であった。儒教は、現世に満足し、すすんでそれに順応しようとするタイプの人間しか生み出さなかった。「神の道具」として現世の改造に取り組む人間は儒教的世界とは無縁であった。ウェーバーによれば、そのことこそが中国における資本主義の成立を阻止した最大の要因なのであった。

　命題の説明は以上の通りである。儒教が資本主義と親和性をもたないことを強調するウェーバーの説は、たしかに論理的であり、説得力がある。ただ経験的な妥当性に関しては問題がないわけではない。たとえば、中国と同じく儒教文化圏に属する日本において資本主義が勃興した事実をこの説はどう説明するのだろうか。ウェーバーの説とは全く逆に、日本の場合は儒教こそが資本主義を支えるイデオロギーであった

とする指摘もある（森嶋通夫『続イギリスと日本——その国民性と社会——』岩波新書 1978）。この指摘の当否は別にして，中国を事例にしたウェーバーの議論が説得的であればあるほど，日本の資本主義化という現象がなぞめいてくることは事実である。そう考えると，冒頭に掲げた命題の後半部は，中国における儒教特有の事柄とみなしたほうがよいのかもしれない。ただその場合でも，この命題自体が非西欧圏における近代化（資本主義化）を考えるさいの一つの認識枠組を提供していることに変りはない。その点にこの命題の意味あるいは面白さを見出すことができるであろう。

〔参考文献〕

Weber, M., *Konfuzianismus und Taoismus,* in *Gesammelte Aufsätze zur Religionssoziologie,* Bd. I, 1921（細谷徳三郎訳『儒教と道教』清水弘文堂書房 1967; 森岡弘通訳『儒教と道教』筑摩書房 1970; 木全徳雄訳『儒教と道教』創文社 1971）.

（高橋由典）

32 聖―俗―遊（R・カイヨワ）

聖なるものは俗なるものの違背と侵犯であり，同時に〈戦慄すべきもの〉でも〈魅了するもの〉でもある。聖なるものから緊張と恐怖をとり去り，昂奮と解放をもたらす自由な活動が遊びであり，聖と同様に俗と対立する。

R・カイヨワ（Roger Caillois）は，デュルケム，モースらのフランス社会学派の強い影響を受け，1938年にバタイユ，レリスらと社会学研究会を結成して多彩な活動を行った。若い頃には，ブルトンとともにシュールレアリスムの運動に参加したこともある。領域は，哲学，文学，社会学，民族学，美学と多岐にわたっており，彼の著作を，まじめな社会学の理論としては「文学的にすぎる」としてとりあわない人もいる。だが，フランスでは，人類学――anthropologia つまり人間学――が社会学に含まれていたように，社会科学一般も「社会の知」（science sociale）として幅広い教養（liberal arts）に裏づけられていた。フランスには，境界を超えて諸学を渉猟する人文科学（science humaine）的な知性の伝統があり，その中からカイヨワ以外にも，バタイユ，バルト，ジラールのような人びとが出ている。ここではカイヨワの多彩な活動のうち，彼が社会学のパラダイムに何をつけ加えたかを〈聖―俗―遊〉の3項図式のうちに探ってみよう。

カイヨワは，デュルケムの『宗教生活の原初形態』（1912）に触発されて『人間と聖なるもの』（1939, 1950）を書いた。

デュルケムのこの著作は，社会学に〈聖〉と〈俗〉という2項対立パラダイムを確立したことで有名であり，これ以後，聖俗2元図式は，ニスベットによれば「一つのパースペクティヴとして」広く用いられるようになる。

〈聖なるもの〉は，カイヨワによれば「結局俗なるものと対立するもの」と定義されるほかないものだが，オットーの「聖性顕現」(Numinose)の概念に見られるように，聖性には〈戦慄すべきもの〉(tremendum)と〈魅了するもの〉(fascinans)の両面がある。語源学的に見ても〈聖なるもの〉(le sacré)のラテン語sacerには「清浄」と「汚穢」の両義性がある。カイヨワはこの〈聖なるもの〉の両義性に魅了される。シュールレアリスムに接近した彼にとって，それこそが〈俗〉なる日常を超えるメカニズムをさし示すと思われたからである。

聖俗2元論を支持し，〈聖なるもの〉の両義性を指摘するだけでは，カイヨワはまだデュルケムの追随者にとどまる。デュルケムのあとでは，この知的巨人の射程を超えるのはむずかしい。だが，カイヨワの独創性は，民族社会の「原初形態」でとどまったデュルケムの聖俗理論を，人間学的な一般理論として拡張し，さらに大胆に彼の同時代の社会現象へと適用していったことにある。彼はデュルケム理論の現代的な応用問題を解いたのであり，それによって良質な人間学ならそうなるはずの，一種の社会批評に届いたのである。

彼は〈聖なるもの〉の根源的な規定を「日常性への違背・侵犯」ととらえ，その意味での〈聖なるもの〉の発現を，祭と戦争に求める。「祭，未開社会の発作」に対して「戦争，現代社会の発作」なのである。祭と戦争は，昂奮，熱狂，過

剰,浪費,暴力,破壊において共通している。祭と戦争は,弛緩した日常を再生させる機能を持つ点で不可欠なものだが,祭が神格と儀礼的性格を失って世俗化した近代では,祭はより死と破壊に近い戦争にとって代わる。カイヨワはそれに,終末論的なテクノロジーの未来を見る。

カイヨワの祭の理論の独自性は,第1に,彼がデュルケムの〈聖〉の概念のうち,〈尊厳の聖なるもの〉よりも〈違背の聖なるもの〉の側面を,より強く受け継いだことである。彼は〈聖〉の持つ厳粛,秩序,純潔,禁止のようなコスモス的な要因よりも,オルギアスな〈祭〉の側面,豊饒,無秩序,混乱,侵犯といったカオス的な要因を強調した。デュルケムの〈聖なるもの〉の概念は,もともとこのカオス・コスモス複合としての両義性を持っていたが,この両義性は,フランス社会学派の二つの系譜に別々に受け継がれたように見える。一方では聖のコスモス性を強調するレヴィ=ストロース,リーチ,グレンジャー,ベルセのような構造主義的系譜があり,他方で聖のカオス性を強調するカイヨワ,バタイユ,デュヴィニョー,ジラールのようなロマン主義的な系譜を生んだ。祭に対するアプローチも,前者が主として儀礼やシンボルなどの論理的構造を分析する主知主義的アプローチをとるのに対し,カイヨワは「過剰なエネルギーの放出」「社会秩序の安全弁」といった,心理主義的アプローチをとる。しかしどんな本能的エネルギーも,つねに文化的に回路づけられないかぎり放出されないのだから,祭の「無秩序」は,いわば「反秩序という,それももう一つの秩序」(ベルセ)にほかならない。祭を「自然への回帰」や「本能の回復」と見なすのは,これもまた近代主義のネガとしての祭の過度のロマン化

であろう。

　第2は、カイヨワの祭のアプローチには、たしかに祝祭の面ばかりが強調された今日の世俗的な祭の姿が反映されている。彼は祭と戦争を、「蕩尽」という共通項でくくるが、同じように今日の消費社会は、いわば「薄められた祭」であり、人びとは「毎日がお祭」の中に生きている。カイヨワの祭の理論は、バタイユの『呪われた部分』とともに、爛熟した大衆社会では「生産」よりも「消費」がキイタームになることを予見した、消費社会論のパイオニアの一つと言ってよい。祭の世俗的な平和形態は購買や消費であり、商行為という経済活動における交換価値の物神化は、宗教現象における疎外と酷似していることを考えれば、カイヨワの理論からボードリヤールの消費社会論までは遠くない。

　カイヨワは〈聖なるもの〉の両義性仮説をさらに発展させて、一種の3項図式を社会学のパラダイムに持ちこむに至る。「宗教世界の三つの要素たる純粋と俗なるものと不純なものは二つずつが結びついて、残された一つに対立するという注目すべき性質をあらわしている」。この考えを発展させれば、容易に〈聖―俗―穢れ〉の3元論に移行するだろう。これにエネルギー説が結びつけば、祭とは「気」が「枯れ」た状態である「褻枯れ」すなわち「汚れ」を祓って、再び日常に「気」を充塡するためのメカニズムであるとする〈ハレ―ケ―ケガレ〉説（桜井徳太郎）となる。しかしカイヨワは、この方向には進まなかった。代わって彼が提起したのが、〈聖―俗―遊〉の3元論である。

　『人間と聖なるもの』の初版（1939）で、彼はすでに〈聖なるもの〉の多義性に気づいていたが、1943年にホイジンハ

の『ホモ・ルーデンス』のスペイン語版を読んで大きな刺激を受け，1950年の増補版には「遊戯と聖なるもの」という付論をつけ加えている。この中で彼は，「遊戯的なものと聖なるものとのあいだに想定される関係を再認識したのは，わたしが最初であろう」と自負する。その後彼は，ホイジンハの〈遊び〉の概念を批判的に継承しつつ，1958年には『遊びと人間』を著して，〈遊び〉という概念を，〈聖〉からも〈俗〉からも独立した次元としてカテゴリー化する。〈遊び〉と〈聖〉はともに〈俗〉に対立するが，〈聖〉に比べて〈遊び〉は，自由，非生産性，仮構性において区別される。〈遊び〉は〈聖〉や〈俗〉と，まじめ・不まじめの軸において対立する。「とりわけ自由な活動である遊戯的なものは，純粋に世俗的なものであって，それは内容を持たず，避けることのできないような結果をほかの局面に及ぼすことはない。それは生活との関係においては娯楽や気晴らしにすぎないのである。しかるに，生活は逆に聖なるものとの関係では空虚なものであり，気晴らしである」。

井上俊は，「聖─俗図式よりも聖─俗─遊の図式の方が分析枠組としてすぐれているという保証はどこにもない」としながら，「ただ少なくとも，世俗化の進展と〈遊〉領域の自立化といった現実の動きが聖─俗─遊の図式の有効性を高める方向に作用している，ということはいえるだろう」と指摘する。たしかに高度産業社会化と大衆消費社会の爛熟の中で，「遊び」が「労働」に代わって浮上してきた。生産優位の産業社会のエートスに代わって，脱産業社会では，「シラケ」や「不まじめ」が登場する。〈遊〉の概念は，「豊かな社会」(affluent society) の落とし子である若者文化 (youth culture)

論のキーコンセプトとなるに至った。

〈遊〉がたんに世俗化された現代社会のエートスにふさわしい分析概念であっただけではない。ホイジンハは，遊びに「文化創造機能」を認めたが，それは「聖なる」シンボルに充当された意味を，別な次元からはずして見せることによって意味の新たな再創造をはかる点で，記号論的な詩学や芸術学の知見に通じるものである。シラーは「人間は文字どおり人間である時だけ遊んでいるのであって，彼が遊んでいるところでだけ彼は真正の人間なのだ」と言うが，これはエーコの「記号」の定義に驚くほど似かよっている。彼によれば，人間が「記号を使う動物」(homo symbolicus) であるとは，「人間だけが記号を使ってウソがつける」ということを意味する。この〈遊び〉の能力は，第1に，真理と信じられている与件を疑い，虚仮にする相対化の能力であり，第2に，可能な意味のオルタナティヴを作り出す創造の能力でもある。つまるところ，社会が〈聖なるもの〉として信奉している諸前提を突き崩し，笑いものにしながら新たな意味の創造に向かう「詩的言語の革命」(クリステヴァ) に比べられるようなプロセスである。だとすれば〈聖―俗―遊〉の3項パラダイムは，〈ハレ―ケ―ケガレ〉とはちがった意味で，しかも秩序のたんなる更新ではなく革新をも含みこんだ変動論のパラダイムにつながる可能性を持っている。

〈遊び〉の概念は，多元的な「意味の宇宙」(シュッツ) のあいだをあちこち浮遊している現代人にはなじみやすい。一つの「意味領域」のリアリティは，他の「意味領域」から見れば，虚構性の上に成り立った遊びの世界として相対化される。相対主義のニヒリズムに陥るのをなげくよりも，この世

界が人間の選んだ約束事の上に成り立っていること，したがってそれは変更可能であることを承知した上でなおかつ一定の「規則(ルール)」にしたがう〈遊び人〉の正気のほうが，まじめなファシストの狂気より「地球を救う」かもしれないのである。

〔参考文献〕

Caillois, R., *L'Homme et le sacré*, 1939, 1950（塚原史ほか訳『人間と聖なるもの』せりか書房 1994）.

Caillois, R., *Quatre essais de sociologie contemporaine*, 1951（内藤莞爾訳『聖なるものの社会学』弘文堂 1971，ちくま学芸文庫 2000）.

Caillois, R., *Les Jeux et les hommes*, 1958（清水幾太郎・霧生和夫訳『遊びと人間』岩波書店 1970；多田道太郎・塚崎幹夫訳『遊びと人間』講談社 1971，講談社学術文庫 1990）.

Huizinga, J., *Homo Ludens*, 1938（高橋英夫訳『ホモ・ルーデンス』中央公論社 1963，中公文庫 1973；里見元一郎訳『ホモ・ルーデンス――文化のもつ遊びの要素についてのある定義づけの試み』河出書房新社 1971，新装版 1989）.

井上俊『遊びの社会学』世界思想社 1977.

上野千鶴子『構造主義の冒険』勁草書房 1985.

（上野千鶴子）

33 〈いき〉の構造（九鬼周造）

「いき」はわが国の民族的存在規定の特殊性に属している。その構造は「媚態」と「意気地」と「諦め」の3契機より成っている。媚態の要は異性との距離を出来得る限り接近せしめつつその極限に達せざることであり，意気地は媚態でありつつなお一種の反抗を示す強味をもつ意識，諦めは運命の知見に基づく執着を離れた無関心である。

日本文化を特徴づける歴史的な感情様式として，よく挙げられるのは「わび・さび」である。しかし，わび・さび論はいわば表向きの日本文化論であって，われわれの日常の意識や行動と直接，深い関係をもつものとは言いにくい。少なくとも今日，われわれ庶民がおぼろげながらも体験することのできる最も身近な過去のエートスではない。

1935年から53歳の死に至るまでの6年間，京都帝国大学教授として哲学史を講じた九鬼周造は，日本文化の伝統の中のそのような普遍的行動基準の一つとして「いき」の美学を指摘した。そして，その集約的表現を当時の東京の花柳界に見た。なぜなら隔離された遊びの世界は，日常世界では変化しやすい嗜好の純粋型をしばしば化石のように保存したからであり，そのような長期の影響力をもつ完成度の高い嗜好は主として化政期の江戸民衆文化のものと思われたからである。肉体的にも感情的にも裸の個人が露呈される欲望の世界では，

かえって抽象的な行動形式が尊重される。無限に自由な，そしてまた，いわば純粋な欲望の追求が禁欲にゆきつくことは，いつの時代にも，世界のどこでも見ることのできる快楽一般の性質である。最高のエピキュリアンは何ごとによらず快楽の対象をできるだけ小だしにしようとする。当面の経済生活が保証された，しかも逃げ場のない囲われた世界は——擬制された恋愛関係のみに終始するのではない——社交一般の実験室である。ここでは「野暮は揉まれて粋となる」。この間の事情は「けっきょく優雅の他に職業のない」(ボードレール)ダンディの登場によく似ている。いずれにせよ九鬼は，このようにして現代に伝えられた，世界史の中でも有数の大消費文化と，そこに伝統化された特別な民衆の態度をわれわれの社会の重要な核として取り上げることを提唱し，それは「いき」とか「粋」と呼ばれるものだとしたのである。

　西欧社会のキリスト教のような超越的道徳基準を一度も経験しなかった15世紀以降のわれわれの社会は，しばしば行動形式自体に，つまりその洗練の度合に，規範の拘束力を求めた。ここでは，美が善の代用をしたのである。その意味では「わび・さび」も同じである。「いき」，「いなせ」，「鉄火」，「気っぷ」，「伝法」は，いわゆる江戸っ子だけの専売でない。広義の「いき」の美学は日本人一般のものであり，忠臣蔵，股旅物，「玉砕戦」から現代の演歌にまで及んでいる。それは（少なくとも初期の）わが国の近代化過程で，官僚の腐敗と商業上の悪徳をふせぐ有力な要因の一つになったばかりでなく，強兵策遂行の重要な柱にもなったものである。「いき」はプロテスタンティズムや儒教精神と全くちがう仕方で倫理的役割を果した。「オネト・オム」，「ジェントルマン」，「ビ

ュルガー」、「大夫子」の理想はわれわれの社会では「武士」よりもむしろ「いき」な人間によって達成される。武士もまた「いき」でなければ野暮な田舎侍にすぎなかった。

九鬼は「いき」の本質を規定する三つの契機をあげる。第1の契機は「異性に対する「媚態」である」。「いき」が本来、異性との関係より始まることは「「いきごと」が「いろごと」を意味するのでもわかる」。媚態の特徴は「二元的関係」にある。つまり結ばれて一元のものになる男女の「可能性を可能性として」そのまま保持することである。この個所はジンメルの「コケットリー」の説明によく似ている。ジンメルの『哲学的文化』（邦題は『文化の哲学』）が出版されたのは1911年だから、九鬼は1921年から8年間のヨーロッパ留学出発以前にジンメルを読んでいたのかも知れない。いずれにせよ、コケットリーもまた、「意識的に二元論的な態度として……〈ヤー〉と〈ナイン〉の不安定な遊戯として」現れたのである。

「いき」の第2の契機は「「意気」即ち「意気地」である」。意気地は媚態でありながらも、すべてを相手の自由にまかせてしまうのではない自主独立性、つまり「一種の反抗を示す強味」を持っていなければならない。金で買われる女性さえ「金銀は卑しきものとて手にも触れず……まことに公家大名の息女の如く」でなければ、真の太夫とは言えぬのである。同様に、とび職人は寒中でも白足袋をはだし、法被一枚の「男伊達」を好み、武士は「食わねど高楊枝」の気概を望んだ。「意気地」に代表されるのは「いき」の自制的側面である。つまり「人は神の道具である」等という考え方をしなかったわれわれの文化は、増大する個人の欲求を美的な相互監視に

よって，それに見合う禁欲的自我の育成によって制限した。もちろん，洗練された優雅な生活術は発達した世界文化のどこでも見られるものだが，「いき」の特徴は，通常それと並行する「誇示的消費」の性格を全く持っていない点にあろう。むしろそれは誇示的禁欲である。九鬼は「いき」のこのような面を「媚態の霊化」と呼んだが，より基本的には美学的社会制御と言えるものである。それは音や色の充溢をカノンや陰影法によって制限する芸術的手段と全く同じものである。だからこそ「いき」は単なるコケットリーを越えて，社会一般を拘束する理想形式になった。

したがって第3の契機である「諦め」は——九鬼にとって——ほとんど自動的に解明される。いきは「運命に対する知見に基づいて執着を離脱した無関心である」。それは「垢抜がしていなくてはならぬ。あっさり，すっきり，瀟洒たる心持でなくてはなら」ない。内面化された社交の美学は，当然「流転，無常」を常態とし「空無，涅槃」を達観する個人の禁欲的態度に行きつく。このような感情状態は一般には，いわゆる行動阻止，あるいは過剰抑圧によっても引き起こされるだろうが，「いき」の主題である男女の間ではただ外的な圧力にのみ起因するのではない。友情や，父子愛や，集団への忠誠心といったさまざまな結合感情の中でも，最も不安定な男女間の感情は本来，九鬼のいう「解脱」を強制している。だから古今東西をとわず，すべての教養小説と，教養小説的主題をふくむ文学は好んでこの課題を取り上げたのであるし，極論すればほとんどすべての古典文学は異性間の不安定な感情と，それを仲だちにした人間教育を主題にしていた，とさえ言えるのである。「いき」が「特殊な社会」の，制度

によって保証されない男女の行動にまず現れるのは当然の経緯であろう。

ひきつづいて九鬼は「いき」の「外延的構造」として、上品―下品、派手―地味、意気―野暮、渋味―甘味の4柱(事実、彼は角柱の図式を提示する)を説明した後、「いき」が「わが国の民族的存在規定の特殊性」に属することを証明しようとする。「いき」は世界文化のどこにも見当たらない特別な行動基準である。「いき」の芸術的形式と同じものを、たまたま「西洋の芸術中」に見出しても、それをただちに「いきの客観的表現と見做し、西洋文化のうちに「いき」の存在を推定」してはいけないのである。なるほどボードレールの『悪の華』は、しばしば「いき」に近い感情を表現しており、ニーチェのいう「高貴」や「距離の熱情」なども一種の「意気地」と考えることはできるが「いき」に該当する語が西洋にないという事実は、西洋文化にあっては「いき」という意識現象が一定の意味として民族的存在のうちに場所をもっていない証拠である」。

彼が「いき」に最も近い感情だとするダンディズムも次の点で異なっている。つまり、風流人、気取り屋、派手者、しゃれ者等々さまざまに言いかえられるダンディは、九鬼もいうように、「ほとんど男性に限り適用される意味内容」であり、ボードレール自身の説明のように「一切を平等にする民主主義の上げ潮」に対抗する「新しい貴族主義」であり、「皆、反抗とか反逆という同じ性格」をもつものである。だから「たとえば女の中に、見出さるべき幸福を探求する心を失っても、なお生き残りうる一種の自己崇拝」であり、「独創性を身につけようとするはげしい要求」なのである。ダン

ディズムと「いき」が似ているのは「精神主義とストア派とに境を接し」(ボードレール)、「その仮想的目的を達せざる点において自己に忠実なるものである」(九鬼)ことだけである。

「いき」は、何よりもまずダンディズムのような少数者の「英雄的」行為ではない。暗黙のうちにせよ「いき」は大衆の支持を受けている。その意味で「いき」はカウンター・カルチャーとしての性格を欠いている。したがって「一種の反抗を示す強みをもつ意識」も体制の批判者とはなりえない。それはヒッピーたちが教科書として愛読したというヘルマン・ヘッセの『荒野の狼』のような消極的反逆者でさえない。しかし、だからこそ「いき」は、日本人に広く見られる特別な感覚として——この本の後半に挙げられるくわしい実例のように——一切の色彩、文様、音程、感触、味覚を支配したのであり、日本社会の気風として長期間のかなり多くの日本人の行動を規定したのである。

伝統的に日本社会は感覚的、もしくは芸術的社会である。ここでは芸術は生活と区別できないし、生活も芸術と区別されない。ただし、それは日本人が皆、芸術的才能の持主だということではない。日本文化には西欧の意味での芸術、つまり聖域としての芸術が存在しなかったということである。日本の伝統的芸術は、すべて「芸ごと」として習俗と一体化したものであり、日常生活の規準が、基本的には皆、美学的動機から出ているという意味である。われわれは喫茶、食事、インテリア、武闘、競争、遊興、社交——性交までも、およそ他文化では芸術になりえない通常の生活行動を芸術化した。というよりも芸術を俗化し、生活化した。このことは「わ

び・さび」の代表者である茶道，華道，剣道，香道……に，またそれらを日常生活に組み入れた家元制に示されている。かつて，「遊び論」の創始者であるホイジンハが好意的に誤解したように，日本では戦争も政治も芸術化する可能性がある。だがもちろん，それらは感情上の完結（「有終の美」）とか，形式上の一致（「庶民の総意」）といった偽の倫理を戦争や政治にもちこむことであって，彼の望むような西欧的人間主義から来るものではない。

『「いき」の構造』は例外の書である。一見，瑣末なこのような動機から日本文化を説こうとした人は，彼をおいて他にはない。武士道的自律や，仏教的諦念を媚態とむすびつける議論は九鬼をもって嚆矢とする。われわれはその年代に注目しなければならない。『甘えの構造』等が書かれるようになるのは半世紀もたってからの事である。「母も妻も，いわゆる花柳界の出であった」（安田・多田）九鬼周造は「いき」の説明者にうってつけの人であった。「いきの構造」のもつ体制派的姿勢は社会学者の目には疑問もあろうが，「慮外ながら（遊女）揚巻で御座んす」といった例外者の矜持は九鬼のものであったと同時に，近代文明の遅刻者だった過去の日本人一般のものでもあった。

〔参考文献〕

九鬼周造『「いき」の構造』岩波書店 1930, 岩波文庫 1979.

安田武・多田道太郎『『「いき」の構造』を読む』朝日新聞社 1979.

Baudelaire, C., *L'Art romantique*, 1869（佐藤正彰訳『浪曼派芸術論』ボードレール全集4 河出書房 1939；『ロマン派芸術』

上・下，ボードレール全集 6・7 河出書房 1974).

Simmel, G., *Philosophische Kultur*, 1919（円子修平・大久保健治訳『文化の哲学』ジンメル著作集 7 白水社 1976, 新装版 1994).

（池井 望）

34　天皇制国家の支配原理（藤田省三）

　天皇制国家は，官僚制機構と共同態という本来矛盾しあう二つの原理から構成されていた。従って資本制の発展と総力戦としての第2次大戦の進行とによって，共同態の側面がつき崩されると，それは自己破産に向かう宿命を負っていた。

　太平洋戦争後の日本の社会科学に課せられた課題は，ようやく解禁となった「天皇制国家」の基本構造の解明にあった。現在『現代政治の思想と行動』（増補版1964）に収められている丸山真男の著名な一連の研究はこの課題に答えるものとしてあったといえよう。丸山によって，「超国家主義の論理と心理」や「軍国支配者の精神形態」などが斬新な手法で解明されたのである。

　しかし，丸山の研究は，その論文のタイトルに象徴されているように，どちらかというとイデオロギー，思想，パーソナリティーのレベルの問題に関心が集中していた。天皇制国家の頂点をなす官僚制機構からその底辺をなす地域共同体に至るまでの全システムを「支配原理」の解明という視角から追究していくという作業はさらに次の世代の課題となった。この使命に答えるべく，丸山の強い理論的影響の下に，「天皇制国家の支配原理」を追究，解明したのが，藤田省三であった。そして，その成果は1950年代における秀れた社会科学的研究の成果の一つとして日本の知識世界に送り出された

のであった。では藤田によって解明された「天皇制国家の支配原理」とはどのようなものであるのか。次に藤田の論点を簡潔に要約，紹介してみよう。

　明治国家は絶対主義国家であった。しかし，それは西欧の絶対主義とは異なる支配原理によって構成された絶対主義国家であった。例えば，西欧の絶対主義は，権力の超越化によって日常社会に対する自己の普遍性を保証するという原理から成り立っていたが，日本の天皇制絶対主義は「教育勅語によって道徳領域に国家を構築することによって，一方天皇において理性を超越した絶対性を形成しながら，他方自己を「郷党的社会」の日常道徳の中に原始化せしめる」という特異な原理によって構成されていた。「道徳的義俠的元素を核とする共同体秩序原理」が「教育勅語に媒介されて日本国の一般的原理」となっていたのである。そこには道徳と政治の通底，地域共同体と国家機構との通底という奇妙な現象が見られる。どうしてこのようなことがおこったのか。その秘密は，明治20年代におけるその国家原理の形成プロセスに隠されていた。天皇制国家は，その成立に際し，その最底辺を個人単位にまで平準化することなく，伝統的な地域共同体の人格的支配様式を温存していた。そして，もちろんそれは他方では官僚制機構による統治をも採用した。その結果，伝統的秩序に依拠しつつ，近代的・画一的官僚制支配をも貫くという矛盾した二つの要請を同時に満たすものとしてそれは成立したのであった。このような共同体としての（ゲマインシャフト的）国家と，機構としての国家との未分化の並存のために，天皇制国家のもとでは，あらゆる政治が道徳化され，かつまた，あらゆる日常的秩序の中に政治権力が浸透するの

である。こうして，政治と道徳，共同体と官僚制機構とが通底したのである。そして天皇制国家の蹉跌もここからきた。

　共同体的和合と非人格的機構とは，本来的には矛盾しあう契機である。従って資本制経済の発展に伴い，大寄生地主が中間層として官僚制と共同体を媒介する機能を喪失するにつれ（さまざまな形態を経つつも），結局は官僚が直接農村を指導せざるをえなくなる。経済の発展により共同体が分解するにつれ，機構としての国家が共同態としての国家を圧倒してゆくのである。両者の未分化の状態こそが天皇制絶対主義の権力の源泉であったのだから，機構化の進行は必然的にこの体制の危機を意味していた。さらに，昭和の戦争期にはいると総力戦の態勢の必要上，機構化はますます進行し，人的資源を強力な統制によって動員，配置せざるをえなくなった。そして，そのための転廃業は家業から民衆を切断することとなる。機構としての国家は，共同態の最小単位である「家」をさえ，ついには破壊するにまでいたるのである。「家」から切り離された労働に内面的使命観を見出すためには，市民的職業倫理の成熟が必要である。この倫理の欠如しているところでは，生活の基調は全くの私的衝動にまで還元されてしまう。こうして天皇制国家はその信念体系としての「家族主義」の根源を食い荒してしまい，形式だけの機構と，実質のままの私的欲望とに分極して，終戦・戦後を迎えるのである。共同態と官僚制機構という本来的には相互に矛盾しあう二つの原理を共存させることによって完成した天皇制国家は，資本制の発展と総力戦の遂行という要請のために，共同態の側面を犠牲にすることに避け難く追い込まれてゆく。その結果は天皇制国家そのものの破産にほかならなかった。天皇制国

家はその構成原理のうちに、そのような破産に至る宿命を内在化させていたのであった。これが藤田の議論のエッセンスである。

政治的中間層であった大寄生地主が、地域共同体の指導者であると同時に、中央からの官僚制支配の末端機関でもあって、共同体の「自発的」心情がこの媒介項を通って国家レベルにまで上昇するとともに、国家の非情な支配が末端の共同体にまで貫徹するという理論は、他の丸山理論継承者によっても展開されたものでもあった。従って、藤田の卓見はこの構造理論を変動理論としてもダイナミックに展開したところにあったといえよう。

すでに述べたように藤田のこの研究は1950年代に行われたものであった。従って、それは、「封建遺制」を克服し、「主体的人間」の確立を揚言していたいわゆる戦後近代主義の思想潮流の延長線上にあった当時の日本の知識世界によくマッチしたものであった。その難解な表現にもかかわらず、それは社会科学的な近代日本研究を志していた人びとにはとくに強く大きな影響を与えたのであった。とりわけ、当時社会科学界に強い影響力をもっていたマルクス主義の立場からする近代日本研究が、ややもすると教条的な下部構造還元主義的視角にとらわれる傾向があったのに対し、藤田の研究が政治・経済・社会・意識構造を貫通するふくらみをもっていたことは若い社会科学研究の世代には大きな魅力であったように思われる。さらに、M・ウェーバー、K・マンハイム、C・シュミット、E・カッシーラー、M・シェーラーらの方法論が論中で巧みに援用、駆使されていたことも当時においてはきわめて新鮮な魅力ある手法と映じたのであった。師の

丸山とともに，藤田のこの研究は，戦後の社会科学史に一つの新しいスタイルを創出したともいいうるのである。このころから，知的ジャーナリズムの世界で，「丸山スクール」という用語が，丸山，藤田らに冠せられるような事態も生じたのであった。

　さて，このように傑出した藤田の研究ではあったが，いかなる理論も時代の子である以上，そして，藤田の理論に「戦後」という時代の刻印が色濃く押されている以上，時代の推移とともにそれが直接，間接にさまざまの批判にさらされることになったのも当然のことであろう。次に藤田の命題に対する批判の方向性を追ってみよう。それは藤田の師の丸山の理論への批判の方向性とだいたい軌を一にしているようである。

　批判者の論点を要約すれば大体次のようなものになるであろう。藤田の理論は欠如理論である。そこでは西欧近代に見られる先進的・プラス価値が後進国日本には見られない，欠如しているという発想が貫かれている。二つの地域の近代化はそれぞれに独自性をもった特殊的なものと見られるのではなく，西欧近代が一般的なものであるのに対し，日本はその偏倚的なものとしてとらえられているのである。西欧では17〜18世紀に成立した絶対主義が，日本ではようやく19世紀も後半になってその偏倚的形態たる天皇制絶対主義として成立したとされるのはその典型である。このように先進・後進の一次元的軸でとらえるのではなく，各地域における近代化の過程は近代化という一般的現象のそれぞれに独自性をもった多面的な諸側面としてとらえられるべきではないか。近代国家が上から官僚制機構を創出して統治制度を創出してい

く際，下に共同体的秩序が残存していることは多くの国で見られる現象である。これを急速に解体させようとする近代国家もあれば，温存して利用しようとする近代国家もある。いずれにせよ残存する共同体的要素は，産業化の進展により，弱体化していくのである。日本は後者のタイプの1ケースであったのではないのか。

さらに藤田型の欠如理論からは，民俗心理や土着的共同体の中にむしろ普遍的な主体性形成の契機や社会変革の芽を探ろうというような発想が全く出てこない，という問題もある。それは，永遠に不動の西欧近代の理念の高みから日本近代の現実を断罪するにとどまっているのだ。しかし，例えば柳田民俗学の成果の中には，共同体が支配原理の一翼を担っていたのではなく，むしろ「抵抗の原基」であった事例が豊富に見出せる。共同体は「天皇制国家の抵抗原理」であったかもしれないのである（鶴見和子「社会変動のパラダイム」鶴見和子・市井三郎編『思想の冒険』筑摩書房1974）。柳田民俗学を丸山理論と接合させた神島二郎の『近代日本の精神構造』（1961）のような仕事が現れてくる必然性もその点にあった。神島は，日本の政治を「支配原理」という視角のみから見ることを批判し，日本独自の「帰嚮原理」の再発見を主張することになるのだから（神島二郎編『近代化の精神構造』評論社1974）。

しかし，その神島も明治以降の日本を「支配原理」の視角からみることを否定しているわけではない。

否，これら多くの批判にもかかわらず，天皇制国家の全局面を一貫した原理のもとに説明した理論としては，日本の社会科学は藤田省三の理論に代替するものをまだもたないので

ある。さまざまな批判も，代替理論を提起しているわけではないのだ。代替理論の中では藤田の命題はどのように生かされるのか，また否定されるのか。現代日本社会科学の知的関心の一つの焦点がそこにある。

〔参考文献〕
藤田省三『天皇制国家の支配原理』藤田省三著作集1，みすず書房 1998.
橋川文三『近代日本政治思想の諸相』未来社 1968，新装版 2004.
筒井清忠『二・二六事件とその時代——昭和期日本の構造』ちくま学芸文庫 2006.

(筒井清忠)

社会の変動

35 生産力と生産関係の矛盾（K・H・マルクス）

「社会の物質的生産諸力は，その発展のある段階で，それらがそれまでその内部で運動してきた既存の生産諸関係と矛盾するようになる。これらの諸関係は，生産諸力の発展諸形態からその桎梏(あしかせ)に一変する。そのときに社会革命の時期が始まる」。（『経済学批判』序言）

「精神」の自己疎外，自己認識の過程として歴史をとらえたヘーゲルの弁証法理論と格闘しながら，ブルジョア社会における労働疎外の現実を概念的に把握しようとするK・H・マルクス（Karl Heinrich Marx）は，国民経済学批判と共産主義の理論の彫琢を課題とし，それに努力を傾注した。『経済学・哲学草稿』(1844)，『ドイツ・イデオロギー』(1845〜46,エンゲルスと共著)，『哲学の貧困』(1847) などはその成果である。そして，1847年には共産主義者同盟に加わり，エンゲルスとともに『共産党宣言』を起草し，政治的実践にも参加する。

1858年，40歳になったマルクスは『経済学批判』を著し，その「序言」において，それまでの研究の一般的結論を定式化した。本命題もその一節である。一連の定式はつぎの言葉ではじまっている。「人間は彼らの生活の社会的生産において，一定の，必然的な，彼らの意志から独立した諸関係に，すなわち，彼らの物質的生産諸力の一定の発展段階に対応する生産諸関係にはいる」。

人間は社会のなかで生活しようと思えば生産活動に従事し、他の社会成員と生産上の社会関係を形成するのであるが、その関係は人間が好き勝手に作りうるものではない。一定の生産力には一定の生産関係が照応し、その生産関係は生産力が十分発展しつくすまで作用し続けるのである。生産力は、人間が自然に働きかけて物質的生活の資料を産出する力であるが、それは三つの要因から成っている。気候的、地理的条件をふくめた土地や工業原材料などの労働対象、労働する人間とかれらの技能や科学的知識などの労働主体、農具や役畜、工業機械・装置、エネルギーなどの労働手段がそれである。一方、生産関係は、直接的な生産過程における生産手段（労働対象と労働手段）の所有者と実際に労働する者の関係を基軸とし、管理・被管理の関係、生産物の分配関係がそれに付随しており、広く社会的生産の過程における分業と交換のあり方がそれらを基礎づけている。これら生産力と生産関係は現実の生産過程において合体されており、一つの生産様式をなしているが、「大づかみにいって、アジア的、古代的、封建的および近代ブルジョア的生産様式が経済的社会構成のあいつぐ諸時期として表示されうる」のである。

　それでは、われわれがそこに生きている近代ブルジョア的生産様式を実例として、そこにおける生産力と生産関係の照応ならびに矛盾の問題をとらえてみよう。

　近代ブルジョア的すなわち資本制的生産様式は、工場制機械工業という生産力の発展段階に対応したものであり、資本家と賃金労働者の関係を基本的な生産関係としている。工場用地、機械・装置、一定の原燃料を購入するための資金ならびに労働者を雇用するための資金が一方の側に資本として存

在し，他方に農民や手工業者としての土地所有，用具所有を失い，共同体的扶助からも切り離され，みずからの労働力を販売するしかない労働者が存在している。そして，経済的なもの以外からはなにも制約されない自由な商品交換市場の場で，労働者は労働力を販売し，資本家はそれを購入して工場で現実の生産を始める。そして，そこで生産された物はまた商品市場に投げ入れられ，最終的には労働者によって生活資料として購入されるのである。

この生産様式は歴史上きわめて進歩的なものである。牧歌的ではあるが偏狭な共同体的紐帯は，社会的分業と交換の普遍的な広がりのなかで解体されていき，またその市場において品質と価格を競いあう商品の生産においては，技術，組織，経営方法が不断に合理化され，高い生産性が生み出されていく。このようにして，封建時代の身分的隷属や蒙昧から解放された新しい人間が生み出され，またそのような自由な主体の自発的創意性によってこの生産様式は力強く展開されるのである。

マルクスは同じく「序言」のなかで，「生産諸関係の総体は，社会の経済的構造を形成する。これが実在的土台であり，その上に一つの法律的および政治的上部構造がそびえ立ち，そしてそれに一定の社会的意識諸形態が対応する」と言っているが，身分的隷属を払拭した政治的な自由と平等，その制度化されたものとしてのブルジョア民主主義が，資本制的生産様式にもっとも適した上部構造として成立するのである。

このように，経済的富の高い生産性とその普遍的交換，政治的民主主義，さらに近代合理主義の意識形態は，一つの社会構成体としての資本主義社会を形づくり，その進歩性を示

すが，その進歩性はこの生産様式における生産力と生産関係の照応性に基礎づけられ，由来しているということができるであろう。

それではその逆に，資本制的生産様式における生産力と生産関係の矛盾，衝突は何に由来し，どのように発現していくのであろうか。

こんどは，進歩性のかわりに敵対性が問題になる。「ブルジョア的生産諸関係は，社会的生産過程の最後の敵対的形態である」とマルクスが言っているように，資本制的生産関係は，人間と人間の敵対，人間と自然の敵対をその本性上はらんでいる。資本はそもそも利潤追求を目的として社会的生産過程に入ってくるのであって，人びとの生活資料の供給をそれじたい目的としているのではない。そして，その利潤は剰余価値，すなわち労働者が生産過程で賃金分以上に生み出す価値にその源泉を得ている。労働者のほうからみれば，資本のために不払労働をおこなっていることになる。それゆえ，賃金は労働者が彼とその子弟の労働力を，なんとか再生産しうる最低の生活費に不断におし下げられ，労働の時間と密度はたえず増大せしめられる。資本の蓄積が一方で進めば進むほど，他方で労働者の側に「貧困，抑圧，隷属，堕落，搾取はますます増大してゆく」（『資本論』第1部，第24章）のである。

等価交換を原理とする市場関係の深部で日々進行する不等価交換，また自由，平等，民主主義の政治的外被のもとで進む経済的隷属と貧富の拡大。資本制的生産関係がはらむこのような本来的敵対性は，その生産力と生産関係の衝突を二つの方向で発現させる。客観的な方向では過剰生産恐慌として，

主観的な方向では資本家に抵抗する労働者の階級闘争として。

衝突の客観的なあらわれはさらにグローバルになり，深刻化する。独占資本主義，帝国主義段階の世界を分析したレーニンは，商品にかわる資本の輸出と植民地の搾取，収奪を，そして植民地の再分割競争のための戦争の必然性を明らかにした。それは今日，核兵器など軍事兵器の開発による国民的富の浪費と人類生存の危機としてあらわれ，それに連動する飽食と飢餓の世界的構造へと展開している。さらに，資本の利潤追求運動は地球規模における自然の乱奪を進め，生態系の破壊を不可逆的に進行せしめている。これらグローバルで深刻な矛盾が，化石燃料エネルギー，エレクトロニクス，生物科学の産業化という生産力水準が，生産手段の私的所有を基軸とする資本制生産関係と全面的に衝突し，それを桎梏としている，というようにとらえなければ根底的に認識することはできないであろう。

マルクスは冒頭の命題に続けてつぎのように言っている。「経済的基礎の変化とともに，巨大な上部構造全体が，あるいは徐々に，あるいは急激にくつがえる。このような諸変革の考察にあたっては，経済的生産諸条件における物質的な自然科学的に正確に確認できる変革と，それで人間がこの衝突を意識するようになり，これとたたかって決着をつけるところの法律的な，政治的な，宗教的な，芸術的または哲学的な諸形態，簡単にいえばイデオロギー諸形態とをつねに区別しなければならない」と。恐慌による損失，戦争の犠牲，自然資源の「枯渇」を自然科学的に認識するのみでは資本制社会の変革には至らない。このような問題を生産力と生産関係の衝突として意識し，それに決着をつける批判的・実践的認識

をもたねばならないのである。資本家たちは衝突を押え込み，緩和する方向でその対応をおこなう。土台たる生産関係に適合した形で編成される上部構造は，また生産関係を固定化，安定化させるように反作用する。国家機構を中軸とする上部構造は支配階級によって掌握され一つの階級権力となる。資本家階級はそれゆえ国家機構を利用して，社会そのものの存続をはかるという「公共性」を体現しながら，みずからの個別的階級利害を貫徹させていくことができる。株式会社制度，労働者にたいする社会政策，国家による経済への介入，軍備の強化などはそうした対応の主なものであり，その全体制は国家独占資本主義といわれている。

一方，労働者たちはみずからの経済的窮乏と人間的苦悩を解決するために，「絶えず膨張しながら資本主義生産過程そのものの機構によって訓練され結合される労働者階級の反抗」(前掲書)を増大させる。労働者がこの階級闘争を進めるにあたっては，資本制の経済世界の物神性の意識，それを基礎とする支配的イデオロギー，ならびに国家施策の「公共性」を批判的に克服しなければならないという困難をかかえている。しかしながら，資本制の矛盾がグローバルになり深刻化しているために資本家階級を除くあらゆる人びとがその苦難を強くこうむり，それから解き放たれようとしていること，また，生産過程や政治過程への事実上の参加が増大し，彼らの自然科学的ならびに社会科学的認識が前進していることにおいて，資本制社会を変革する階級闘争の発展条件はきわめて大きくなっているといえるのである。

以上のように，生産力と生産関係の照応と矛盾の問題を資本制社会を対象として考察してきたが，さいごに社会変動論

のなかにおけるこの命題の意義についてふれておこう。

社会変動論の一つの流れは，W・W・ロストウの『経済成長の諸段階』や「脱産業社会」論に典型的にみられる生産力理論である。この理論では生産力が高いほど高度な社会であるという楽観的結論が導かれるか，あるいは，生産力の高まりに随伴する社会の矛盾を経済と政治，社会，文化の間のずれの問題から説明するかである。もう一つの流れは，いわばこのずれを社会システムにおけるサブ・システム間の機能連関として動態的に解明しようとするものである。この分析は諸要因間の変化の連鎖を記述し，どのように変動が進むかを説明しうるとしても，そもそも社会システムの均衡が基準とされ目的とされている以上，真の構造的変動の解明には射程が届かない。

これらに比してマルクスの理論は，構成要素の相互的な機能連関の過程を分析してその連関の必然性を解明し，それを関係性としてとり出す。そして，これら過程と関係の重層的な構成をたどりながら，それをつらぬく究極的な因果連関を確定していくという弁証法的な認識論にもとづいているために，また，その分析をモデル構成としてではなく，現実の社会過程そのものを対象としておこなうという唯物論的な認識論にもとづいているために，なぜ社会矛盾が生じ，社会変動に至らざるをえないか，そして，どのような社会構造へ変化していくのか，その変動はどういう人びとによって担われるのか，を具体的に解明することを可能にしている。

生産力と生産関係の矛盾の命題は，このような意味を背後にもちながら，社会変動のもっとも究極的な規定因をもっとも抽象的な形で定式化したものということができるのである。

〔参考文献〕

Marx, K., *Zur Kritik der politischen Ökonomie,* Vorwort, 1859（武田隆夫ほか訳『経済学批判』岩波文庫 1956）.

Marx, K., *Das Kapital,* 1867, 85, 94（向坂逸郎訳『資本論』1, 2, 3 岩波文庫 1969）.

Ленин, В. И., *Империализм,* 1917（副島種典訳『帝国主義論』国民文庫 1961）.

（岩崎信彦）

36 正機能連関における均衡点（吉田民人）

　　自己保存系における相互作用は機能的連関である。ある要因の系に対する正機能は正の要件性をもつ。正の要件性をもつ要因に他の要因が正機能をもつ時，それは正の適合性をもつ。自己保存系は適合化の傾向をもち，その内部に諸要因の不適合状態を含みつつ，適合性の上まわる〈均衡点〉に達しうる。

「エントロピー増大の傾向を阻止して，みずから負エントロピー（秩序度）をつくりだすことのできる系」，「自己保存系」(selfmaintaining system) を対象とする「行動科学」（および生物科学）では，機能論的・有機体論的・目的論的な発想が現れる，と吉田は考える。

自己保存系を構成する「要因」とこの系に影響する「環境」または「系外の要因」など「要因間の相互作用は正・負機能的相互作用である」。この場合，要因Xの要因Yに対する機能とは，Xの存在（生成・存続・発展）と消滅がYの存在と消滅におよぼす影響ないし作用であり，Yの存在を促進し消滅を阻止する作用は「正機能」，消滅を促進し存在を阻止する作用は「負機能」，そして無作用ないし促進も阻止もしない無記中性の作用は「ゼロ機能」と名づけられる。要因相互の連関は正機能からゼロを通って負機能へという連続軸の上を動いているから，この機能は一種の「変量」であり，それぞれの要因は変項または変数と呼ばれてもよい。親

子の会話でも、取引の契約でも、集団的ゲームや革命的群集の興奮でも、いずれにしても、人間行為と関連する事象は、その現れる形態にはさまざまな相違があるけれども、それらの具体的な特徴をもった相互作用を、もっと普遍的なレベルで抽象化してみると、正・負の「機能的」相互作用に帰すると吉田は結論する。そこで彼は「「社会学的」相互作用の本質」は「機能的」相互作用と理解する以外にはないというのである。

デュルケムが指摘して以来、「機能」という用語についての論議がいろいろと重ねられてきたが、社会学におけるこの概念用法ではまず二つのレヴェルが区別されている。第1は、社会システムとしての集団や制度そのものが一種の生命体として「働く」、「活動する」、「生きつづける」という把え方である。スペンサーや新明正道の強調した特徴であって、〈働きとしての機能〉と呼んでおこう。システムが成立・存続・発展する能力の発想とみてもよい。そして、システムの機能(的な)「要件」(requisite) という場合の「機能」も、内・外の諸要因がシステムにとって重要な働きをするということに着眼している点で、働きとしての機能に近い。この「要件」概念のポイントは、ある要因とその働きがシステムにとって不可欠か否か、またそれが他の要因およびその働きを代替できるか否かということにある。

吉田によると、システムの諸要因には、このように要件性の高いものと低いものとの相違があり、これが結局はシステム分析の要素を選別する基準として作用するとみられる。そこで彼は、要件性の高い要因はシステムの重要な変数としてシステムを形成するとともに、それら諸要因の間の機能性を

測るのにも有効である，ということに着目して，ここにシステム分析と機能分析との接合点があると考えた。機能連関の分析を通して自己保存系の静態的と動態的の2種のモデルを統合することができるというわけである。そこで実は，「機能」概念の第2レヴェルにおける把え方が問題となる。つまりシステムそれ自体の働きよりも，システムを構成する要素（要因）の働きぐあいが問題になるのである。第1の場合と区別するために，これを〈効果としての機能〉と呼んでおこう。要因の（プラスとマイナス）効果は，要因（要素，変項，変数）相互の間の「促進的―阻止的作用」，わかりやすく言えば「部分に対する部分の作用結果」としてまず把握されうる。そして，この意味での機能から導かれるのが，より限定された要因効果，すなわち「全体に対する部分の作用結果」である。両者を区別するために〈部分効果〉と〈全体効果〉と仮に名づけておこう。吉田によると，システムの〈全体効果〉としての機能を明らかにするには，実際に「ウェイトの低い要因群に対する機能を無視して，ウェイトの高い要因群に対する機能を「集団系に対する機能」とみなす」（傍点は引用者）という戦略をとり，「構造―機能的要件に対する促進的―阻止的作用」と捉えなおす必要がある（「集団系のモデル構成」）。このような効果判断，あえていえば〈要件効果〉こそは，マリノフスキーやラドクリフ=ブラウン，そしてパーソンズ，マートン，リヴィなどの機能論者が「機能」概念の最も中枢的な意味内容として慣用的に認めてきたものであると吉田はみている。

さて，社会システムの機能分析が理想とするのは，システムの定常状態と変動状態をそれぞれ別個の原理で説明するの

ではなくて，一元的に説明することであると，吉田は考えた。けれども，この企てを実行するには，これまで主として定常過程に準拠してきた機能分析のモデルに何らかの原理を加えて過程一般の法則を確立しなければならない。集団に即して考えれば，集団システムの定常過程とは，4変項——共有目標，成員要求，成員結合，共有価値——の所与の質的内容が相対的に変化しない過程，つまり諸変項それ自体の定常傾向を前提として，「構造—機能要件としてウェイトの高い変項が定常過程にある」ことを指している。逆にまた，集団システムの変動過程でも，要件性の高い変項（要因）が質的に変化するものと考えられる。

そこで，システムの定常—変動の鍵はこのようにシステムの生成・存続・発展にたいして貢献度の高い働きをする諸要因をめぐって，システムを構成する成員，規範や制度，機械や装置などの諸要素がどのような効果（要件効果）をもつかということに求められる。すべての成員や他の諸要素がそれぞれ常にシステムのためになるよう明確に認識して生活し，それが実質的に（部分効果，要件効果，全体効果の）正機能を果たしているなどということは一つの極限的な構図にすぎない。にもかかわらず現実に社会システムが成りたっているという事実は，ある程度まで要件性の高い要因が存在しうるし，それにたいする正機能もある程度まで果たされているということを示している。吉田は，システムのこのような状態を「適合性」という概念で表そうとした。「要因Xの要因Yに対する「適合性」は，Yの要件性とYに対するXの機能性とによって決まる」。だから，ある要因の適合的機能は，正の要件性をもった要因にたいする正機能か，さもなければ負

の要件に対する負機能というふうに、要件性と機能性とがパラレルな場合にみられる。不適合的機能は、プラス要件性とマイナス機能性、マイナス要件性とプラス機能性というふうにクロスする場合である。こうして、システムの適合性は要因間のすべての機能連関がもつ適合性の総体であるが、「近似的には、正の要件性の大きい要因、すなわち要件群に対する正負の機能性の総体、と把握すればよいだろう」(「行動科学における〈機能〉連関のモデル」)。

吉田自身が明らかにしているように、「適合」という考え方はM・ウェーバーの「意味適合性」(Sinnadequanz)に萌芽をみることができるが、それを吉田は、さらに柴谷篤弘の『理論生物学』、A・マーシャルの『経済学原理』、L・フェスティンガーの『認知的不協和の理論』から示唆を受け、「適合化」と「不適合化」の二つの命題として仮説化した。適合性は、正・負と大・小の値をもつ変量であり、システムおよびその要因において「大きな不適合性(負適合性)から適合性ゼロをへて大きな適合性(正適合性)へいたる変化」、すなわち適合性の増大が「適合化」と、また適合性の減少が「不適合化」と呼ばれる。冒頭で述べたように、自己保存系は、エントロピーの増大を阻止するシステムであるが、この負エントロピー増大の特質を行動科学的に限定しなおすと次のように命題化される。「諸要因は系の適合性が増大するような方向に変動する。そして系の不適合性が大きいほど変動のポテンシャリティは大きい」と(「行動科学における〈機能〉連関のモデル」)。この命題は、システムが、その内部にシステムおよび要件の働きを阻止するような諸要因の効果〈要件負効果〉とその総体として把えられる〈全体負効果〉を常に

「変動への潜在的圧力」——それが最大になるのは、正の要件性の高い要因に対する負の大きな機能か、負の高い要件に対する正の大きな機能か、いずれにせよ不適合性の最大となる場合である——としてはらんでおり、そのシステムの過程は、一般的傾向としては適合化の方向をとると仮定しているのである。この仮定は、吉田によると、事物の内在矛盾に変動の「根拠」を見いだす、マルクス主義の考え方と対応性をもっている。例えば、《生産力が増大する方向に歴史は動くのであって、ある生産関係がその増大を抑止するようになれば、その生産関係は抑止的に作用しない方向に変化する》と再定式化を示唆した、久野収＝市井三郎の提案もその線上にあり、吉田の「適合化仮説」と顕著な対応性をみせている。

　一般的にはシステムが適合化に向かうというのであるが、システム内のある部分に適合化が生じても、それは必ずしも全面的な適合的連関をシステム内に保証するものではない。ある部分の適合化は、それが成りたつ条件ないし結果として、他の部分に不適合化をひき起こすことがある。「不適合化仮説」である（「行動科学における〈機能〉連関のモデル」）。例えば、生産関係が生産力に適合化するには、古い生産関係が廃棄されなければならないし（条件としての不適合化）、技術革新によって適合化を図ってもそれが熟練工の地位を不安定にする（結果としての不適合化）。このように、適合性を増大する方向で、システムは、その諸要因の間に適合的な機能連関と不適合的な機能連関とをともに含みながらシステムとしての適合化の運動をつづけていくが、その過程はシステムの「適合性がマクシマムになった状態、すなわち「負のエントロピー最大」の状態」に到達する。これがシステムの「均衡

状態」である。

　行動科学一般（したがってまた社会学）向けに定義すると，「均衡」とは「仮想変動が惹起する適合化と不適合化とのバランス」である（「集団系のモデル構成」および「行動科学における〈機能〉連関のモデル」）。その諸要因の間に——矛盾・対立・葛藤など——不適合現象をふくんで変動への潜在的圧力を内蔵しながらも，諸要因の適合化傾向を高め，不適合化傾向が適合化を上まわらないよう低めることによって，システムとして大きな適合性（正適合性）を達成しうるとき，このバランスのとれた状態は，変動の可能性をあくまでも可能性にとどめている。典型的には，この「均衡状態は，諸要因の定性・定量的内容が相対的に変化しない反復的・定型的なプロセスであり，いわゆる定常過程にほかならない」（「行動科学における〈機能〉連関のモデル」）。だが，その性質は「系のいかなる部分の適合化も，その条件ないし結果として，他の部分にヨリ大きな不適合化を惹起するような状態」であって，あくまでもバランスと考えるべきものである。このように均衡を「点」として考えるところから，吉田は，現状ないし趨勢からの逸脱を回復する傾向として捉える，従来の安定論的な〈均衡〉観が均衡の一形態にすぎないと主張した。他方には，システムの不適合性が高く変動の可能性を秘めながらも，諸要因間の機能的連関に何らかのバランスがとれているような（いわば一触即発の）均衡状態もある。適合的な均衡と不適合的な均衡との違いである。これまでの機能主義者やマルクス主義者の間には，この区別をしないで前者だけを〈均衡〉とする場合が多かった。それは，不均衡こそが変動の直接的・現実的条件，すなわち「変動への顕在的圧力」であっ

て，不適合に不均衡が加わって変動への「有効圧力」となることを見落していたのだと，吉田はみた。システムの均衡点が崩れると，その「不均衡度」が高まり，ここに変動が生じる。この変動過程は，再び次の均衡点を探し，システムの適合性が不適合性を上まわりうるまで続く。これが「均衡化」の過程である。

　吉田の論議は，ここからさらに〔適合均衡⇄適合不均衡⇄不適合均衡⇄不適合不均衡／→系の解体〕というシステムの「状相移行」論に発展するが，彼の分析は，社会システムの機能分析が整理期にあった60年段階に，機能要件を中心とした基本的な仮定を導いたものとして，その独創的な理論化の試みを評価することができる。だが，彼のこの優れた作業のなかにも，概念的に整備されない点があったことも確かである。たとえば「適合性」を要件性と機能性の「相乗」としているが，（システムの適合性とは区別された）個々の要因間の適合的機能を測るさいにその「要件性」は要因にとっての不可欠性と代替不能性を意味するのであろうか，あくまでもシステムの要件性を指すのであろうか。また，「均衡」を適合性によって定義したのでは，この概念の独立性が損なわれるのではないか，と思われる。こうした疑問に答える意図もあってか，吉田は，1970年代には《情報―資源処理パラダイム》による自説の変換を企てた。「情報ならびに情報処理によって，その〔システム〕内外の人的・物的・関係的・情報的な資源ならびに資源処理を直接・間接または意識的・無意識的に制御し，みずからの成立・存続・発展のための条件を充足しうるようなシステム」，略称して「情報―資源処理システム」がその基本概念である。吉田はその中でかつての

適合化の考えを「動機性要件」の「許容」概念におきかえた。「動機性要件」とは,「その不充足が,当該社会を構成する集団的および／または個人的主体の〈動因〉を喚起し,その充足が,その〈目標〉として設定されるような要件,すなわち〈動機〉に変換される,あるいは動機化される要件」である。この要件の充足を意味する「許容」と,要件間のバランスを意味する「均衡」とが,変動の原因と条件という形で,システムの状相を説明するキイ・コンセプトとされている。

〔参考文献〕
吉田民人「集団系のモデル構成」『社会学評論』14巻2号, 1963.
吉田民人「行動科学における〈機能〉連関のモデル」『思想』1964, 8.
吉田民人「社会システムにおける情報—資源処理パラダイムの構想」『現代社会学』1号, 1974.
吉田民人「社会体系の一般変動理論」青井和夫編『理論社会学』社会学講座1 東京大学出版会 1974.

＊上記の論文はすべて吉田民人『情報と自己組織性の理論』（東京大学出版会 1990）に収録されている．

(新 睦人)

37 集合行動の理論 (N・J・スメルサー)

> ストレイン(社会的な矛盾や緊張状態)に直面した人びとは、それを軽減・緩和する何らかの方法についての「一般化された信念」にもとづいて、社会秩序を再構成するために集合行動をおこす。

1962年に『集合行動の理論』を刊行したN・J・スメルサー(Neil Joseph Smelser)は、ハーバード大学のT・パーソンズに師事した後、1958年からカリフォルニア大学で教育・研究に活躍しているアメリカの代表的な社会学者のひとりである。

彼の理論の魅力は、それまで曖昧にしか把握されていなかった集合行動を、社会学的に明確に認識するための理論装置を提示した点にある。しかもそれは、社会構造論と社会変動論というマクロ社会学の二つの主要領域を媒介するものとして構想されていたため、その後の社会学理論の展開にも大きな影響を与えた。

スメルサーの集合行動論の要点は、上記の命題に圧縮的に示されている。「ストレイン」とは、社会構造のかかえる矛盾であり、また、それが引き起こす社会生活上の障害によってつくりだされる社会的な緊張状態である。「一般化された信念」とは、ストレインという問題的状況に直面した人びとが、その問題を解決するにはこれしかないと信じている方法を指す。「社会秩序の再構成」とは、人びとに問題と感じられる社会秩序(社会構造)の構成要素が、集合行動によって

変革されることを意味している。このように彼の理論枠組は，社会構造に始まり社会変動に終わるスケールの大きなものであるが，中心となるのは両者を媒介する集合行動であり，その分析のための中心概念が「一般化された信念」なのである。

　集合行動は文字どおり，複数の人びとの行為の集積である。それらの行為がひとつの方向をめざすとき，それは集合行動とよばれる。ひとつの方向を人びとにめざさせるもの，それが人びとのあいだに普及した「一般化された信念」である。それは，上記の命題に示されているように，社会構造の何らかの構成要素の変革をめざす意識であり，社会構造のストレインに起因して生成する。この社会構造の構成要素をスメルサーは，師のパーソンズにならって，次の四つに分けてとらえる。すなわち，①状況的用具——社会的行為における目標達成の手段や条件，②役割遂行への動機づけの動員——社会的行為に人びとを動機づけること，③規範——社会的行為を調整するルール，④価値——社会的行為を導く望ましい目標状態，である。これらが社会全体に配置された状態を社会構造とよぶ。同時にまた，これらは社会的行為の構成要素でもある。社会的行為とは，何らかの状況下で（①），価値基準（④）に照らして目標を選択し，その目標に適合する規範（③）に従って，目標達成のために動機づけを動員し（②），また，適切な手段（①）を選択し，目標達成に向けて手段を動員する過程だからである。この社会的行為にとって社会構造の構成要素が不適合な状態にあるとき，社会構造にストレインが生じているとみることができる。

　構造的ストレインが人びとの社会生活上の障害を引き起こし，人びとの社会的行為を妨げるとき，社会的緊張状態が生

み出される。人びとはそれを軽減・緩和することをめざすが，その方法は社会的行為の構成要素のいずれかの変革に求められる。ただし，変革の対象となる構成要素が，必ずしも実際のストレインの源泉というわけではない。

前述のように，社会的行為の構成要素は社会構造のそれでもあるから，集合行動は，社会構造の構成要素①〜④のいずれかの変革をめざす社会的行為とみなされ，次の四つのタイプに分けられる。①集合逃走(パニック)(曖昧な状況を絶対的脅威に転化するヒステリックな信念による集合行動——軍隊の敗走など)および願望表出行動(クレーズ)(絶対有効な一般化された用具を措定して状況の曖昧さを減少させようとする願望成就の信念による集合行動——ゴールド・ラッシュなど)，②敵意表出運動(動機づけの動員にかかわるストレインの源泉として一般化された責任主体を損傷または排除することによって，危機を打開しようとする敵対的信念による集合行動——暴動など)，③規範志向運動(脅威を受けている規範を再編成しようとする規範志向の信念による集合行動——改良運動など)，④価値志向運動(脅威を受けている価値を再編成しようとする価値志向の信念による集合行動——政治革命や文化革命など)。なお，④は①と②と③を，③は①と②を，②は①をしばしば随伴する。

それでは，以上のような集合行動は，いかなるメカニズムで発生するのであろうか。

社会的行為はさまざまな構造的条件下で遂行される。この構造的条件下で人びとは目標を形成し(行為の選択)，目標を達成しようとする(行為の遂行)。社会的行為の一つの特殊ケースとみなされる集合行動もまた同様のパターンを示す。集合行動の発生要因に関するスメルサーの分析枠組においては，

「構造的条件」にあたるのが，①構造的誘発性（集合行動を誘発しやすい場の構造），②構造的ストレイン（これは①で規定された範囲内で作用する），③きっかけ要因（集合行動の発生の直接のきっかけとなる事変であり，これは①を明確化し②を強調し⑤を具体化する），④社会統制の作動（集合行動の発生・展開を統制する対抗的規定要因）であり，「目標形成」にあたるのが，⑤「一般化された信念」の成長と普及であり，「行為の遂行」にあたるのが，⑥人びとの動員である。以上①～⑥の要因がどのように組み合わさって活性化するかによって，いかなる類型の集合行動がいかに発生するかが規定される。各要因は集合行動の決定要素であり，あたかも生産物が原材料の加工において価値を付加されていくように，それらの要因が組み合わされて集合行動が生産されるというわけである。この考え方を彼は「価値付加の論理」とよんだ。

スメルサーの理論枠組のなかでは，集合行動の類型論においても，また発生論においても，「一般化された信念」が中心的な位置を占めている。集合行動の類型が，問題解決の方法に関する「一般化された信念」を基準として設定されていることについてはすでにみた。また，集合行動の発生を規定する六つの要因のなかで，⑤の「一般化された信念」の成長と普及が，社会的行為における目標形成に該当しており，これなくして集合行動が成立しえないのは明白である。この「一般化された信念」をスメルサーは，合理的なものとは考えていない。むしろ，非合理的で短絡的な思考によって形成されるとみている。つまり，人びとが問題と感じる事柄の原因が実際に何であろうとも，また，その合理的な解決方法が何であろうとも，人びとが何を信念としているかが重要なの

であり，その「一般化された信念」が非合理的で短絡的な思考の産物であるがゆえに，集合行動の強力な起動力となりうるとみるのである。

「一般化された信念」がスメルサーの集合行動の理論の中心に位置していることは，彼の分析枠組が心理学的であることを意味しない。「価値付加の論理」という彼の考え方がそれを示している。たしかに「一般化された信念」は，集合行動発生の直接的前提要因であり，発生する集合行動の形態を規定する。しかし，それは常に他の五つの要因との相互関係のなかで作用する。すなわち，それは，構造的誘発性や構造的ストレインが十分に活性化しないうちは，たとえ一部に存在していたとしても，集合行動を引き起こすほどまでに成長・普及しえないし，また，たとえ成長・普及していたとしても，きっかけ要因，社会統制の作動，動員のリーダーシップなどのあり方が，実際に集合行動を引き起こすかどうかを規定するのである。なお，「一般化された信念」の種類も，他の要因の働きによってさまざまに規定される。

スメルサーの集合行動論は，19世紀末フランスのG・ル・ボンの群集行動論やG・タルドの公衆・世論の研究，今世紀前半アメリカのR・E・パークとE・W・バージェス，C・A・ドーソンとW・E・ゲッティス，H・G・ブルーマーらの大衆運動論などによって蓄積された成果を，パーソンズの社会システム論の骨格を利用して理論的に総合化したものと言ってよい。羅列的な類型論や，集合行動の発生から新秩序の制度化に至る進化論的プロセスを記述するナチュラル・ヒストリー論に終始していたそれまでの集合行動論を，明解な理論的構成のもとに集大成したという意味で，スメルサー

の功績は大きい。

しかし、『集合行動の理論』以後10年を経過した頃からアメリカでは、資源動員論という新しい社会運動論が登場した。それは、スメルサーの「一般化された信念」の強調を批判する立場でもあった。社会運動は、非合理的で短絡的な「一般化された信念」を必ずしも伴わない。むしろ、社会運動においては、合理的に状況を判断した人びとが、合理的計算にもとづいて参加を決定し、運動方法も合理的に立案する。また、動員される人びとは、構造的ストレインを受ける当事者では必ずしもない。すなわち、運動の直接的前提要因を「一般化された信念」というよりは、むしろ参加によって生じる損得の計算や、参加を可能にする資源（運動の手段となるもの）の所有と考えるのである。さらに、運動分析の焦点はスメルサーのように特定の類型の運動の発生過程にあるのではなく、運動の発生から展開にわたる全過程において、いかなる人びとがいかなる資源（たんに物的資源にとどまらず、運動の方法についての知識、経験、伝統などの情報資源や人的資源、関係資源などをも含む）をいかなる条件下でいかに動員するかにあると主張する。

運動への人びと（資源としての人間、あるいは資源を所有している人間）の動員と、運動目標達成のための諸資源の動員を運動分析の焦点とする資源動員論は、マルクス主義的な社会運動論の系譜や、運動リーダーの立場からの実践的理論の系譜に位置づけられるものであるが、たしかにそのような視点は、従来のアメリカの集合行動論にはほとんどみられなかった。しかし、資源動員論とスメルサーの集合行動論とは相容れないものではなく、運動論のなかで相互に補完し合う方

法論的な立場とみなされるべきであろう。たとえば、スメルサーの集合行動論を基本的な枠組としながら、マルクス主義的な社会運動論の視点をも統合した塩原勉の「運動総過程論」においては、社会構造からその変動に至るまでを包括した運動総過程の各段階を推進してゆく要因の分析枠組として、資源動員論が明確に位置づけられている。

「運動総過程論」にみられるように、スメルサーの集合行動論は、社会構造論と社会変動論を媒介する「運動の社会学」にその理論的基盤を提供したものとして高く評価される。なお、『集合行動の理論』に先立つ彼の著作に、イギリス産業革命期の集合行動と社会変動の関連についての経験的研究『産業革命における社会変動』がある。彼の理論的考察はそのような経験的研究の基礎の上に展開されたものであったことを見落すべきではない。その研究はまた、民衆の生活の実態や意識にまで光をあてようとする視点を含むものであり、近年盛んになりつつある社会史的立場の運動論の先駆的な業績でもあった。

〔参考文献〕

Smelser, N. J., *Social Change in the Industrial Revolution: An Application of Theory to the British Cotton Industry*, Routledge & Kegan Paul, 1959.

Smelser, N. J., *Theory of Collective Behavior*, 1962（会田彰・木原孝訳『集合行動の理論』誠信書房 1973）.

塩原勉『組織と運動の理論——矛盾媒介過程の社会学』新曜社 1976.

(宮本孝二)

38　文化遅滞（W・F・オグバーン）

> 近代文化の諸部分は同一の割合で変化しているのではなくて，ある部分は他の部分よりもはるかに急速に変化する。文化の一部分にまず変化がおこり，それに従属して文化の他の部分にも変化が生じる場合，従属部分の変化はしばしば遅延する。

1920年代から30年代のアメリカにおいて，心理学的社会学に対する批判から，人類学と結びついた文化社会学が成立した。W・F・オグバーン（William Fielding Ogburn）はその立場を代表するひとりである。彼はまた，方法論的には師のギディングスを受け継いでおり，数量的・統計的手法を駆使して，実証主義的社会学の確立に貢献した。

オグバーンは社会変動の問題に大きな関心を寄せた。その学説は基本的には社会進化論に立っているが，社会変動の速度に注目し，相互依存性をもつ文化の諸部分が同じ割合で変化しないという，変化におけるタイム・ラグの問題をいちはやく「文化遅滞」（cultural lag）仮説として定式化したところに彼の先見性・独創性がある。

オグバーンが論じる文化（culture）とは，今日からみればきわめて広い用語法であって，人間社会の産物を指し，社会的行為や社会制度，さらに物の使用をも包含している。そして社会は，当時の一般的な考え方にしたがって，社交性・群居性・同類意識といった人間の本源的性質として心理学的に

とらえられている。社会現象がこうした人間の本源性と人間社会の産物との複合作用だとすれば、前者は比較的恒常的であり、社会変動はもっぱら後者の文化の変化を要因として現れる、とオグバーンは論じた。

彼は文化を物質文化（material culture）と非物質文化（non-material culture）とに区分する。物質文化とは社会的産物の大部分であり、たとえば、家・工場・機械・原料・生産物などの物理的存在物である。非物質文化とはそれ以外の社会的産物であり、宗教・科学・芸術・法律・慣習などである。そして、非物質文化のなかには、物質文化に対処して調節的な働きをする適応的文化（adaptive culture）がある。法律や規則は完全に適応的な文化であり、家族や宗教は間接的・部分的に適応的な文化である。

物質文化においては、発明や発見ないし伝播によって文化は累積的に付加されていく。もちろん、淘汰や代置を通じて古い形態が失われることもあるが、そうした面はむしろ非物質文化である慣習の変化のほうに目立ち、全体としては物質文化の蓄積性は著しく、急速に進化していくといえる。

したがって、物質文化の変化が先行し、非物質文化としての適応的文化の変化はそれよりも遅延する。文化の諸部分には相互依存関係があるから、前者の変化は後者の変化を通じての再調節を要求する。以上が文化遅滞の命題である。要するに、この命題は物質的・技術的変化と政治・教育・家族・宗教等の諸制度における変化とが必ずしも同一歩調をとらず、不均衡を示すことを指摘したものである。

オグバーンはいくつかの例を挙げながら、文化遅滞について論証した。そのうち、産業の機械化による事故と労働者の

傷害補償についてみてみよう。

アメリカの産業は1850年から70年にかけて急速な発展を開始した。機械化の進行と労働者の増加により，産業上の事故も頻発するようになった。ところが，傷害補償政策としての労働者補償法が各州で成立をみたのは，1915年から23年にかけてである。もし，物質文化の変化と同時に労働者補償法が採用されておれば，事故防止団体も早くから活動を始めて，事故の数も少なくなっていただろうと考えられる。しかし実際には，機械化に伴う事故も個人の不注意によるものであり個人の責任であるという，それまでの慣習法のもとに処理され，物質的条件が変化したのちも適応的文化は約半世紀もの間停滞したままであった。

オグバーンは遅滞の測定ということに注意を払っている。その際，物質文化と適応的文化それぞれの変化を示す指標を何に求めるか，また変化時期をどの時点に設定するか，ということはなかなか困難である。彼は各種の統計資料や政策史料を駆使しながら，二つの時点を特定して不調節の期間をわりだそうとしているが，いくつかの論証にはその苦心がにじみ出ている。測定を試みると，遅滞期間に長短のあることが判明する。この相違は文化遅滞にとって興味深い問題である。オグバーン自身十分に論及してはいないけれども，遅滞期間が長い場合，文化の諸部分間の不均衡は大きく，社会解体（social disorganization）をもたらしやすいであろう。

ところで，文化遅滞の原因は何であろうか。オグバーンはそれを物質文化に対する適応的文化の特質として指摘している。第1に，適応的文化には発明や改革が少ないこと。たとえば，政治の分野で改良の少ないことを思いうかべてみよう。

第2に，かりに発明があったとしても，それが採用されたり伝播していくには，慣習や古い文化への愛着が障害となりやすいこと。第3に，適応的文化の変化は，特定の階級や集団の必要は満たしても，社会全体の利害とは必ずしも一致しないこと。したがって，前近代社会の同質性に対して近代社会のもつ異質性は文化遅滞をひきおこしやすい。第4に，適応的文化と物質文化とは密着した関係ではなく，ある程度の距離を保った関係であること。たとえば産業と会社組織は近い関係であるが，政治はそれよりも隔っている。この隔たりが遅滞の原因となる。第5に，適応的文化は非物質文化の他の部分と相関している場合があり，その相関部分の変化を伴わなければ，適応的文化そのものも変わりにくいこと。たとえば，婦人の地位は産業に関連しているが，他方，夫や子どもとの家族条件とも相関している。したがって，産業の変化が生じても，家族条件がそのままであるならば，婦人の地位の変化は産業に対する適応において多少とも遅れるだろう。第6に，非物質文化のある部分については，集団の評価が固定的で，集団の圧力によって強固に保護される傾向があること。とりわけ，道徳・習俗・慣習がそうであり，それらは変化を阻止する力となりやすいのである。

さて，文化遅滞の理論についてはこれまでいくつかの批判が寄せられてきた。スメルサーにしたがいながら，それらを整理してみよう。まず，物質文化・適応的文化という二分法が単純すぎるという点である。一口に適応的文化といっても，そこには制度や組織，法あるいはイデオロギーといった相互に複雑な連関性があるにもかかわらず，問題とされているのは物質文化と適応的文化の関係に限られている。また，文化

遅滞という概念が余りにも包括的で曖昧であるという問題もある。物質文化の先導としてオグバーンがもっとも注目したのは技術の進歩であった。したがって，文化遅滞といえば文化変動の一般法則を期待してしまうが，実際にはこの理論は産業革命以降の工業化社会における社会変動の性質に焦点をあてたものだといえる。

　さらに，物質文化の変化が先行するという点についても，非物質文化の変化が先行する場合もあることが指摘される。たとえば，教育がまず前進して，訓練を受けた人材が経済活動を発展させていくというように。もっとも，オグバーン自身そうした逆のケースをまったく無視したわけではなかったが，近代社会における変動の大部分はまず物質文化に始まると彼は考えたのである。

　以上のように，いくつかの批判点があるにもかかわらず，文化遅滞の考え方は重要な概念として人びとに用いられてきた。スメルサーも評価しているように，それは古典的な社会進化論とは違った次のような特徴をもっているからである。第1に，文明史全体というよりも社会的不適応という限られた現象を扱うことによって，より操作的になりえている。第2に，一般的な進化論よりも経験的事実と結びついている。第3に，文化の先導と遅滞という二つの部分の関係に着目することによって，変動に関する単なる記述ではなくて，メカニズムの分析となりえている。

　そしてこの理論は，なによりも現代の機械時代における社会生活の危機と混乱状況にふさわしい。オグバーンが20世紀初頭のアメリカで観察したような現象は，今日のわが国でも数多く存在する。公害，大都市の交通，住宅など，高度経

済成長のひずみといわれる諸問題はすべて文化遅滞にかかわっているといってよい。

この理論が提起された時点から半世紀以上経た現在、コンピュータやマイクロ・エレクトロニクス、そして原子力エネルギーというように、テクノロジーの革新はかつてないほどの速度で進行している。それだけに、物質文化と適応的文化との間の調和的な調整の問題は、現在いっそう重要な課題となっている。遅滞現象から生じる諸問題を解決するためには、社会の諸部分を技術的秩序に適合するよう変化させるか、あるいは技術的変革を他の社会生活の諸関心に適合するように方向づけるか、ということが入念に検討されるべきであろう。

〔参考文献〕

Ogburn, W. F., *Social Change: With Respect to Culture and Original Nature*, 1922 [new edition, Viking Press, 1950]（雨宮庸蔵・伊藤安二訳『社会変化論』育英書院 1944）.

Smelser, N. J. ed., *Sociology: An Introduction*, John Wiley, 1967.

(今津孝次郎)

39 エリートの周流 (V・パレート)

　あらゆる社会は，一部の統治エリート（および非統治エリート）と，大多数の非エリートによって構成されている。しかも，この統治エリートは，その社会的性質において，**知恵と術策とによるキツネ型→信念と力に依拠するライオン型→キツネ型の順で周流する。**

　V・パレート (Vilfredo Pareto) によるこのエリート周流理論のもつ特色は，第1に，彼が彼の同時代人たるモスカやミヘルスとともに，エリート支配の不変性を主張した点に見出される。つまり近代社会における平等と民主主義の理念が，実は，全くの幻想でしかなく，実質的には一部エリートによる多数の支配が今なお永続している，というのである。第2に，われわれは，彼のエリート周流理論におけるライオン型・キツネ型なる類型化それ自体のもつアナロジーとしての面白さにもひきつけられるだろう。第3に，彼の変動理論が，一方向的な進歩史観が主流を占めていた西欧近代社会において，明らかにそれに反旗をひるがえす形で，歴史の循環論に基づいて主張されていることに，われわれは注目する必要があるだろう。

　パレートのエリート周流理論は，以上のような特色を持ちつつも，それが単独で主張されているわけではなく，彼の社会学理論総体の裏付けのもとにその一つの応用として提起されている。それゆえ，われわれは，まず，彼の社会学理論の

基本的枠組の理解から開始せねばならない。

　パレートは，人間の行為を基本的に二つに分類する。つまり，主観的にも客観的にも現実の実験・観察によって保証されるような「論理的行為」と，主観的あるいは客観的に，現実の実験・観察から遊離しているような「非論理的行為」である。彼は，ここで非論理的行為が価値がない，と主張しているわけではない（ただし，彼は，時に科学の名のもとで，両者がとり違えられるという事態に関しては，それを強く非難する）。むしろ，人間の行為は，多くは非論理的行為に属しており，この非論理的行為を科学的に考察することなくしては人間社会の分析は不可能であると主張するのである。

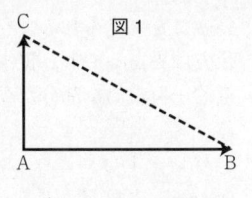

　彼のこうした立場は，図1の「行為の三角形」によって，より鮮明に呈示される。つまりA, B, Cは，おのおの「心理状態」，われわれの観察しうる唯一のものとしての「人間の行為」，さらに「しばしば道徳理論や宗教理論等に発展するところの感情の表現」を示している。人間の行為は多くの場合，Cに由来する形でBが発生する，というふうに説明される。つまり「殺人の禁止＝人を殺すな」は，「神が私にそれを命じたから私は人を殺さない」というふうに宗教理論から説明が与えられるのだ。しかし，パレートは，こうした行為Bの発生は，Cに由来すると考えるよりも，人間のより本質的部分Aにその起源があるのであり，Cもまた，Aの一つの表出形態にすぎないのだ，と考える。キリスト教の洗礼と同様，浄めの水の儀式が，異教徒においても存在して

いることに見られるように, そのイデオロギー的理由づけの仕方は異なっても, 根本的な部分で人間の心理状態には, 普遍的・恒常的な部分が存在しているのだ, と主張するのである。

パレートは, こうした人間の恒常的な要素 (A) を残基 (residui) と呼び, また, 可変的な要素, いわばイデオロギー的要素 (C) を派生 (derivazioni) と名づけた。そして, その上で, この人間の恒常的で本質的な部分としての残基を六つの綱 (classe) に, 派生を四つの綱に分類するのである。

残基の六類型とは, 次のようなものである。

Ⅰ. 結合の残基　「愛人のロウ人形を溶かして, 愛人の心を溶かす」といった事態や「敵を殺すために敵の像を破壊する」,「金や宝石を自分のもとにひき寄せるためにそれらを地中に埋める」といった, 類似するもの, 対立するものを結び合わせる, という心性である。パレートは, この残基を, 異なるものの結合によって新しいものを生み出す力, 創造性・革新性の原動力として考える。

Ⅱ. 集合体の持続　ある人間と他の人間との関係や, 人と場所との関係を持続させようとする傾向。この残基は, 同時に, 抽象化された観念をそのまま持ち続けようとする人間の性向や, さらには現実の抽象化・斉一化という営為そのものにかかわっている。第Ⅰ綱の残基は, 創造性・革新性に関連が強く, この第Ⅱ綱の残基は, 保守的性質をもっている。

人間の行為を導き, またその結果として社会の編成に変化を与えたり, それを維持したりするのに大きく作用するのは, 主にこれら二つの残基である。

この二つの主要な残基に加えて、Ⅲ. 外的行為によって感情を表現しようとする欲求、Ⅳ. 社会性に関する残基、Ⅴ. 個人とその所有物の保全、Ⅵ. 性的残基、の4種類の残基が指定される。

また、こうした人間の恒常的な要素＝残基の表現としての派生には、Ⅰ. 断言、Ⅱ. 権威、Ⅲ. 感情もしくは原理との一致、Ⅳ. 言葉の上での説明という四つの綱が与えられる。

当然のことながら、これらの残基・派生は、単独で作用するわけではなく、現実には常に、化学物質のように結びつき合い変化しているのであり、また個人によっても、社会によっても、その強弱は一定ではない。

パレートの有名な社会システム（systema sociale）の理論は、この残基・派生に、さらに二つの要素、「利害関心」と「社会的非同質性と周流」を加えて展開されることになる。

ここで「利害関心」とは、生活における有用な物質への欲望（物的利害）とともに、他人の尊敬や名誉への欲望といった、社会的利害関心をも意味しており、また「社会的非同質性と周流」とは、社会の階層的編成とその変化（つまり、社会構造とその変動）を意味している。

パレートは、この四つの基本的要素の相互作用のうちに、社会の特徴とその変化を考える。ここで (a) 残基、(b) 利害関心、(c) 派生、(d) 社会的非同質性、とおけば、各々における相互作用の最も基本的なパターンは、次のようなものとなる。（→は作用の方向性）

Ⅰ. (a)→(b), (c), (d)
Ⅱ. (b)→(a), (c), (d)
Ⅲ. (c)→(a), (b), (d)

Ⅳ. (d)→(a), (b), (c)

つまり，Ⅰにおいて (a) が変化すれば，(b), (c), (d) が，それぞれ変化し，また，さらに他の組合せ（Ⅱ, Ⅲ, Ⅳ）の相互作用によって，(a) もまたその反作用をうけて変化するというのである。ただし，パレートは，この四つの基本的パターンを，同時に扱うことはせず，その作用の重要度にある順序を設定する。中でも，最も重要な作用を及ぼすのは——残基は可変性が低くまた影響力が大きいがゆえに——Ⅰのパターンである。Ⅱは，「唯物史観」に代表される人びとの依拠するところであり（ただし，パレートは，マルクスは他の三つのパターンを軽視していると主張する），また，通常必要以上に重視されているⅢ（理念，道徳，イデオロギーによる残基，利害関心，社会の編成への影響）は，最も重要度が低いとされる。

パレートのこの説に従えば，産業資本主義の発展は，次のように説明しうる。つまり，まず，これら四つのパターンの相互作用の結果，利害関心の領域において，産業家型の利害関心が強化される（ただし，これは一つの分析的順序であって，現実の相互作用の順序は，時間的にもその方向においても，より錯綜したかたちをとる）。こうした利害関心は，産業資本主義にふさわしいイデオロギー（派生）を生み出すとともに，当該社会の支配—被支配の関係それ自体（社会的非同質性と周流）に影響を及ぼす（支配階級への資本家の影響力の強化）。さらに，これら三つの要素（利害関心，派生，社会的非同質性と周流）の相互作用は，その結果として最も変化しにくい要素である残基の性質にまで——たとえば，「経済的利益のみに専念する国民においては，結合に対する諸々の感情が高揚し，

集合体の持続に対応する諸感情は弱まる」といった具合に——変化を及ぼすだろう。そして，残基の変化は，再び他の要素へ反作用していくことになる。

こうしてみるとここで問題にしようとする「エリートの周流」とは，他の3要素の作用による，「社会的非同質性と周流」における変化の問題であることが明らかになる。

パレートは，あらゆる社会が，非同質的であり，人びとの間には肉体的力，知的力，道徳的力のすべての側面で，不平等の原理が貫徹している，と考える。つまり，あらゆる社会は，各々の側面で一部のエリートと，大多数の非エリートによって構成されているというのである。ただし，エリートの中には当然のことながら，「チェスの名人」といったタイプのエリートも存在することになる。しかし，ここでパレートが問題にしようとしているのは，何よりも政治のレベルにおけるエリート，つまり「統治エリート」の周流ということなのである（統治を担当していないエリートをパレートは「非統治エリート」と呼んだ）。

エリートの周流は，他の三つの要素（残基，利害関心，派生）の相互作用の結果として発生することはいうまでもない。そして，これら三つの要素のうち，周流を最も強力に規定するのは，パレートに従えば，残基の領域（特に，第Ⅰ綱，第Ⅱ綱の二つの残基）における変化である。

パレートは，この二つの主要な残基との関連で，統治の形態を歴史的に次の二つに分類する。つまり，

Ⅰ．主として物的な力や宗教心もしくはそれに類した感情の力を用いる政府，および，Ⅱ．主として術策と狡計を用いる政府，の二類型であり，第Ⅱの類型は，さらに，Ⅱ—a.

社会の変動

術策や狡計が主に感情に影響を及ぼす場合，Ⅱ—b．術策や狡計が主に利害に向けられる場合，に分類される。

　もちろん歴史上存在した諸政府は，これらのタイプの純粋型ではない。具体的に存在してきたのは，常にこれらの型の組合せなのである。こうした前提をふまえた上で，パレートは，支配の型と統治者であるエリートの性質との関係，およびその典型例を，次のように指摘する。

　Ⅰの支配は，その性質として第Ⅱ綱の残基（集合体の持続）がまさる統治階級による支配であり，典型例としては，「僭主」時代のギリシアの諸都市，スパルタの政府，アウグストゥスとティベリウスの時代のローマの政府，18世紀ヨーロッパの絶対主義王政があげられる。Ⅱ—aは古代の神権政治が，また，Ⅱ—bの政府としては，アテネの政府，ローマ共和制，中世の共和制諸都市，さらには近代の大衆民主主義の政府が，その例として指摘される。Ⅱの型の支配は，いずれも第Ⅰ綱の残基（結合の残基）のまさったエリートによる支配である。

　ここで，マキャヴェリ『君主論』における君主の理想像「わなを見抜くという点ではキツネでなくてはならず，狼どものどぎもを抜くという点ではライオンでなければならない」に従って，Ⅰの型に典型的な，力を行使する勇気，また力そのものを所有する統治エリートを「ライオン型」，また，Ⅱの支配に典型的な，狡智にたけているが，力を行使する勇気や，また力そのものを欠く統治エリートを「キツネ型」と呼んでも良いだろう。（ただし，マキャヴェリは，理想的な君主はこの両者を兼ね備えていなければならない，と主張した。また，社会学説史上有名な，この統治エリートの分類に関して，パレー

トはライオン／キツネという区分よりもむしろ，多くの場合，経済領域におけるエリートの2類型，「金利生活者」／「投機家」という分類の政治領域への拡大・援用によって説明を行っていることはおさえておこう）。

「歴史においては，確信の時期の後には懐疑の時期が続き，これに新たな別の確信の時期が続き，再び懐疑の時期が来る」。パレートは，彼独特の歴史の波動理論に従って，これら2種の統治エリートの周流を主張する。支配期間の長短，両者の交代過程の緩急，また統治エリートの行動を規制する残基の強弱等に変化はあっても，基本的に，二つの種類のエリートが入れ代わるかたちで周流していくこの過程は——将来はともかく，パレートの時代までは——不可避だというのだ。

第Ⅰ綱の残基のまさるキツネ型エリートの特徴は，政治的狡智さ，知的柔軟性，革新性という点に見出される。彼らは，その知性ゆえに，暴力に訴えることを好まない「人道主義的」傾向をもっている。キツネ型エリート支配下の社会は，その創造性・革新性に助けられ多くの場合，成長発展下におかれる。しかし，このエリート支配の下にあっては，社会は多様化するとともに，不安定化する。彼らは，非エリートたちを力で抑圧しようとはしないし，また，一貫した信念（第Ⅱ綱の残基に関わる）も持ち合せていないからである。戦争のような外的環境の変化に対するもろさは，このタイプのエリートの弱点であり，また信念の欠如ゆえの金権政治，腐敗政治もしばしばキツネ型エリート支配を特色づける。

キツネ型エリートによる支配が，それ自体が内包しているこうした弱点を露呈し，危機に陥った時，秩序の回復と強力

な政府を求めるライオン型エリートが, しばしば大衆を率いて反乱を起こし, キツネ型エリートを打ち倒すことになる。しかし, この第Ⅱ綱の残基のまさるエリートは, 強い信念と力の行使という特徴をもちつつも, 知性, 創造力, 革新性においてキツネ型に劣っており, 一時的な安定はもたらしても, 内的矛盾が複雑化すればそれに適応しえないという, 支配者としてはあまりふさわしくない弱点をもったエリートである。社会的・経済的・技術的発展における停滞や, 諸矛盾の累積に対して, このエリートのとるべき唯一の解決の手段は, 第Ⅰ綱の残基をもつキツネ型エリートの, 自己の支配体制への組み込みである。こうして, ライオン型エリート支配の政府にあっては, 次第に, キツネ型の性質をもったエリートが参入し, ついにはその支配権はキツネ型エリートの手に移動することになる。

　パレートは, こうしたエリートの周流を, 機械的な過程としてとらえていたわけではもちろんない。その波動は, 波の高さ, 波長の長短において一律でないのは, 当然である。しかし, この2種のエリートの消長, つまり社会的非同質性におけるエリートの性質の変化は, ある一つの方向, つまりキツネ→ライオン→キツネという周流の方向をもっている, と主張しているのである。かかるエリートの周流を図示すれば, 図2のように示すことができるだろう。

　1848年, パリに政治亡命中のジェノヴァの貴族とフランス人の母との間に生れたV・パレートの政治的・社会的生活は, 以上概観したような, 合理性と恣意性が「奇妙」に織り混ざった彼の社会理論に, 少なからず影響を与えている。ギリシア・ラテン的古典の興味と数学的モデルへの熱中で過し

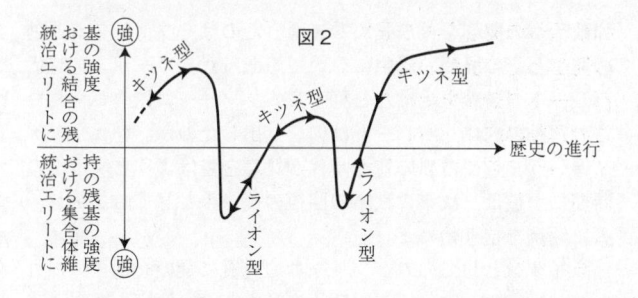

図2の軸ラベル（縦軸）：
- 上方向：統治エリートにおける結合の残基の強度（強）
- 下方向：統治エリートにおける集合体維持の残基の強度（強）
- 横軸：歴史の進行

図中のラベル：キツネ型、ライオン型（繰り返し）

たトリノでの青年時代，イタリア鉄道公社の幹部として祖国の社会発展にかける理想に燃えた時代を経て，職を辞してまで賭した政界進出への野望の挫折が，やがてやってくる（1882年，下院立候補，落選）。

「我が祖国は腐敗の地である。この国で暮すには，盗人になるかその友人になる以外にない！」。世界は悪に満ちている，社会は常に腐敗する。彼の現実主義的ニヒリズム，当為・幻想から社会を把握することへの拒否がこうして生み出される。歴史の周流という彼の視点には，人間行動の合理化によって社会がより良い方向に向かって変革されることへの，つまり進歩の幻想への否定的感情が常につきまとっている。

友人，パンタレオーニの世話でローザンヌ大学教授の地位を得たあとで，もう一つ別の人間不信の嵐が彼を襲う。パリ出張中に，妻がコックと駆け落ちしてしまうという事件が発生するのである。本章で取りあげた彼の社会学理論の体系としての『一般社会学大綱』の作業は，この妻の失跡以後，本格的に開始されることになるだろう。

数十匹のアンゴラ猫との暮しの中で，晩年のパレートがそ

社会の変動　327

の政治への関心を再び強めるに至ったのは、ファシズム運動の発生とその展開の渦中においてであった。ローザンヌ時代、パレートの講義を受けたと称するムッソリーニに率いられたこの運動の内に、パレートは何を見出したのか。ジョリッティというまさに古狐の統治時代が終焉を告げようとするこの時期に、彼は、次第に秩序の回復の担い手としてのファシズムに期待を抱き始める。

ライオンとしてのムッソリーニの資質に疑いを抱きつつも、ローマ進軍後、彼は、この政治変動を若干の躊躇を含みつつも「ファシズムの勝利は、私の社会学大綱の予想をみごとに確証せしめた」と位置づけた。その後、首相ムッソリーニの推挙で終身上院議員となったパレートは、1923年、ファシズムの全体主義への変貌を見ることなくこの世を去った。そして、後には、パレート＝ファシストという周知の図式が残された。しかし、他の知識人たちと同様、ファシズム支配を秩序回復のための一時的手段と考えていたネオ・マキャヴェリストとしてのパレートにとって、ファシズムは、共感を抱く政治勢力としてよりも、むしろ彼の理論を実証する実験の場として映っていたのかもしれない。

〔参考文献〕

Pareto, V., *Trattato di Sociologia Generale*, G. Barbera, 1916（北川隆吉・板倉達文・広田明訳『社会学大綱』現代社会学大系第6巻、青木書店 1987）.

Fiorot, D., *Il Realismo Politico di Vilfredo Pareto*, Comunità, 1969.

Parry, C., *Political Elite*, 1969（中久郎ほか訳『政治エリート』

世界思想社 1982).

(伊藤公雄)

近代から現代へ

40 権力による暴力独占と文明化 (N・エリアス)

> より安定した暴力独占をもつ社会、さし当りそれは領主ないし王の、かなり大きな宮廷に現れるが、このような社会では人びとの不快感と羞恥心を感じる範囲がひろがり、皆がより文明化された態度をとるようになる。

エリアスもいうように、われわれは普通、「現代人は昔より文明化されている」とか、「他の社会の人間はわれわれより文明化されていない」などという。しかし文明ないし文化、あるいは教養（Bildung）と呼ばれるものが、実際、何であるのか——いわゆる文明の基準がいろいろと考えられてきたにもかかわらず——あまり明瞭でない。特に文化人類学等によって文明が相対化され、単純な文化発展説が否定されて以来、この問いに答えることは困難になっている。旧ドイツ領、ブレスラウ生れのユダヤ系社会学者、N・エリアス（Norbert Elias）の一連の仕事は、そもそも文明とは何であり、なぜ人びとは文明化されるのかに答えようとするものであった。

エリアスは人の社会行動の面から文明をとらえようとする。彼の結論を先に述べておくと、「文明化の過程とは、人間の感情や行動の自己規制がますます強化・細分化されてゆく」過程のことであり、それは「社会が国家という形態に組織され、広い地域にわたって物理的暴力が独占化・集権化される」ことによって起こるのである。このことを例証するために、エリアスは、有名なエラスムスの『少年礼儀作法論』

(1530)を始めとする多くの資料から、ヨーロッパの支配階級が13世紀から18世紀にかけて次第に完成してゆく一定の行動基準をひろい出し、文明のまぎれもない特徴の一つは「不快感と羞恥心を感じる範囲が広がる」ことであり、感情を抑制する力が強まる点にあるとした。

『少年礼儀作法論』が「農民は帽子や上衣で洟をかみ、ソーセージ職人は腕や肘で洟をかむ」けれども、それは恥ずかしいことだと教えるのは、当時そのような行為が日常茶飯であり、しかもそれが初めて自覚されたということに他ならない。カクストンの『礼儀作法書』もいうように「以前ゆるされたことが今は非難され」たのであった。そして17～8世紀になると、人に羞恥心や不快感をいだかせるようなことを人前で語ることさえ、はばかられるようになる。このことは約5百年の間にヨーロッパの「人間の感情とその制御の構造が一定方向にむかって変化して」いった証拠であり、古い騎士的封建貴族社会にかわって新しい宮廷的独裁社会が形成されていった現れである。

なぜ宮廷的独裁社会が――それぞれの目的に応じた多様なナイフやフォークの文化というテーブル・マナーの発達にも見られるように――人間の行動を細かに規定し、粗野な感情の発露を禁じるようになるのか。しかもそのような禁止が外部の強制だけでなく、他の階層にも進んで受け入れられるようになるのか。エリアスは「単純な自然経済を営む戦士社会」を「雨や風ですぐ泥沼に変るでこぼこ道」に譬える。ほとんど仲間に会うこともないこういう街道で生きてゆくためには、絶えず戦う準備が必要であり、感情を高ぶらせておく必要がある。他方「より細分化の進んだわれわれの社会」は

大都会の舗装された大通りに似ている。雑踏の中で互いにぶつかり合わぬように暮してゆくためには「各個人が〔人間〕関係網の必然性にしたがって，自分で自分の行動を正確に規制」しなければならない。何故ならわれわれの社会は，個人の生活が物理的暴力によって侵害されることを広範囲に防止しているかわりに，個人の側でも激情の発散や，他人への攻撃行動をつつしまなければならぬからである。つまり，社会に遍在していた暴力が一点に集約されると，個人はいわば自営の野人でなくなり——デュルケムの有機的連帯のように——緊密な相互依存を通じてしか生きられなくなる。そのような必然が「自己抑制をせまる社会的圧力」として働き，その過程は「一連の封建領主たちが互いに競い，やがてその内の一人が独占的地位を占めるようになり，一つの絶対主義的国家を形成」してゆく歴史に平行している，というわけである。

　ここで彼は——オランダの社会学者，ヘンク・フラップもいう「いささか誤解をまねきそうな名の」——ネットワーク社会学 (Figurations-soziologie) を構想する。人は「相対的には自律性を持っていると言えるが，決して完全な絶対的自律性を持ってはいない。一生涯，人は他人と調子を合わせ，他人に依存し，他人を当てにしている存在である」。社会は，社会なしに存在する個人の特性の抽象でもなければ，個人をこえて展開される体系ないし構造でもない。たとえば「社交ダンスを，もちろん特定の個人のダンスと考える人はいないだろうが，個人個人のダンスを抽象した単なるダンスの構造ととる人もいないだろう」。と同様に社会は，複数の生きた個人が絶えず干渉しあいながら，次第に織りなしてゆく行動

(相互依存) のネットワーク、つまり Figuration (フィギュア形成) なのである。

エリアスはそのようなネットワークには (1) 密度の高低、(2) 相互干渉の強弱、(3) 結合連鎖の長短 (個人の行動の結果が、どれほど遠くまで影響するか)、(4) 範囲の大小、によって差があるという。もちろんこれは実際には平行して起こるのだが、いずれにせよ人びとが互いに依存しあう関係網の密度が高ければ高いほど、そして鎖の長さが長ければ長いほど、「機能分担の多い社会、安定した暴力独占 (Gewaltmonopol) をもつ社会」であり、人びとは文明化された行動をとるのである。西ヨーロッパの歴史の中で、この度合は、騎士的封建社会、宮廷の貴族社会、国民的社会の順に増加する。ネットワークは国家形成の程度に応じてますます広範囲な秩序立ったものになる。したがって宮廷と宮廷社会こそ、都市や工場と同じように、フィギュア形成の意味を解く重要な鍵である。エリアスにいわせれば、「なるほど社会学者たちは封建社会や産業社会の研究には大変熱心だが、少なくとも西欧社会の発展の中で前者のうちから出発し、後者のうちで衰退する宮廷社会の研究は——あり余る資料がありながら——これまでほとんど行われてこなかった」のである。

暴力独占の課題について彼はさらに一歩を進める。「絶対主義」とか「絶対的支配者」ということばは誤った印象を与えやすい。だがルイ14世の時代でさえ、王位継承者がその行動や権力の行使に何の制限も加えられないという状態で支配したのではない。そもそも数十万人いや数百万の人間がただ一人の人間になぜ服従するのか、しかもその国王の存命中だけでなく「たぶん彼の息子や孫にも、要するに特定の家門

の構成員に何世代にもわたって服従するのはどうしてだろうか」。その答はこの相互依存のネットワークにある。彼は『宮廷社会』(1969) の中で、ルイ14世自身いかにきびしく自己規制の関係網に、つまり宮廷の礼式にしばられていたかを具体的に検証する。「ラ・ブリュイエールの書くように「宮廷生活は、なみなみならぬ注意を要する深刻かつ憂うつなゲームである」。ひとつのサークル内で常に避けがたく結ばれている人びとのひしめき合いは大変なものであった。彼らは互いに威圧しあい、威信表示の機会をめぐって、序列をめぐって争った。葛藤、陰謀、国王の愛顧をめぐる争いは止むことがなかった。誰もが他者に依存し、すべてのものが国王に依存していた」。そして国王の威信もまた、これら廷臣たちに依存していたのである。絶対的支配は支配者が支配される者に依存することによって始めて成り立つ。そのような場で生き残るチャンスは、ひとえに他者との関係についての厳密な計算にかかっている。無思慮なほんの些細な行動も即座の敗北につながる。だから、そのような負担の免除のために、A・ゲーレンのいうような、すべての制度化がたどる道が選ばれた。つまり、社交を計算可能なものにするために——経済社会が作業を合理化するために使うのと全く同じ手段が——交際の完全な組織化と部分過程への細分化が採用されたのである。エリアスが特に強調するのは、一般に啓蒙主義と呼ばれる17〜8世紀の意識的、知的合理主義は、単に市民的、資本主義的合理性との関連からのみ理解さるべきでない、という点である。近代西欧文明の最大の特徴とされる——生活様式全般にわたる——形式合理性はネットワークの最も粗い騎士的封建社会から始まって、スチュアート家、ブ

ルボン家の宮廷，ドイツやスラブ王室の宮廷等をへて次第に形成されていったものである。

エリアスを多少おぎなってまとめれば，K・A・ヴィットフォーゲルのいうような，ほんらい競争（Konkurrenz）へ使嗾された暴力の多中心的社会（つまり封建制）が集権化されると，国王をも捕えるネットワークが出来上る。だからそれは「東洋的専制」にはない，きわめて相互依存的な網なのである。密度の高いネットワークを最初に経験するのは，どの社会，どの時代にあっても，常にひとにぎりの上流階級であろう。何によらず，権益は一カ所に集中しているからであるし，人を集めることによって権益は再びその引力を増すからである。このことは同時に，どの国の文明でもひとたび経済基盤が変わると，なぜ上流社会の生活態度が意外なほど早く他の階層へ，そしてまた宮廷や都市を離れた遠隔地に広まっていったかを説明する。われわれが権益競争に参加するかぎり，常にわれわれはこのようなネットワークに捕えられる。言ってみればわれわれはニンジンにつられて厩舎へ入るのである。一般に，優位者が持つ生活態度の受容の動機は威光や模倣といったものに求められるのだが，ネットワーク社会学の立場からは，それは結果であって原因ではない。われわれ庶民を文明という名の厩舎へ引き入れるのは利害関心であり，そこで当面する人間関係網である。エリアスは暴力独占が生みだす一種の吸引力を考えている。「どの社会的場（Sozialfeld）にも，それを代表する中心的機関が存在する。たとえば都市はわれわれの社会を最もよく代表する機関の一つである。それはわれわれの社会的場において最大の遠隔作用をもつ刻印器の役を果たしている。つまり，どんなに反抗してみ

ても、地方に住む人びとは大都市が及ぼす作用や影響から逃れられない」。17～8世紀の西欧で、宮廷社会はそのような最大の刻印器なのであった。

　I・ラカトスの批評のように、ネットワーク社会学はまだ「つぼみ段階の研究計画」といってよいだろう。エリアスは宮廷社会をこえて、それを文明一般に適用しようとしているが、たとえば今日われわれは、カクストンの礼儀作法書とは正反対の「かつて禁じられたものが今日では許される」例を見ている。女性の裸を引き合いに出すまでもないことであろう。また彼の射程はM・ウェーバーのような洋の東西にまたがる雄大なものでもない。しかし、ドイツの伝統であった文明と文化の区別をたのみにする空想的文化論でもなく、すべてを「文化」でくくることによって歴史をあいまいにしてしまったアングロサクソン系の文化論でもないエリアスの「文明化の過程」はまことに示唆的である。ばかりでなく、中世末以来、西ヨーロッパの人間がどのように愛し合い、飲食し、眠り、洟をかみ、つばを吐き、立小便をし、げっぷを出したか、そして、それに対する社会的・心理的反応の変化が、なぜ文明の重要な研究項目になり、超自我の形成（S・フロイト）、支配（M・ウェーバー）、感情中立性（T・パーソンズ）、貨幣の合理的機能（G・ジンメル）などと関係するのか、そのことがなぜ国家形成と並行するのか、を説明しようとする彼の視角は——先のウェーバーとは違った意味で——雄大であると言えるだろう。近年、オランダと西独の一部に自ら「ネットワーク社会学者」を名のる人びとが現れ、1977年にフランクフルト市がエリアスに「アドルノ賞」を与えたのも当然かも知れない。それは日本人にとっても、たとえば

江戸期の文明を理解しようとする場合,そしてまたなぜアジアの中でわれわれだけが急速に近代化されたのかを考えるときにも,たいへん示唆的である.

〔参考文献〕

Elias, N., *Über den Prozess der Zivilisation,* 2 Bde., 2 Aufl., 1976（赤井慧爾ほか訳『文明化の過程』上・下,法政大学出版局 1977, 78, ウニベルシタス版 2004, 2010）.

Elias, N., *Die höfische Gesellschaft,* 1975（波田節夫ほか訳『宮廷社会』法政大学出版局 1981）.

Elias, N., *Was ist Soziologie?,* Juventa, 1970（徳安彰訳『社会学とは何か——関係構造・ネットワーク形成・権力』法政大学出版局 1994）.

Gleichmann, P. u. a., Hrsg., *Materialien zu Nobert Elias' Zivilisationstheorie,* Suhrkamp, 1977.

(池井望)

41 抽象的公民の誕生（K・H・マルクス）

「（近代資本主義社会にあっては）現実の人間は利己的な個人の姿においてはじめて認められ，真の人間は，抽象的な公民の姿においてはじめて認められる」。（『ユダヤ人問題によせて』）

K・H・マルクス（Karl Heinlich Marx）が一貫して追究しようとした理想社会とは，「個人の全面的自己実現」と「共同体の全面的実現」という一見矛盾するかにみえる二つの理想を，同時に実現する社会として与えられている。この問題を「個人」という観点からとらえ返してみれば，A・ヘラーが『個人と共同体』において述べている次のような「個人」像の実現ということになるだろう。彼女は言う，「人間が，彼の自我のなかで，類的目標と努力を彼自身の個別的目標と努力に転化させ，彼の個別性を「社会化する」につれ，彼は個人になっていく」と。なぜなら，マルクスにとって，「真に共同的な存在である，というのが人間の本質である」（マルクス『ミル評注』）のだから。

ここでは，マルクスにおける，かかる「個人」の全面的実現＝共同体と調和した個性の実現，という問題に焦点をあて，この問題を彼の近代社会論とのかかわりのなかで考えてみたい。

こうした個人と共同体をめぐる問題意識は，人間の共同性を代表するかたちで現れる「政治的国家」と，人間の現実的で具体的な生活の場，個人のエゴイズムの対立する場として

の「市民社会」との分離の問題として,初期マルクスにおいては主題化される。当然のことながらこの作業は,国家と市民社会の分離と矛盾を最初に対象化した思想家の一人,ヘーゲルに対する批判として開始される。

ヘーゲルとマルクスの基本的対立点は,近代社会に対する両者の歴史的パースペクティヴの相違として現れる。それは,特に,18世紀ヨーロッパにおける政治的解放(市民的・政治的平等の実現への要求)の位置づけをめぐる両者の差として典型的に示される。「ヘーゲルにあって比較的深遠なものは,彼が市民社会と政治社会の分離を矛盾と感じている,という点にある。しかし,彼が間違っているところは,彼がこの解消のみせかけで満足し,これを事実そのものだとしているところにある。これに反し,彼に嘲笑された「いわゆる理論」は,市民的身分と政治上の立場の「分離」を要求しており,しかもそれは正当である。なぜなら,それは,近代社会の帰結を述べているからである」(『ヘーゲル国法論批判』)。

ヘーゲルは,近代社会において,個別的欲望=エゴイズムの支配する「市民社会」と社会全体の普遍的利益を代表すべき「国家」とが分離し,矛盾・対立しているという事態を把握し,その問題に「国家による市民社会の止揚」という回答を与えようとした。それゆえ,「いわゆる理論」=啓蒙主義の理論に導かれた政治的解放への営為は,個人の自由の名のもとに,現実の具体的な人間の生活の場である市民社会を,人間の共同性を代表すべき国家からいっそう分離させようとするものとして,嘲笑されることになる。マルクスもまた,近代社会の現状をめぐる把握の仕方について,そしてまた18世紀政治革命の結果が,私的欲望とエゴイズムの支配す

る社会の成立をもたらしたという点について，ヘーゲルにきわめて近い位置に立っている。「すなわち，いわゆる人権……は，市民社会の成員の権利，つまり，利己的人間の権利，人間および共同体から切り離された人間の権利にほかならないということである」（『ユダヤ人問題によせて』）。しかしマルクスは，こうした利己的人間と共同体との対立，市民社会と国家との対立を，ヘーゲルのように，国家の側から止揚するという立場をとらない。むしろ共同性を喪失し，エゴイズムが全面開花する近代市民社会こそが，人間の歴史の必然的帰結であり，「進歩」であると考える。そして，この点にこそ，理念すなわち国家から出発して，近代社会の矛盾を突破せんとしたヘーゲルと，土台＝現実の具体的な人間の活動する場としての市民社会から出発してこの問題を解こうとしたマルクスとの，歴史観をめぐる理論的・実践的な相違点が見出されるのである。

　それでは，マルクスは，近代社会の成立，さらには，市民社会と国家との分離という問題を，いかなる歴史的パースペクティヴのもとで把握し，また，いかなる方法で，「真の個人」の成立を構想しようとしたのか。

「中世の市民社会の諸身分は，その在り方全体が政治的であり，その在り方は，国家の在り方であった」（『ヘーゲル国法論批判』）。近代以前の社会にあっては，現実の具体的な人間の活動領域たる市民社会と，その共同性を代表するかのようにして現れる国家とは，未分離状態であり，その間に何の矛盾も存在していなかった。つまり「政治的国家が市民社会であった」（前掲書）。そこでは，個人の私的欲求が，さらにいえば，近代的な概念としての「個人」そのものが，まだ成立

を許されていなかったのである。民衆個々人の特殊な利益をもとめる欲求は、共同体の利益に、さらには人民から切り離された一部支配者とその家臣によって運営される国家の「普遍的利益」のうちに解消されてしまっているのだ。ただし、近代的な概念としての「個人」が未成立である分だけ、人びとは、ある確かで強固な規範をもった共同体のうちに、その現実の生活を結びつけていたのであり、その意味で、個々人の私的欲求の衝突による「万人の万人に対する闘争」は回避されていたといえる。

18世紀の政治革命は、個人の自由、政治的平等を叫ぶことによって、こうした共同体の軛から「個人」を解放する闘いとしてあった。つまり、「封建社会はその基礎へ、つまり人間へ解消された」(『ユダヤ人問題によせて』)のである。だが、マルクスは、このあとただちにこう言葉をつなぐ。「ただしそれは、実際に基礎をなしていたような人間、つまり利己的な人間への解消であった」。人間は、この政治的解放を通して、人類史上初めて「個人の自由」という概念を大衆的に獲得することができた。だが、「自由という人権は、人間と人間との結合にもとづくものではなく、むしろ人間と人間との分離にもとづいている」(前掲書)。人びとは、個人の自由という、私的欲求の充足の権利とひきかえに、実は、彼らがかつて保持していた人間の本質＝共同的な存在としての人間という、人間そのもののあり方を喪失してしまうことになったのである。「彼らを結合する唯一の紐帯は、自然的必要、欲求と私利であり、彼らの財産と彼らの利己的人身との保全である」(前掲書)。

こうして、人間は、私的欲求充足の権利を獲得するととも

に，彼らの本質＝共同的存在としての人間を確認する場を見失うことになる。すなわち，現実の具体的な人間の活動の場としての市民社会が，彼が共同的存在として自らの本質を実現すべき場とされている政治的社会＝国家から，分離させられてしまうことになるのである。つまり，本来の人間の在り場所としてふるまっている国家は，具体的な人間の生活にとって，幻想の共同性を与えるだけの存在であり，人間は，国家＝政治社会において自らの存在の場を具体的にもたない，という状況が生ずることになるのである。人びとは，「ただ詭弁的にのみ国家生活のなかにとどまる」存在なのだ。こうして，政治革命を経た社会では，「市民社会の成員としての人間が，本来の人間とみなされ，公民（政治的社会のうちに位置づけられた人間のあり方——筆者）とは区別された人間とみなされる。……現実の人間は利己的な個人の姿においてはじめて認められ，真の人間は抽象的な公民の姿においてはじめて認められるのである」（『ユダヤ人問題によせて』）。「社会化された個人＝共同的存在としての人間」を「個人」の本来あるべき姿とすれば，近代社会において，具体的な人間は私的欲求につき動かされる私人としてのみ存在し，真の人間＝真の個人は抽象的な存在として，幻想の天上界にのみ存在することになるのである。

　すでに見たように，ヘーゲルはこの矛盾を国家の側から止揚しようとしたのに対して，マルクスは，この矛盾をさらに押し進めるところに問題の解決の場を模索しようとする。ヘーゲルのように政治的解放を押し止めるのではなく，それを人間的解放へと転化させるべきだ，と主張したのである。そこには幻想の共同性としての国家をも廃棄するという方向性

さえすでに含まれている。「現実の個体的人間が, 抽象的な公民を自分のなかに取り戻し, 個体的な人間でありながら, その経験的生活, その個人的労働, その個人的諸関係のなかで, 類的存在となったとき, つまり, 人間が彼の［固有の力］を社会的な力として認識し組織し, したがって社会的な力をもはや政治的な力というかたちで自分から分離しないとき, そのときはじめて人間的解放は完遂されたことになるのである」(前掲書)。

しかし, 個人と共同体の真の実現をめざすマルクスの市民社会の解剖学は, この段階では, まだその端緒についたばかりである。市民社会の歴史的成立のメカニズムの解明や, 共同的存在としての個人の完成＝未来社会の展望について, 彼はいまだ十分な解明を与えているとはいいがたいからである。そのためには, 初期マルクスから, 後期マルクス（『資本論』の著者としてのマルクス）へと至る長い理論的営為が要求されたのである。『経済学・哲学草稿』で, 「生産活動の主体たる人間（労働者）の生産物からの疎外」,「労働者の生産活動そのものからの疎外」,「人間の類的本質からの疎外」さらに「人間からの人間の疎外」という問題を, 私的所有と商品生産から解明したマルクスを通過し, さらに, 『ドイツ・イデオロギー』において, 生産諸力・社会的分業・諸個人間の交通形態の関連を明らかにしたマルクスを経て, 初期マルクスから後期マルクスへと至る橋渡しともいうべき『経済学批判要綱』において, われわれは, 個人と共同体をめぐる人間の全歴史をいわゆる「人類史の3段階」という形で与えられることになる。

すでに見てきたように, 前資本主義社会において, 諸個人

	依存関係	平等の質	個人のあり方
前資本主義的諸構成 (具体的に特殊な内的諸関係)	人格的 依存関係	不平等な 諸関係	共同体に埋没
資 本 制 (抽象的に普遍的な外的諸関係)	物象的依存関係にもとづく人格的独立	形式的に平等な諸関係	個性と 外在的社会性
共同社会 (具体的に普遍的な内的諸関係)	自由な 社会的個性	具体的に平等な諸関係	共同的な個性

間の関係は、具体的で人格的なしかも安定した様式のなかに固定されており、また諸個人は、特定の機能に縛りつけられたままで、異なった社会的役割を選ぶことも、そこから離れることもできない状態におかれていた。しかも、あらゆる諸関係は、地域性という狭い枠しかもたぬ共同体の内部に閉じこめられたままである。生産物に対する生産者の関係が、直接的で無媒介的であるようなこの有機的共同体内部において、支配関係は、主人と奴隷との関係に代表される直接的で不平等な関係としてあり、共同体に縛りつけられた諸個人は、その力能を十全に発揮することを許されない、閉ざされた状況におかれていた。

諸個人は、社会的組織の第2段階、資本制段階において、共同体の呪縛から解放されることになる。しかし、こうして達成されたかにみえた個人の人格的独立は、実は空疎な内容しかもたされていない。なぜなら、諸個人が自己の労働力を処分する自由をえたこの社会において、社会関係は、前社会において存在していた具体的で人格的な関係を失うことになるからである。生産物に対する生産者の関係がその直接性を

失い，労働が，その生産物という具体性によってではなく，労働時間という抽象的なものさしで測られ，しかも，その成果が賃金という抽象物で支払われるような資本制の社会。ここでは，人間にとって他者との関係は，普遍的かつ抽象的な媒介物たる貨幣という，人間以外の存在＝モノに置き換えられてしまっている。つまり，人間と人間との関係がモノとモノとの関係として現れてくる。他者との関係は，かつての内的で親密な段階から，等価交換というような抽象的法則や，普遍化した市場におけるモノとモノとの関係に支配される，相互によそよそしい関係＝外的関係に姿を変える。人間は，これらの人間以外の別の力（資本という自動装置）の単なる手足としての存在と化してしまうのである。

個人の自由，政治的平等を指導理念としたこの社会が，形式的平等しかもたない階級社会，資本の自己運動のなかでますます不平等を拡大するような社会であることはいうまでもない。しかし，なによりも問題となるのは，人間と人間との関係がモノとモノとの関係として現れるこの社会が「互いに無関心な諸個人」の集積した社会，万人の万人に対する利害闘争＝エゴイズムの支配する社会，人間が，他者との内的で具体的かつ親密な関係をとり結ぶことがもはやできない社会になってしまっている，という点に求められる。この問題に回答を与えることこそ，初期マルクスにおいて提示された，市民社会における，欲望につき動かされるだけの私人と，国家における抽象的公民との分裂という問題に結着をつける，ということである。

資本制社会は，生産諸力の発展に裏づけられつつ，かつての人間による人間に対する人格的支配—被支配関係を打ち砕

き，形式的ながら個人の自由・平等・独立を達成させた。それは同時に，共同体の内部に限定された，諸個人間の狭い交通形態を世界的共同体へ普遍化するものでもあった。しかしその結果，諸個人間の関係はかつてのような親密で具体的な関係性を喪失し，外的でよそよそしい関係として現れる。人間の類的本質，真に自由な共同体の実現のためには，歴史上の積極的要素を発展させつつ，否定的な要素の止揚が要求される。すなわち，物象的依存関係の支配するこの社会を解体することが必要なのだ。自由な社会的個性をもった諸個人の，具体的で普遍的かつ内的な諸関係に基づく社会＝共同社会の実現のためには，まず，この「資本」の支配する社会を批判＝解体しなければならない，とマルクスは主張する。そして，このわれわれの生きている社会＝市民社会の分析・批判・解体の作業は，あの未完の『資本論』へひきつがれ，発展させられる。

〔参考文献〕

Gould, C. C., *Marx's Social Ontology: Individuality and Community in Marx's Theory of Social Reality*, The MIT Press, 1978（平野英一・三階徹訳『「経済学批判要綱」における個人と共同体——社会存在論の哲学的探究』合同出版，1980）

Marx, K.H., 'Zur Judenfrage,' *Deutsche-Französische Jahrbücher*, 1844（城塚登訳『ユダヤ人問題によせて』岩波文庫 1974）.

Marx, K.H., *Grundrisse der Kritik der politischen Ökonomie*, 1857-58, Dietz Verlag, 1953（高木幸二郎監訳『経済学批判要綱』全5巻，大月書店 1958-65）.

（伊藤公雄）

42 プロテスタンティズムの倫理と資本主義
（M・ウェーバー）

禁欲的プロテスタンティズムの職業倫理に基づいて行われた経済活動が，資本主義の勃興を促した。

この命題は，M・ウェーバー（Max Weber）の論文『プロテスタンティズムの倫理と資本主義の精神』において展開された主張を要約して提示したものである。以下この命題の説明をしていくことにするが，そのまえに命題の背景を明らかにする意味で論文自体についていくつかのコメントをしておこう。

まずこの論文の成立事情について。この著名な論文は最初，ウェーバー自身が共同編集者の一人であった雑誌「社会科学・社会政策雑誌」に2回に分けて掲載され（1904～5），その後『宗教社会学論文集』第1巻（1921）に巻頭論文として収録された。雑誌に掲載されて以来，この論文に対しては多くの批判がなされていたが，ウェーバーは『宗教社会学論文集』に収録するにあたって，元の論文の註および本文に大幅な加筆を施し，それによってそれらの批判・反論に答えようとした。

次に主題と方法について。この論文は資本主義の成立という経済史上のテーマを扱ってはいるが，経済史に関する記述は本論の中にあまり見られない。経済システムの変動を客観的に記述・分析することは，ここでのウェーバーの関心では

なかった。彼が明らかにしようとしたのは、この新しい経済システムを成立させるのに貢献した諸経済主体の心理の問題であった。彼らが当時どのような内的な力に促されて経済活動を行ったか。その内的な力の源泉は何なのか。こうした点がウェーバーにとって第1の問題なのであった。

ウェーバーは、彼らの心理の源泉はプロテスタンティズム、とりわけカルヴィニズムの予定説にあると考えた。従って問題は、この教義がどのような経過を辿って、どのような心理を主体に植えつけたか、ということになる。この問題を解くにあたってウェーバーは、普通の意味での実証的な方法は採らなかった。つまり資本主義成立期のプロテスタントたちが現実にどのようなことを考えていたかを、統計その他を用いて明らかにしようとはしなかった。彼は自らの関心にとって本質的と考えられる要素のみに注目し、その観点から彼らの心理を抽象するという方法を採った。具体的にいえば、17〜8世紀のプロテスタントの著作家たち（バクスター、ベイリー、J・ウェスリーら）が書き残した文献を基礎データとし、このデータから禁欲的プロテスタントの心理を彼なりに再構成しようとしたのである。

この方法を採ることにより、教義（予定説）→心理（職業労働への強い動機づけ）のつながりはきわめて明快に説明されることになった。もちろん彼のこうした方法には実証主義の立場に立つ人びとから強い批判がある。論理が先行するあまり、現実そのものが等閑視されているのではないか、とこれら批判者たちはいう。たとえばウェーバーは禁欲的プロテスタントの理念型をつくるにあたり、かなり自由に上に述べたデータからの引用を行ったが、この点がデータ引用の恣意

性として批判の対象になったりしている（わが国ではバクスターの引用に関して越智武臣が，J・ウェスリーの引用に関して岸田紀がそれぞれ批判を行っている）。たしかにウェーバーの採った方法にはそれなりの欠陥もある。しかし彼が注目したような複雑な人間心理を分析しようとする場合，普通の意味での実証的方法がほとんど無力であることもまたたしかである。その点を考慮すれば，ウェーバーの方法には明らかに積極的な意義が認められる。

最後にこの論文をめぐる論争についてふれておきたい。資本主義の成立に関するウェーバーの説は彼の生前から多くの批判にさらされていた。禁欲的プロテスタンティズムの役割を強調するウェーバーに対し，ラッハファール，ゾンバルト，ブレンターノら批判者の多くは資本主義の起源を宗教改革以前に求めた。初期資本主義の担い手はプロテスタント以外の人びと（たとえばユダヤ教徒やイタリア・ルネサンスの人間）であるというのが彼らの主張だった。ウェーバーの死後もトーニー，ファンファーニら多くの人びとによってこの問題に関するウェーバー批判は行われている（詳しくは R.W. Green, ed., *Protestantism and Capitalism : The Weber Thesis and Its Critics*, 1959 を参照）。

つまり最初に掲げたウェーバーの周知の命題は，事実認識として全く問題のないものではないということである。少なくとも異論を唱える歴史家は今見たように多くいる。しかしここではそれらの諸説とウェーバーの説とを比較検討している余裕はない。事実認識としての妥当性の問題は一応括弧に入れて，それ自体説得的なウェーバーの議論そのものに目を向けていくことにしたい。

以上で一応論文についてのコメントをおえたので、ひき続き命題の説明に入っていくことにしよう。

　ウェーバーによれば禁欲的プロテスタンティズムとして一括されるのは、カルヴィニズム、敬虔派、メソジスト派、再洗礼派の四つの教派である。そのうち彼が特に重視するのは先にも述べたように、カルヴィニズムである。カルヴィニズム以外の教派は「禁欲の宗教的動機という観点から見るときには、カルヴィニズムの内的徹底性の緩和されたもの」にすぎないと彼はいう。そして彼がカルヴィニズムの主要な教義としてとりあげるのは、いうまでもなく予定説である。では予定説とは何か。それはどのような意味で職業労働への強い動機づけを形成したのだろうか。

　予定説とはおよそ次のような内容をもつ教義である (1) 神は人間から無限に離れたところにいる（罪人としての人間は神に近づくことなどとうていできない）、(2) 神はその地点からある人びとを永遠の生命に、他の人びとを永遠の死滅に予定した、(3) だれが永遠の生命に予定されているかは人間にはわからないし、また神のその予定を人間の営為（善行）によって覆すことも不可能である。

　このような教義が採用されれば当然、既存のあらゆる救済手段は無効となる。個人の救済は神の専決事項なのだから、もはや聖礼典も教会も個人を救済することはできない。こうして地上にはあらゆる救済手段を絶たれたバラバラな諸個人のみが残ることになった。そして彼らは他に例を見ないほどの「内面的孤独化の感情」を味わうことになった。

　予定説のような教義を知らされた場合、人は宿命論に陥るのではないだろうか。自分の運命があらかじめ決まっている

なら，地上で何をしても無駄である，と考えるのではないだろうか。たしかに理論的にはその通りである。だが現実のカルヴィニストたちはそのような反応を示さなかった。彼らはひじょうに強い救いへの関心をもっており，そのため宿命論に甘んじることができなかったのである。

彼らにとっては，自分が果して永遠の生命を受ける側に選ばれているかどうかということが最大の問題であった。仮に選ばれていないとすれば，この地上における生は全く無意味なものになってしまうだろう。もちろん，神自身しか知らぬことを彼らにわかるわけがない。しかし，わからないといって放っておくことは彼らにはできなかった。彼らは何とか自分が選ばれている側にいることを確信しようとした。だが確信するためには何らかの根拠が必要である。自分が他の人間とちがう特別の人間（選ばれた人間）であることを証明する証拠がなくてはならない。その証拠として選ばれたのが，日常生活における徹底した禁欲と職業労働への専心であった。ではなぜ禁欲及び職業労働への専心が救いの根拠になるのだろうか。

対象に対して自分がもつ欲望をチェックし，欲望によって直接自分が動かされることのないようにすること，これがここでいう禁欲である。難行・苦行を自らに課するという意味の禁欲が非合理的禁欲とよばれるのに対し，この意味での禁欲は合理的禁欲とよばれる。欲望のままに動くことが「自然」なことであるとすれば，合理的禁欲のように，欲望にとらわれている自己を否定し，それを超えようとすることは，「自然」からできるだけ遠い地点に行くこと，ウェーバーの言葉でいえば「自然の地位の克服」を意味する。欲望を充足

させることはだれにでもできるが,「自然の地位の克服」のほうはそうではない。従ってそれができるということはそれだけで,その人が特別な人間(選ばれた人間)であることの証拠となりうる。このような意味で禁欲は救いの確信の根拠となるわけである。ただカルヴィニストたちの場合,こうした禁欲が職業労働と結びつくところにその特徴があった。

西洋には中性以来合理的禁欲の伝統があった。修道僧たちの生活がそれである。彼らの禁欲はいうまでもなく,世俗を離れた場(修道院)において行われた。世俗生活は宗教的には価値の低いものとみなされていたのである。宗教改革以降,聖俗のこのような分離は原則として廃棄された。世俗の生活を送ること自体が宗教的に積極的な意味をもつようになった。世俗の職業を神から与えられたもの(天職)とするルター以来の考え方は,この聖俗分離の廃棄と連動している。カルヴィニストたちもこのルター以来の職業観をうけついでいた。彼らにとって禁欲とは,世俗を離れたところで実践するものではなく,職業生活という世俗の只中で行われるべきものであった。さまざまな誘惑を断ちきって職業労働に専心することが救いの確信をもたらす,というわけなのだった。禁欲的な職業労働の遂行はこのようにして救いの確信の根拠となるに至った。

同じプロテスタンティズムでもルター派の場合は,このような禁欲的職業労働への強い動機づけは生れなかった。禁欲的職業労働という考え方は,人間に対する神の絶対的超越性を前提にして成立していたが,ルター派の信仰においてはその点はあまり強調されなかったからである。むしろ神性が人間の霊魂の中に宿りうることが強調され,神的存在との神秘

的合一が最高の宗教的体験として追求された。禁欲によって救いの確信を得るとするカルヴィニズムの考え方は，行為による救いの主張として斥けられた。ルター派のこうした神秘主義的要素は，現世改造という点に関するかぎり，明らかにマイナスに作用した。

カルヴィニズムの上に述べたような職業観は——教派によって多少のちがいはあろうが——禁欲的プロテスタンティズム一般に共有されていたと考えられる。この職業観は，当時生産活動に従事していた人びとによってどのように受けとめられただろうか。彼らの場合，職業労働に専心するということは具体的にいえば，自らの経営努力によってできるだけ多くの利潤をあげるということであった。つまり営利活動に精を出し，富を獲得することが彼らの救いのしるしとなったのである。利得についてのこうした考え方は，それまでのキリスト教の伝統の中にはないものであった。「神と富とに兼ね仕えることはできない」とするキリスト教的伝統においては，富は常に危険なものとみなされていたからである。富を得る行動も当然，宗教的には問題のあることであった。熱心な信仰者は自らの営利活動に何らかの疚しさを感じていたと考えられる（たとえば，富裕な人が死んだとき「良心の代価」として莫大な金額の寄進が教会になされることがあった，とウェーバーはいう）。

禁欲的プロテスタンティズムにおいて初めてこのような伝統が破られ，営利が宗教的に合理化されることになった。信仰に熱心な人ほど営利追求に励むことになったのである。もちろん禁欲的プロテスタンティズムにおいても富それ自体は危険視されていた。従って獲得した富の使用法について人び

とは慎重であった。自己の享楽のためにそれを用いることは原則として斥けられた。富は神と自分の関係を示すしるし以外のものではなかったからである。自己の欲望を実現する手段として用いてしまえば、そのとたんに「しるし」としての性格は失われてしまうだろう。こうして禁欲的プロテスタントたちは一方でひたすらに（しかも正当な方法で）営利追求しつつ、他方で徹底的に消費を抑制することになった。そうなると当然彼らの手に多くの富が残るようになる。消費的使用を禁止されたこの富は投下資本としてもっぱら生産的利用に供せられた。このような形で拡大再生産の過程が始まり、近代資本主義の出発点が形成されたのである。

以上で命題の説明をおえることにし、次にこの命題の面白さについて考えてみよう。「面白さ」の正確な定義は難しいが、ここでは「意外性」(non-obviousness*)とほぼ同義としておきたい。では、ウェーバーの命題はどのような点で「意外性」をもつのか。

ウェーバーの主張が発表当初から学界で大きな論議をよんだことについては先にふれた。資本主義の起源に関する彼の認識は、当時の経済史学界の常識から大きく隔っていた。その意味で「意外性」をもっていたわけである。だがここで考えようとしているのはもう少し広い意味での「意外性」である。

最初に掲げた命題に初めて接した人はおそらく、禁欲的プロテスタンティズムと資本主義というとり合わせを奇異に思うだろう。両者は一見何の関係もありそうもないからである。もちろんこの違和感は命題の説明を読むことによってある程度解消される。禁欲的プロテスタンティズムと資本主義が一

応論理的につなげられているからである。だがそれにしても，宗教と経済に関する一般的認識（常識）からすれば，両者のこうしたつながりはやはり特殊であり，そのかぎりで初めての人には「意外」である。常識によれば，宗教と経済とは相互に異質な社会領域を構成しており，経済現象はもっぱら経済要因によってもたらされるとされるからである。この種の「意外性」はウェーバーの分析そのものをみるとき，より明らかになる。命題自体はこの分析によって支えられているのだから，そこにおける「意外性」の指摘はそのまま，命題そのものの「意外性」の指摘になると考えられる。

　まずウェーバーの行った心理分析についてみてみよう。常識によれば，営利活動を熱心に行うのは自己利益の拡大に強い関心をもっている人びとである。より多くの財産，よりよい生活，より高い地位を求める気持がひとを仕事にかりたてる。ところがウェーバーによれば，初期資本主義の時代にはこれと逆のことがみられた。あるがままの自己を嫌悪し，自己利益の拡大ということに何の意義もみとめない人が，経済活動を熱心に行ったのである。彼らの場合，自己利益への関心ではなく，まさにそれへの無関心が経済活動への高い動機づけを与えた。この，自己利益への無関心→営利活動，という心理は，常識の心理学ではとうてい解明しえない。常識は営利活動のむこうに金銭欲・名誉欲などを想定するだけで精一杯である。この複雑な心理の構造を明らかにしたところにウェーバー心理学の面白さ・意外性があると考えられる。

　次に，行為主体の内面と彼の経済活動における産出量の関係に関するウェーバーの指摘をとりあげよう。常識に従えば，自己の内面に強い関心をもつ人が経済活動のような社会的活

動においてあげる産出量は大きいものではない。内面にとらわれることが外界との対応を不十分なものにしてしまうからである。産出量が大きいのは一般的にいえば、関心が自己の内側ではなく、外に向いている人のほうである。ところがウェーバーによれば、初期資本主義の時代にはこの点においても逆の現象がみられた。自分が救われているかどうかという内面的な問題にしか関心のない人びとが、経済活動において大きな成果をあげ、経済変動の担い手となったのである。先の説明で明らかなように、彼らの場合、自らの救いの問題にとらわれることがそのまま、経済活動にエネルギーを集中させることにつながったからである。救いの問題は彼らにとって真剣な問題であったから、経済活動へのこのエネルギーの集中も徹底的にならざるをえなかった。他のところで消費されるエネルギーは必要最小限に抑えられた。このような徹底したエネルギーの集中が、彼らの経済活動の産出量を大きなものにしたわけである。この、内面への志向→大きな産出量、という関係の指摘もウェーバーの分析に含まれる「意外」な点ということができるだろう。

　ウェーバーの分析には今述べたように面白い内容が含まれている。彼によると、自己利益への無関心に基づく経済活動と、内的要請による経済活動へのエネルギー集中、という上に見たきわめて特殊な事態が、資本主義の成立に大きな貢献をした。この特殊な事態はいうまでもなく、禁欲的プロテスタントたちの徹底した自己否定の意識（神から全く断絶したところにいる自己という意識）と結びついていた。仮に彼らの自己否定の意識に若干のすき間があったなら（たとえばルター派のように神秘的合一をみとめるということがあったなら）、

資本主義が彼らの手によって形成されることはなかっただろう，というのがウェーバーの主張であった。

* non-obvious な認識ということについては，R. Collins, *Sociological Insight: An Introduction to Non-Obvious Sociology*, Oxford Univ. Pr., 1982（井上俊・磯部卓三訳『脱常識の社会学——社会の読み方入門』岩波書店 1992）を参照。

〔参考文献〕
Weber, M., *Die protestantische Ethik und der Geist des Kapitalismus*, in *Gesammelte Aufsätze zur Religionssoziologie*, Bd. I, 1921（大塚久雄訳『プロテスタンティズムの倫理と資本主義の精神』岩波文庫 1989）.

(高橋由典)

43 人格崇拝の成立（E・デュルケム）

社会的分業が発達するにつれ，一般に共同意識は衰退するが，唯一例外的に個人を対象とする共同意識は強まり，これに伴ない集合感情も個人に向かい，ついには人格尊重が最重要な社会的価値となる。

フランスの社会学者E・デュルケム（Emile Durkheim）は，今日の社会学の形成に大きな影響を与えた人であったが，また同時に幾つかのきわめて大胆な社会学的命題をうち出した人でもあった。たとえば，「神とは実体化された集合力である」と看破したり，「犯罪は社会にとって正常な現象である」（「29 犯罪の潜在的機能」の項参照）ことを論じ，少なからぬ顰蹙を買ったりしている。ここで述べる「人格崇拝の成立」も含めて，常識になじみにくいが言われてみればもっともな（reasonable）これらの言辞は，窮極のところ「社会なるもの」についての彼の独自の概念化によると思われる。

言うまでもなく，「人格の尊重」は今日の社会で中心的な価値となっている。これが侵害されることに人びとは強い反発を示し，「許せない」ことと信じている。プライバシーに不用意に触れぬことはエチケットの基本とされ，人権の擁護は当然の市民的責任となっており，実態はどうあれ，これにかかわる法的・行政的措置は広い裾野をもっている。各人は人間であること，そのことだけで尊厳性（dignity）を認められ，自律性と個性の伸長は望ましいこととされている。

デュルケムは，こうした時代の声に異を唱えたわけではもちろんない。それどころか，他にオルターナティブのない，唯一の道徳的理想として人格崇拝を位置づけ，自身深くそれにコミットしていた。それは彼の学問的出発点から追究されるべきテーマとして抱懐されていたのであり，終生論じられ深められていった課題であった。では，彼にとって何が問題であったのか。人格崇拝にかかわる「個人主義」や自由思想のどこが問題であったのか。

　端的に言えば，個人に至高の価値を求めることの根拠，その基礎づけ——それが問題であった。デュルケムからすれば，軽薄で不確かで謬論（びゅうろん）としか思えない諸見解が「人格崇拝」を取り巻いていた。国家は個人の自由を抑圧するとして，その解体を叫ぶ無政府主義にしろ，理性的存在たる人間はそれ自身目的であることをアプリオリに説いたカントにしろ，個人の本性から個人の権利を説明し，個人から社会を演繹するスペンサーにしろ，「経済人」たる諸個人が織りなす生産と交換の体系として社会を描く「俗悪な商業主義」的経済学者にしろ，これらはいずれも「わが父祖たちを満足させて来た個人の崇拝」「歴史の全過程を貫ぬいて，たえず発展して来た」「多くの人びとの集合する唯一の核心たる」「人格と個人の尊厳性への畏敬」を混乱させ，危地に陥れ，むき出しのエゴイズムのただ中へ人びとを投げこむか，（カントの場合を指しているが）「概念の遊戯にしかすぎず」「確固たる論証に欠ける」ものであった。これらに対するデュルケムの批判点の紹介は煩雑になるので触れず，後掲の参考文献にあたって頂くことにして，ここでは主として前期の著書『社会分業論』に依って彼が人格崇拝の成立をどのように説明しているのか

——それを以下に述べる。

原初的段階における人間社会は，一定の形態も組織も欠いたマスとしての集合体（ホルド，単環節社会）から成っていた。この種の集合体が結合し，血縁関係を中核とした氏族（クラン）が構成される。氏族を基礎とし，それらが重合反復した社会を彼は「環節社会」と名付けた。そこでは，環形動物の環節が一線上に並列しているのと同様に，相互に同質的で類似した（事実上の，あるいは擬制的な）血縁共同体ないし地縁共同体が並存して一つの社会を成していると考えたために，このような命名を行ったのである。小社会たる環節内で成員の生活上の必要はほぼ満たされ自足しており，人びとは環節の隔壁をこえることなく，いわば蜂の巣の小孔の内で暮らしていた。

さて，この環節社会では，成員は集合的事物（たとえば，トーテム）に結びついた共通な信念と感情を共有しており，類似した存在であった。この類似性が成員を結びつけ，社会に統一性・凝集性をもたらしていた。成員は，あたかも無機物の分子のようにふるまい動く他はなかった。成員に共通な幾つかの社会意識（彼はそれを「集合意識」ないし「共同意識」と言っている）は，共同意志として社会を覆い，伝統や慣行として生活を規制していた。宗教的儀礼であれ，生活上の習慣であれ，共同の事物・行為様式には強く明確な感情負荷が充塡されていた。そうした集合感情を傷つける行為は抑止され，現に傷つけた場合は「犯罪」としてきびしく制裁された。集合的に形成された信念・感情の総体は，成員の眼に聖なるものと映っていた。人びとは共同の信念・慣行にいわば埋没・融合しており，その意味で歴史のこの段階では「個人的

人格」は存在していなかったのである。

　しかし,いつとは言えないにしろ,各環節が反復重合を繰り返すうちに,次第に各環節は孤立的でなくなり,環節間の隔壁はゆるんでいった。これまで相互に影響しあうことのなかった環節間で接触が始まり,交換は頻繁となり,社会関係は多様化する。彼はこうした経緯を「道徳的密度」の増大と言っているが,これは同時に社会の成員の総数（「社会の容積」）の増加を条件として伴なうとする。社会の道徳的密度と容積の高まりは,かつての純粋な環節的構造を解体し,その内部に環節の痕跡をいくらかとどめてはいるが異なる構造をもつ複合的な社会を産み出す。「組織的社会」の出現である。

　デュルケムは,社会の発展を「環節社会」から「組織的社会」へと形態学的に類別し,それを社会関係の増大と人口量の増加を原因とする分業の発展によって特色づけた。分業以前の社会では諸機関・諸職能は各環節の内に拡散・固定化しており,互いに他と競合するところもなかったが,社会圏の拡大・集中とともに類似した諸機関は互いに他にとってかわろうとし,諸職能は類似した「欲求」を異なる手段で満たそうとし,相互に競争する。こうした「生存競争」をやわらげるメカニズムとしては,社会的活動を専門化・分化することをおいて他にない。つまり,社会の量と密度との増大は,生存競争を激化させ,結果的に分業を必然的に促進すると言うのである。

　こうして,分業は組織的社会が存続・発展するための構造的要件として位置づけられる。同時に,個人と社会との関係は質的に変っていく。分業は諸個人に専門的な仕事を課す。

分業，つまり労働の分割は諸個人が互いに異なることを要請する。諸個人は，かつてのように類似した存在であってはならず，意識においても能力においても多様な存在とならなければならない。このためには，帰属している集団の共同意識から諸個人が相対的に自立し，行為の自律的動機を自己の内に求める性向が社会的に容認されなければならない。かつて環節社会に秩序をもたらしていた共同意識は，いまや社会発展の桎梏(しっこく)となる。生活の隅々までを律していた共同意識の圧力・吸引力が次第に弱まり，個人的自由の余地が広がる必要がある。諸個人は集団的軛(くびき)から離脱し，流動的になり，自身の観念・感情をつくり出す。これが可能となるためには，個人をおおっていた共同意識の衰退が必要である。

共同意識の一般的衰退を説明して，彼はそれを社会環境の拡大による共同意識の抽象化，および諸個人を掌握することの事実上の困難，あるいは伝統的権威の喪失といった幾つかの事情に求め，分業の進展に相即した原因がそこに作用していることを指摘している。ともあれ，集合的事物に結びついた共同意識の衰退は，社会現象全体の内で個人的要因に帰すべき部分が相対的に大きくなることを結果する。「個人意識は，拡大し複雑となり柔軟になる」。社会の心理生活において，個人意識の比重は高まる。諸個人の多様性，自律性は単に望ましいものではなく，社会にとって不可欠な条件となる。分業の発達につれ，専門化への圧力は高まり，諸個人は多様化し，ついには人間であるという以外に何ら共通性をもたない状況が生じる。何らかの共通性を契機として成立する共同意識にとって，いまや個人（むろん，特定の具体的人物ではなく，抽象的人格としての個人である）以外に確たる共通項は存

在しない。集合的存在を対象とする共同意識・集合感情が稀薄化するにつれ、これに代って理念化された個人が共同の絆となる。「人格と個人の尊厳性への畏敬」は、ある種の宗教的性格をおびるに至る。「われわれは、人格の尊厳のために、ある礼拝式をもつ。……言ってみれば、それは共同の信仰なのだ」(『社会分業論』)。

以上のように、デュルケムは人格崇拝の成立を説明している。その論理のポイントは次の点にある。個人に至高の価値がおかれたのは、常に共同の絆（規範的拘束力の源泉）を不可欠とする社会がそれを人格に求めたからであり、人格崇拝は具体的個人の属性に由来するものではなく、社会が個人的人格を理解する仕方・評価する仕方が社会の構造変化に対応して変ったからである。従って、例えば、歴史上現れた最初の個人的人格は原始民族の専制的首長とされるが、それは集団に由来する集合的権威が組織化され彼一身に権威が集中したからであり、諸個人は集団そのものに服従するかわりに集合的権威の体現者（象徴）に服従することになり、首長は個人としての自律的な活動が可能となる、と説明されている。この例からも知られるように、集団・社会の持つ力・権威（各人にとっては「聖なるもの」と映る）が、どのような経緯をもって何に集中・象徴されるかという点こそ、彼の「人格崇拝」論（さらに言えば、その社会理論）の鍵になっている。表現を変えると、共同の信念・感情のあり方・現れ方を経験的な社会的諸事実を通して理解しようとした点に彼の思考の特色がある。

ともあれ、デュルケムの観察では「個人の尊厳は、時とともにますます高まるばかりで、これほどゆるぎない法則はな

い」とされる。ある観点からすれば、彼の社会学上の諸業績は、フランス社会の道徳的再統合のためにこの「法則」をカントや功利主義の教説とは全く異なった方法で基礎づけ、解明しようとしたものと見なしうる。世紀末フランス社会を震撼させた「ドレフュス事件」に際して、彼とその「年報族」の仲間とを書斎から立ち上らせ「人権同盟」の活動に挺身させた幾つかの動機・事情のうち、何と言っても最大のものは人格崇拝の成立とその根拠に関する彼の社会学的信念であったと言えよう。つまり、この命題は単に学説上ユニークであると言うだけではなく、デュルケムの生き方にかかわっていたのである。

〔参考文献〕

Durkheim, E., *De la division du travail social*, 1893（田原音和訳『社会分業論』青木書店 1971, 復刻版 2005）.

Durkheim, E., *Leçons de sociologie*, 1950（宮島喬・川喜多喬訳『社会学講義――習俗と法の物理学』みすず書房 1974）.

Bellah, R.N., *Emile Durkheim*, The Univ. of Chicago Press, 1973（ベラの序文および英訳論文「個人主義と知識人」参照）.

作田啓一編著『デュルケーム』『人類の知的遺産57』講談社 1983.

（高澤淳夫）

44　自由からの逃走（E・フロム）

　　近代ヨーロッパにおける資本主義的生産様式の発達は，一方では，社会的・経済的自由空間と自由な個人を創出しつつ，しかし同時に，その自由を恐れ，そこからの逃避を志向するような性格特性を深く内面化した人間類型をも生み出した。

　指導者への盲目的服従とグライヒシャルトゥング（強制的画一化）政策，そして強制収容所，これらによって特徴づけられたナチズム体制は，たしかに近代的自由にたいするあからさまなアンチ・テーゼであった。しかし，同時にそれは近代社会がもたらした人間的自由の最高・最良の諸成果を制度化したとも言うべきワイマール体制の，そのまっただ中から誕生したということもまた厳然たる事実である。したがって，現代における最大の野蛮のひとつであったナチズムも，決して，たとえばひとつの「狂気」として，もしくは正常な歴史の進行からの逸脱として，片づけられてはならないだろう。

　このナチズムの勃興を目の当たりに目撃したであろうE・フロム（Erich Fromm）が，その主著『自由からの逃走』(1941) において，「自由とは近代人において何を意味するのか，そして近代人はなぜ，またどのようにして自由から逃れようとするのか」と問うたとき，そこには同様の認識があったはずである。すなわち，フロムは，かつてあれほどにも熱烈に希求され，その獲得のためにおびただしい血が流された

自由を,今日では多くの人びとがそれを重荷と感じ,恐れ,さらにはそこから逃避して,ナチズムに象徴されるような新たな権威への依存と服従を志向し,あるいは「強制的な画一化」に安んじているという現実を,人間的自由の単純な否定,もしくは,近代的自由の進化と発達の過程からの逸脱と見るのではなく,むしろ,そのような自由を不可避とした近代という歴史過程の延長線上に,その必然的帰結として位置づけ,そのうえで,それでは「なぜ」「どのようにして」と問題を提出したのである。

そして,フロムはこの問題を,フロイトが先鞭をつけた精神分析的性格学をいわば「社会学的に修正」した,「社会的性格」論という枠組で解明しようと試みている。フロムの社会心理学の中心概念でもあるこの社会的性格の概念について,彼は『自由からの逃走』では,「社会構造にたいして人間性がダイナミックに適応していく結果うまれ」たもの,あるいは「一つの集団の大部分の成員がもっている性格構造の本質的中核であり,その集団に共同の基本的経験と生活様式の結果発達したもの」,等々と説明しているが,これに先立つ10年前(1932)の論文「分析的社会心理学の課題と方法――精神分析と史的唯物論に関するノート」では,「社会のリビドー的構造」というフロイト的タームを用いて,次のように説明している。

「分析的個人心理学は,本能の発達というものが,生活の現実的条件に対して本能が能動的,受動的に適応する結果として現れると考えている。原理的には同様の関係が,社会のリビドー的構造と経済的条件との間にも認められる。つまりそれは,社会のリビドー的構造が現存する経済的条件へ能動的,

受動的に適応するプロセスである。人間はリビドー的衝動に駆られながら、経済的条件に変化をもたらす。そして変化した経済的条件は、新しいリビドー的目標とその満足を与える原因となる」。

つまり、社会的性格（＝社会のリビドー的構造）とは、本来は不定形である人間の「心理的な力」、あるいはリビドー的衝動が、所与の経済的社会的諸条件からの「影響」をうけて、またそこからの「要求」に適応して、ひとつの定形へともたらされたものである。同時に、この社会的性格は、つねに一定の時代性と階級性を刻印されている。すなわち、それは一方では、社会の経済的下部構造の歴史的発達段階によって規定され、他方では、社会を構成する集団や階層や階級ごとに、それらが占める社会的位置とそこでの「共同の基本的経験と生活様式」に規定されて形成される。

このようにして形成される社会的性格は、もしそれが所与の社会構造とのあいだに一定の均衡を保っているならば、その社会過程において重要な「機能」を果たし、社会統合の「セメント」ともなる。すなわち、社会的性格は一方では、個人の社会的世界にたいする心的構えを方向づけ、水路づけることによって、彼の社会適応をうながす。その結果形成されるのが個人の性格構造であり、それゆえ、諸個人の性格特性は、彼の所属する集団や階級の社会的性格をいわば範型として形成されるのである。また、社会的性格は他方では、諸個人の心的エネルギーを所与の経済構造に適合的な方向へと水路づけることによって、ひとつの「生産的な力」となる。すなわち、「社会的性格は外的な必要を内面化し、ひいては人間のエネルギーをある一定の経済的社会組織の課題に準備

させる」のである。この機能については、プロテスタンティズムが資本主義経済の発展にたいして果たした役割を分析した、ウェーバーの研究によっても、よく知られている（「42 プロテスタンティズムの倫理と資本主義」の項参照）。

　以上は社会的性格のいわば「順」機能ともいうべき側面であるが、これとは反対に、社会的性格が所与の社会構造にたいして、「逆」機能として、もしくは「ダイナマイト」として作用する場合がある。それは両者のあいだに不均衡が生じた場合である。すなわち、社会の経済的進化と心理的進化とのあいだに「ズレ」が発生して、このズレが新たな適合的な社会的性格によって架橋されないならば、そこに取り残された旧い社会的性格は、社会構造にたいして破壊的作用をおよぼす。そもそも、社会的性格は、人間の心的構造の深層に根ざしたものであるから、「ある種の慣性」をもっており、社会構造の変化に直ちに対応して変化することはできない。両者の発展にはつねに、多かれ少なかれ、タイム・ラグがつきまとう。とりわけ、資本主義社会とは、不断の自己革新と社会的イノベーションによってのみその存続が可能であるような社会であるから、この不均衡、ズレは大きく、また不可避である。

　フロムは、このような不均衡にもとづく旧い社会的性格の破壊的作用の噴出として、ナチズムに象徴される、現代の大規模な「自由からの逃走」現象をとらえている。すなわち、彼によれば、「ナチズムの成功の心理的基盤」となったものは、「資本主義の独占化傾向」というドイツ社会の急激な経済的・社会的変動からとり残されて、いわば宙に浮いてしまった社会的諸階層・階級の伝統的な社会的性格の諸特性その

ものであった。現代の多くの人びとをして「自由からの逃走」に駆りたて，またナチズムのイデオロギーを受容せしめる心理的基盤となった「権威主義」，「破壊性」，「機械的画一性」といった性格特性は，決して現代において突如あらわれたものではなく，むしろ「資本主義の精神」の中核として，多かれ少なかれ，すべての階層，階級の伝統的な社会的性格そのもののうちにひそんでいたのである。すなわち，これらの性格特性は，資本主義的生産様式に人びとが適応してゆく過程で，歴史的に形成され，受け継がれてきたものであり，この意味では，それは近代人の社会的性格の特性そのものに他ならない。それゆえ，たとえば，ナチズムの熱烈な信奉者の「権威主義的パーソナリティ」と，「仕事への衝動，節約しようとする情熱，たやすく超個人的な目的のために道具になろうとする傾向，禁欲主義，義務の強制的意識」といった性質を保持していた，かつてのプロテスタントのパーソナリティとのあいだには，その性格構造という面から見れば，本質的なちがいはなかった。ちがいは，ただ，それらの性格が，かつての「自由な」資本主義の時代にあっては，「自由な」営利活動を押しすすめてゆくための特性として，たとえば「質素，倹約，用心，疑い深さ」として有用であり，有効であり，また所与の社会構造に適合的であったのにたいして，同じ性格特性が，独占資本主義体制下では「ハンディキャップ」以外のものではありえない，ということだけである。

このことは，ナチズムの出現を歓呼して迎え，そのイデオロギーを熱烈に信奉した社会層が「小さな商店主，職人，ホワイト・カラー労働者などからなる下層中産階級」であったという事実のうちにも，はっきりとあらわれている。なぜな

ら，この社会層こそが，その社会的性格の諸特性のうちにこのプロテスタント的な「資本主義の精神」をもっとも強く内面化し，受け継いできた階層であり，また，そうであるがゆえに，資本主義の独占化という経済的・社会的変動にまったく適応できずに，欲求不満を尖鋭化させ，外的社会にたいする敵意を肥大化させていた階層だからである。そして，この下層中産階級のこのような心理的コンプレックス，一方における不安と孤立と無力の感情，他方における欲求不満とやり場のない敵意，を組織化し，制度化された社会的自由空間（ワイマール体制）の破壊の方向へと水路づけたのが，ナチスのイデオロギーであった。

すなわち，ナチズム体制をうみ出し，ささえた社会・経済的基盤は，よく知られているように，勃興しつつあった独占資本の利害であったが，その人間的もしくは心理的基盤は，近代的自由の発展とともに，それと並行して形成されてきた「資本主義の精神」，もしくはその頽落形態に他ならなかったのである。

近代がもたらした自由とは，本質的には，資本の「自由」な活動と，「自由」な商品取引を保障し，「自由」な賃労働者を調達するための，中世封建社会のさまざまな束縛や強制から解放された社会的空間であった。フロムによれば，近代のこのような「……からの自由」あるいは「消極的な自由」は，それが「積極的な自由」としての「……への自由」を志向する「全的統一的なパーソナリティ」を形成しえないならば，それを生きる人びとにとっては不安と孤独と無意味の世界となる。そして，そのようなものとして経験された自由から逃避するために用意されている「主要な社会的通路はファッシ

スト国家におこったような指導者への隷属であり、またわれわれ民主主義国家に広くいきわたっている強制的な画一化」だけである。なぜなら、現代人が受け継いできた、その社会的性格の諸特性そのもののうちに「社会的な型となっているこの逃避の二つの方法」を必然化する心理的メカニズムが組み込まれているからである。

最後に、このフロムの「社会的性格」論の学説史的位置づけについて簡単に述べるならば、それは始めにも述べたように、明らかにフロイト精神分析とマルクス主義的社会分析の「統合」という意図のもとに提出されている。すなわち、フロムは、一方ではフロイトのリビドー概念を生物学主義として、また他方ではマルクス主義的社会分析を経済学主義として共に批判しつつ、その両者を「統合」するものとして「社会的性格」という概念を提出しているのである。この試みがはたしてどれほど成功しているのか、ここでそれを検討する余裕はないが、ひとつだけ疑問点をあげるならば、フロムのこの理論においては、個人は社会に対してもっぱら「適応」する存在へと、あるいは「適応」すべき存在へと切り縮められ、また逆に、社会の客観的な諸矛盾は、あたかも、諸個人の調和のとれた「全的統一的なパーソナリティ」の形成によって解消されるかのごとく考えられているのではないか、ということである。

個人と社会とのあいだに存在する「矛盾」を調停するべきはずの「社会的性格」が、その機能を果たしえなくなったとき、それは社会に対して破壊的な作用を及ぼすとフロムは考えている。しかし、この「矛盾」は「社会構造にたいして人間性がダイナミックに適応していく」ことによっては決して

解消しない。むしろそれは,「適応」のために個人が獲得する一定の「社会的性格」によって、それとともにその個人の内部に移し変えられるだけである。マルクスが解明しようとしたのは、まさにこの諸個人の適応の努力によってはいかんともしがたい「矛盾」の「客観性」であったはずであり、またアドルノが指摘しているように、フロイトは「個人の原子的な存在ばかり根気よく掘り下げ」ることによって、諸個人に対して「社会から加えられる毀傷の実体について、多くのことを認識し得た」のではないか。

フロイト精神分析とマルクス主義的社会分析を共に批判しつつ、その両者の統合を意図して提出されたきわめて「社会学的」なこの「社会的性格」という概念が、はたしてその批判の対象となった両者が保持していた鋭い社会批判の含意を正しく継承し、発展させたものであるのか、それともアドルノがいわゆる「新フロイト派」を批判して述べているように、それは結局は「成功や社会的適応の手段に心理学を援用した、新聞の身の上相談室や通俗書の水準」へと堕さざるをえないようなものであったのか。たとえばその後のフロムが「倫理学と心理学の統合」をも志向したということなどとも併せて、検討される必要があろう。

〔参考文献〕

Fromm, E., *Escape from Freedom*, 1941 (日高六郎訳『自由からの逃走』東京創元社 1951, 新版 1965).

Fromm, E., *The Crisis of Psychoanalysis*, 1970 (岡部慶三訳『精神分析の危機』東京創元社 1974).

Horkheimer, M., und Adorno, T. W., *Sociologica II*, 1962 (三光長

治・市村仁訳『ゾチオロギカ——社会学の弁証法』イザラ書房 1970).

(島 和 博)

45 高度産業社会と他人指向型（D・リースマン）

> 第3次産業に従事する人口の比率が著しく伸び，新中間層が増大する高度産業社会では，他者の期待と好みに敏感である傾向によって同調性が保証されるような社会的性格が，その社会の典型的成員にゆきわたる。この社会的性格を「他人指向型」とよぶ。

法律家から法学教授への経歴をたどってきたD・リースマン（David Riesman）は，社会学の分野で仕事を始めてから，それほどの時を経ずして『孤独な群衆』（1950）を著した。

上の命題はこの書物の中で述べられているが，全体のテーマとしてとりあげられているのは，19世紀のアメリカ合衆国で基調とされていた社会的性格が，今や新たな社会的性格に置き換えられつつあるという発見についての考察である。社会的性格とは，所与の社会集団の成員に共通な性格であり，その集団のなかでの経験から生れたものをさすが，リースマンは，社会がもつ「同調性の様式」——社会はいかにしてその成員からある程度の同調性をひき出すか——という観点から社会的性格について考えようとした。同調性の様式には，「伝統指向型」（tradition-directed），「内部指向型」（inner-directed），「他人指向型」（other-directed）の3種類がある（最初リースマンは人口成長の段階との対応仮説を提示したが，後にそれは十分な根拠をもたないと認めているので，ここではその議論には立ち入らない）。これらの概念は，言うまでもないこと

だが，理念型として抽象的に構成されている。したがって完全に伝統指向型の社会，あるいは完全に内部指向型の個人といったようなものは存在しない。

西洋社会では，伝統指向型から内部指向型を経て他人指向型へと歴史的に変化したが，最初の推移を促したのは，ルネサンス，宗教改革，産業革命を含む前近代から近代への転換であった。それは，人間が家族や氏族中心の伝統的生活様式から切り離されていく変化といえる。第2の推移は，生産のフロンティアがほとんど行き着くところに行き着き，今度は消費が新しいフロンティアとして登場してくる時代への転換である。リースマンの著作が世に出た20世紀半ばのアメリカ社会では，この変化はまだ端緒についたばかりであった。その意味では他人指向型の人間はアメリカ社会の多数派を占めているのではなく，大都市の上層中産階級に限られている（このことは往々にして見落とされがちである）。しかしながら，長期的に見通して重要な点は，現代の趨勢では，いずれ他人指向型が高度産業社会のすべての人びとの間に広がることは必至だという点である。その意味で，この著作はアメリカ社会を分析の対象としているとともに現代社会一般の分析をも射程の中におさめている。

ここでは他人指向型を中心に考察するが，その前に，他の二つの類型を簡単に説明しておく。伝統指向型は，伝統に従うことによって同調性が保証される様式である。西洋中世では，大多数がこの指向をもっていた。彼らは，何世紀にもわたって続いてきた行動様式を学び，それらから逸脱することはほとんどなかった。内部指向型は，幼児期に目標のセットを内面化することによって同調性が保証される様式である。

社会の伝統や慣習が自明性を失っていく社会では,伝統に頼らず生きていかねばならない。個人は広い選択の幅を前にして,不安定な状態に陥らぬよう舵をとっていくことを要求される。そのとき内部指向型の人間が頼りとするものを,リースマンはジャイロスコープ（羅針盤）にたとえた。つまり,内部指向型は,親や教師によって植えつけられた一般的目標に向かって針路を大きくはずれることなく一歩一歩近づく。ジャイロスコープが必要なのは,対応のしかたが定まっていない状況に頻々と遭遇するからである。内部指向型にとって,人生は自分で切り開いていくものである。野心を胸に秘めて一生をかけてひとつのことを追い求める生き方が可能であったのは,広大な西部が開拓を待っていただけではなく,時代がさまざまなフロンティアを残していたからである。

　それと比較すれば,現代は19世紀ほど多くのサクセス・ストーリーを生み出す場を用意していない。技術水準が高度な段階に達し,組織が巨大化し,官僚制がすみずみにまでいきわたり,「ゆりかごから墓場まで」とうたわれる物質的には豊かな社会が立ち現れてくると,そこで必要とされる人間の資質はおのずから変化してくる。内部指向型がもっていた進取の気性や努力崇拝はもはや必要とされない（とはいえ,リースマンの指摘するように,都市の小中学校の文化のタテマエとしてはいまだに内部指向型の規範が優位を保っているが）。個人の方向づけを決定するのは同時代人――身近な人びとのこともあれば,マス・メディアの中の人びとの場合もある――となり,彼らの動きを常に把握しておくために,レーダーが必要とされてくる。この有為転変の世の中では,ひとつの目標を何年も暖め続けても無意味になってしまうことが日常的

に生じる。もつべき目標は同時代人の導くがままに変わる。そこで要求される能力は、だれに対してもすばやく反応する能力、いわば一種の感受性とでもいうべきものである。知識や技術を駆使して何かを創造することが自己の存在を確認し、自己に満足を与えるものであった内部指向型と違って、他人指向型にとっては他人をいかに上手に操ることができるか、そしていかに上手に操られることができるかの才能こそが、第1に重要になる。なぜなら、官僚制化された社会では進取の精神よりも、人間関係の複雑微妙な機会をかぎとり、好感を抱かせることが大切だからである。そのために、自分自身のパーソナリティに他人との差をわずかにつける（限界的特殊化 marginal differentiation）。

　身につけた技能ではなくてパーソナリティ自体が売り物である、という発想をリースマンはE・フロムと共有している。フロムからは社会的性格の概念を初めとして多大な影響を受けているが、『人間における自由』(1947)に描かれた「市場的構え」と対比させると、現代人に対するフロムとリースマンの視点の相違が浮かび上がってくる。フロムは「無差別または無関心こそ現代人の、自己自身および他人との関係を特徴づけるものである」と考える。「市場的構え」をもつ人間は、自分の価値が競争市場での成功に依存することを知っているので自分をできるだけ価値ある者に見せることには腐心するが、その際他者を指向の源泉、あるいは準拠枠にするほど重要視はしない。リースマンは、すでに述べたように、レーダーを備えていなければ不安であるという人間を新しい時代の刻印を受けたものとして捉えた。流動的な社会の中で自分だけが置き去りにされるのではないかという不安に苛まれ

ているゆえに，現代人は他者の承認を強迫的といえるほどに強く望む。他者が自分に好意をもっているかどうか——自己の存在の証は，ほとんどそれに依存している。このように，フロムが無関心な現代人像に，他方リースマンが過剰とも思える関心をもつ現代人像に行き着いた分岐点はいったいどこにあるのか。重なる部分も多い両者だが，この相違を導いたのは不安に対するアプローチの差異のようである。フロムは，他人がどう感じているかを誰もが知っていると前提し，他人を商品として，また手段としてみることに忙しく，不安をあまり強くは感じていない人間を出発点にしたが，リースマンは，他人が自分についてどう思っているかわからないと考え，不安から逃れられない人間を考察の主なる対象に据えたのが分析の方向を大きく分けている。

「他者への関心」の主題は二つの異なる視点から論じることができる。ひとつは純粋に客体としての他者に没頭していく関心，もうひとつは自己との関係において意味をもつ他者への関心である。リースマンは，後者の立場であり，誇張をおそれずに言えば，自己への関心の裏返しとしての他者への関心ということになろう。この他者への関心が，それまでの理論的枠組に対してどのような新しい考え方を提示したのか，簡単に述べておこう。

人間の発達途上で，他者——具体的な個人であれ，フィクショナルな構成体であれ——からの視線は，大きな役割を果している。しかし，他者との関係は，成人に至るまでと成人に達してからとでは，大いに質が異なる。子どもが他者を必要としたようには成人は他者を必要としないこと，それが成人の資格でもあるわけである。人間を，独立独歩の精神をも

つ完成物とみなした途端に，他者との関係の中にある人間という側面を置き忘れて論じてきた傾向がこれまでによくみられた。しかし，近年は，他者とは自我を形成する過程で関わる手段的なものではなく，本来自我そのものと切り離せないほどに深く結びついていることに目が向けられつつある。この方向転換を促した功績をリースマンに帰しても不都合はないように思われる。一例として消費行動の中にその現れ方を見てみよう。

ヴェブレンの論じた「誇示的消費」の基礎となっているのは財産の所有と消費を熱心に追求する個人主義および明白な欲望であったとリースマンは述べる。ところが他人指向型の社会での消費形態とは，いわば「一番人気のある商品は大多数の人々によってたまたま使われている商品」ということになる。そこでは欲望対象の序列を内面化し，それが不変であり続けることを期待できない。自分自身の欲望が真に内発的な欲望なのかどうか決定できない。言いかえれば，他者の欲望を自分自身の欲望として取りこんでいるだけかもしれない。今まで画然と自我としてとり囲まれていた中に他者の影が侵入し始め，それはさらに大きく動かしがたくなっている。

ここで，他者としてもっとも大きな影響力をもつ仲間集団に焦点を移そう。仲間集団は第1次集団の性格をもつが，リースマンはその機能を単純化して捉えることをしなかった。他人指向型では仲間から抜きん出て目立つことは危険である。たとえば，ギャングは成功によって破滅に陥るといわれているが，成功はまさに仲間から切り離されることであり，致命的なのだ。けれども，それではすべての競争が回避され平穏であるかといえば，そうではなく，仲間の承認を得るための

競争は強いられる。それは明らさまに他人を蹴落とすような競争であってはならない（敵対的協力 antagonistic cooperation）。仲間はまた，楽しく時をすごす相手であるとともに，判定をくだす陪審員でもあるという二重性をもつ。裁かれるのは，あるいは序列づけられるのは，仲間集団で通用している趣味を共有しているか否かの基準によるが，そのとき趣味は，個人的に楽しむというよりもむしろ，仲間集団で承認を得るために必要不可欠なものとみなされている。

仲間の趣味に合わせ，人を楽しませなくてはならないと思うあまり，楽しむことが義務の相貌を帯びてくると，M・ウォルフェンシュタインの指摘する「楽しみの道徳」（fun morality）に行き着く。ここにも，相反する二つの要請が共存し，他人指向型の人間を安らかな境地に導いてはくれない。楽しみは強制されればもはや楽しみとはいえない。かつて仕事と楽しみ（遊び）は分離していたが，他人指向型ではそれらが相互浸透している。生産と消費，集団への適応と個人的利害の間も同様に境界が定かでなくなる。そして自我の核をはっきりもっていない他人指向型の人間は自我から逃避することもできない。それは不安を鎮めるべき場所がないことを意味する。不安に駆り立てられて仲間集団に逃げこんでも，仲間は同時に陪審員として新たな不安の源泉になる。

仲間集団から派生する問題として，消費社会に関する論点を拾い出しておこう。それは商品が序列づけられるのと同様に，仲間の中で互いに評価しあうソシオメトリックな交渉が無限に続くという意味において仲間集団自体も，つまり人びとも友情も，消費の対象になるという見方である。消費とは本来，使い尽くすこと，消耗することを意味しているが，し

だいに概念が拡張され，多くの人びとがあらゆるものを手に入れることのできる豊かな社会になると，消費対象は非実体的なものにまで広がるといえる。マス・メディアを通して人びとは言葉やイメージや雰囲気を消費するのである。その中で最大のものが仲間集団である。伝統的な消費観念からもっともかけ離れた仲間集団を消費の対象と見抜いたところにリースマンの炯眼があったといえよう。この意味でボードリヤールの消費社会論の要点——人間は記号を消費している——の萌芽は，リースマンの著作の中にすでに認められる。

　以上のように，他人指向型の特徴を検討していくと，われわれの学校教育制度のタテマエが内部指向型を温存しているせいか，他人指向型を低く評価してしまうことになりがちである。公平に判断するためには，リースマンが原則的にどの社会にも見られる適合の様式として類別した3類型，「適応型」，「アノミー型」，「自律型」を知っておく必要があろう。簡単に説明すれば，適応型は，適応にあたって努力を必要としない，まるでその文化のために生れてきたような人，アノミー型は行動面での規範に同調する能力を欠いている人，自律型は同調する能力をもちながら同調についての選択の自由をもつ人のことをさしている。この類型に関して誤解する人の中に，自律型を内部指向型と同じものだとみなしてしまう人があるが，そうではなく，どの社会的性格にもこの3類型は存在する。これからの社会の担い手としてリースマンが希望を託すのは，内部指向型の復活ではなくて他人指向型の自律型である。他者，あるいは人間関係を気にすること自体が問題なのではない。問題となってくるのは，たとえば仕事の場に不必要なほどの人づきあいのよさをもちこみ（人格化過

剰 overpersonalization），そのために，もっと創造的に用いるべき情緒的な資源を空しく浪費していることである。現代の仕事の場において官僚主義的非人格的な人間関係が批判され，和やかで社交的な雰囲気が求められているが，リースマンによれば，自律型に至るためには，過剰な人格化という障害物を取り除き，仕事を非人格化してそこに情緒をつぎこまないようにすることのほうが先決なのである。現実の人間は，社会が要求する以上のことを成し遂げる能力をもっているが，その能力を用いて活躍する自律型が多く出現するかどうかが他人指向型社会の試金石となるだろう。

〔参考文献〕

Riesman, D., *The Lonely Crowd*, 1950, Abridged ed., 1961（加藤秀俊訳『孤独な群衆』みすず書房 1964）.

Fromm, E., *Man for Himself*, 1947（谷口隆之助・早坂泰次郎訳『人間における自由』東京創元社 1955，改訳版 1972）.

（細辻恵子）

46 擬似環境と民主主義との矛盾 (W・リップマン)

> 人間と現実環境との間には擬似環境が挿入され，人間は擬似環境に対して直接に反応するために，行為と現実環境との間に齟齬をきたすことになる。

情報社会に生きる現代人にとって，W・リップマン (Walter Lippmann) の名を失することはできない。1922年に出版された彼の主著『世論』は，情報と人間・社会との関連について今もなお有効な視座を提供してくれるからである。ハーバード大学で主に哲学を学んだリップマンは，現実の流動的社会に興味を抱き，卒業後ジャーナリズムや政治の場に身を投じた。直観にみちた彼の主著も，このような現実世界の経験を通して生れたといえる。

第1次世界大戦の折に，時の大統領ウィルソンに請われて彼は戦争終結時の停戦条約の起草に参画する。この「十四カ条」(フォーティーン・ポインツ) の条文をめぐってヴェルサイユで協議と調印が行われたが，この政治過程を観察してリップマンは失望する。なぜなら，会議に臨んだ当事国の政治的信念はたがいに大きく相違していたばかりでなく，条文それ自体が個々に部分的な矛盾を含んでいたが，それにもかかわらず，政治家たちはそれらを十分に考慮することなく協定を結んだからであった。事実，リップマンの予想どおりに間もなくこの条約は有名無実なものと化したが，リップマンはこの政治過程から彼の洞察を引き出した。なぜ政治家たちは現実認識において無知であ

近代から現代へ 385

りえたのか。彼らは現実についての正確な認識にもとづいて行動していたのではなく、現実から離反した現実についての観念を頭の中で勝手に構成し、その観念にもとづいて行動したために、現実との間にズレが生じたのであった。ここから、リップマンの著書の主要な論拠となる概念（擬似環境）がもたらされることになった。

日常生活におけるわれわれは、自ら直接に接触したり経験したりできる諸対象にとりかこまれて暮らしている。われわれの行動は対象に関する精確な知識にもとづいて遂行される。たとえ知識と行動とが不適合であったとしても、少なくともわれわれは自己の能力でそれを調整することが可能である。このような環境をリップマンは「現実環境」(real-environment)とよんだ。これに対して、われわれの行為や認識の対象（事実や出来事）が、何らかの障害により直接に接触したり確認する方途が妨げられるとき、われわれは現実環境のかわりの環境を創り出さざるをえない。たとえば、対象が空間的・時間的に隔てられていたり、あるいは対象自体があまりにも広大で複雑であるため個人の能力では認識することが不可能である場合などがこれにあたる。このときわれわれは現実環境それ自体を把握しえないゆえに、それに代替する映像(picture)を自己の頭の中に思い描き、この映像を自己の環境と思い定める。この頭の中で構成され、単純化されたモデルをリップマンは「擬似環境」(pseudo-environment)と名づけた。リップマンによると、現代人は膨大でしかも複雑多岐にわたる現実にとりかこまれて生きることを余儀なくされており、それゆえに擬似環境にたよらざるをえなくなっている。

ところで擬似環境は現実環境のかわりに頭の中で構成され

たイメージの複合体であるから，当然，現実環境との間に認識上のズレが存在するはずである。しかもわれわれは，擬似環境を真の自己の環境と考えてそれに向けて行為する。ところがわれわれの行為の結果は擬似環境にではなく現実環境に及ぶことになり，われわれの予想しえない事態が現実環境からリアクションとしてかえってくる。つまり擬似環境と現実環境との認識上のズレが反応上のズレをもたらすのである。リップマン以後，現実環境と擬似環境とのズレは，オリジナルとコピー（清水幾太郎），現実と地図（S・I・ハヤカワ），現実と幻影（D・J・ブーアスティン）などのズレとして考察されるが，究極のところ実在と表象とのズレといってよかろう。交通や通信などの諸手段が高度に発達した現代社会では，擬似環境の拡大化が必然的にもたらされるが，実在（現実環境）から離反した表象（擬似環境）に支配されるならば，われわれの行為はますます現実からかけはなれたものとなってしまう。その結果，確実な行為のための基盤が崩壊の脅威にさらされることになる。ここにリップマンの現代社会に対する憂慮が生れた。以下ではその憂慮のうち3点にわたって述べておきたい。

　さて，まず第1点は，現代人がステレオタイプ（世界についての固定的・画一的な観念やイメージ）に支配されやすくなるという指摘である。われわれは社会構造内に一定の地位を占有しており，伝達される情報を地位に付随する文化（解釈カテゴリー）によってタイプ化する。たとえば，「陽気なアイルランド人，論理的なフランス人，規律正しいドイツ人」などという具合にである。文化に蓄積された解釈のためのカテゴリーばかりでなく，われわれは個人的経験，友人・知人か

ら受け取った断片的知識，想像，などを通して獲得された「雑多なステレオタイプ」を所有しており，これらをも対象世界のタイプ化に動員する。このようなステレオタイプは，タイプ化の作用によって対象世界に秩序を付与する。この秩序は認知的次元だけでなく，情動的次元にまで及ぶ。なぜならステレオタイプは個人や集団の感情や情緒と結びついており，一種の道徳観や世界観にまで達しているからである。それゆえに理解（解釈）しえない事態の生起は，認知的次元を越えて情緒的次元にまで及ぶゆえに，われわれに大きな不安を引きおこさずにはいない。擬似環境の拡大とは，このような不測の領域の拡大を意味しているから，われわれはステレオタイプへの依存度を強めざるをえないことになる。

さらに，先に述べたように現実環境と擬似環境との認識上のズレは反応上のズレを生ずるが，行為の上における不測の反応はわれわれをますます不安に陥れるために，われわれに現実環境を回避させるように作用する。その結果われわれは現実環境と擬似環境とのズレを自己増幅させることになる。ステレオタイプは，現実との接触を通してゆがみや誤差を修正され，硬直化を低減させられるのであるが，現実回避の増大はステレオタイプの体系の自動化メカニズムを生み出さずにはいない。つまりステレオタイプは体系内で自己増殖し，今度は逆にステレオタイプを積極的に外部の世界に投影するのである。ステレオタイプの中で前もって前提とされている諸特性が逆に対象の内で解読され，「思いやりの深い人びとが親切の理由を見出し，また悪意ある人びとが悪意を見出す」ことになる。こうして，両環境のズレとステレオタイプへの依存化傾向とは悪循環を形成し，その結果われわれは現

実から遊離した自己中心的な偏見や先入観にますます強くとらわれることになる。

　第2点は、事実とイメージ所有者との間に媒介者が要請され、この媒介者によって現実環境と擬似環境とのズレが増幅されやすいことである。マス・メディアの驚異的な発達は、コミュニケーション可能な領域を拡大させることでもあった。しかし新聞やラジオ・テレビで報道される情報は、事実を観察した記者の報告にもとづくものであり、またこの報告は多数の人びとの手を経た（たとえば編集者による規格化）後に受け手に伝わる。このため現実は幾人もの頭脳の映像化過程を濾過してきたものであるために、多様多重な変形をこうむらざるをえないはずである。さらに報道は、積極的にズレを増幅させる作用を行使する。受け手の側は日常の生活に追われているため、報道の照合や考察の余裕も能力をも持ちあわせない。しかも彼らに理解しえない事実の報道は彼らを困惑に陥れるから、彼らは可能なかぎり自分たちのステレオタイプに適合する報道を歓迎しやすい。こうして報道は事実を単純化（たとえば善玉、悪玉の創出）したり、解読の暗示を与える記事を同時に掲載する。また報道は世論形成という名目の下で、「シンボル操作」を行い、読者の個々の意見の相違を無視して統一的意見の形成へと導く。シンボルとは「ほとんどなんでも意味する言葉」であり、受け手の理性よりも感情や情緒にうったえる言葉である。受け手は権威あると認める人たちが使用するシンボルによって、個々の意見の相違や対立を忘却して感情的な一体感の達成をもとめる。たとえば、リップマンによると「アメリカ主義」というシンボルは、保守主義者と進歩主義者との両者から同様に支持されてきた。報道

におけるシンボル操作は読者を事実から遠ざける結果となりやすい。こうして報道による現実環境と擬似環境のズレの増大は，未開社会の人びとや子どもに顕著な未分化な思考様式（たとえばセンセーショナリズムへの嗜好）を培養させやすい。

第3は先の第1，第2の指摘にもとづく憂慮である。「民主主義の実践は新しい時代に入った。いかなる経済力の変化よりも，無限に意味の深い革命が起こりつつある」とリップマンが述べたように，環境の根本的変化が近代社会の主要な政治制度である民主主義を変質させざるをえない，という指摘である。ルソーに代表される18世紀の啓蒙思想家たちは，次の二つの前提にもとづいて人民主権の理念を説いた。すなわち，一つには，民衆の個々人は先天的に政治的能力にめぐまれており，自分の判断で物事を決定し実行しうる個人であること。二つには，民衆の意見は事実に関して同一な見解にもとづいた「共通の意志」を形成し，ありとあらゆる物事の動きを洞察する神の声であるという前提であった。しかしこのような暗黙の前提は，ルソーやジェファソンが想定した外部社会から隔絶された封鎖的で自立的な比較的小さな集団においてのみ該当する。なぜなら，そこにおいては，人びとはほぼ直接に接触し確認しうる現実環境の内に生活しているのであり，自己や世界に対して確実で正確な知識を所有しうるからである。環境が「万人の直接的かつ的確な知識のとどく範囲内に限定され」てこそ，個人主義も民衆の合意（世論形成）も可能になるのである。ところが上に見たように，擬似環境に住むことを余儀なくされる現代人は，環境に対する直接的で的確な知識を持ちえないだけでなく，偏見や先入観に支配されるために，行動のための自立的な判断を持ちえない。

さらに，マス・メディアは両環境のズレを拡大するだけでなく，民衆の非合理的な心情へのアッピールを行うために，人びとを合理的で理性的判断の所有者である公衆から非合理的で感情的な大衆へと変化させる。こうして「われわれの考えつく限り，いついかなる時においても見えない環境の全体がすべての人びとに明らかになり，その結果，彼らが政府の任務のすべてに対して健全な世論を自動的に作り上げる見込みはほとんどなくな」っており，われわれは「民主主義が矛盾の危機に逢着している事実を骨身にしみて感じ」ざるをえない状況を迎えているのである。

擬似環境の概念はリップマン以後Ｄ・Ｊ・ブーアスティンなどによって受け継がれた。彼は高度なテクノロジーの発達はリップマンが前提とした実在と表象との区別すら疑問にし，両者が区別しえない状況が生起しているという。たとえば彼は観光客用に開催されるアトラクションやダイジェストに合わせて原作小説が書かれるという事実をあげ，このような現象を「擬似イベント」(pseudo-event) とよぶ。擬似イベントでは表象が実在を生み出すという「預言の自己成就」すら起きるのである。

〔参考文献〕

Lippmann, W., *Public Opinion*, 1922（田中靖政ほか訳『世論』世界大思想全集25〔第2期〕河出書房新社 1963；掛川トミ子訳, 岩波文庫, 上・下, 1987）.

Boorstin, D. J., *The Image*, 1962（星野郁美・後藤和彦訳『幻影(イメジ)の時代──マスコミが製造する事実』東京創元社 1974）.

(亀山佳明)

47 誇示的消費（T・B・ヴェブレン）

さまざまの消費財は有用物であると同時に，それを消費する人間の社会的地位を表示する「記号」でもある。それゆえ，人びとはしばしば，自己の社会的地位を他者に「誇示」するために，あるいは地位上昇の願望を託して，この「記号」としての消費財を消費する。

人間の欲求とはつねに社会化された，あるいは社会的に規範化された欲求であり，それゆえ，人びとによるこの欲求の充足としてのモノ（物的財貨をはじめとして時間や知識などをも含む）の消費には，その欲求の在り様をかたちづくった社会の，その社会性が深く刻印されている。すなわち，人間と消費財としてのモノとを媒介しているのは自然的な，または動物的な欲望ではなく，社会的に共有された「消費を規制する規範」であり，そうであるがゆえに，人びとはその日常的な消費生活において，たとえば，その基本的な生理的欲求の十全な充足を抑制してまでも，「最後の小さな装身具」に執着したり，あるいはそのささやかな「金銭上の体面」を保持しようと努力する。この意味では，高度に産業化された現代に生きる人びともまた，ちょうど「よい行儀作法の掟にしばられて，自分の手で自分の口に食物を運ぶよりも，むしろ餓死することを選ぶポリネシアの族長」と同じように，その消費生活において，不可視の社会的な「掟」にしばられていると言える。

ヴェブレン (Thorstein Bunde Veblen) がその『有閑階級の理論』（初版は 1899）において,「誇示的消費」(conspicuous consumption) という概念によって明らかにしようとしたのは,現代の「文明化された消費構造」の根底にひそむ,このような社会的な掟によって規制されている「魔術的経済」(J・ボードリヤール) の諸相であった。

　ヴェブレンによれば,人びとは消費財としてのモノを,それがもたらす何らかの具体的な有用性や使用価値のゆえにのみ消費するのではない。人びとにとって,さまざまのモノは有用物,使用価値として存在していると同時に,それらのモノを消費する人間の,その社会的な地位や経済力などを表示する社会的指標としても存在している。ヴェブレンはモノのこうした社会的地位表示の機能を,その有用性や使用価値と対比して「消費財の間接的・第二次的効用」と呼んだが,誇示的消費とは,モノのこのような「間接的・第二次的効用」が,人びとの消費の主要な動機として肥大化してゆくことである。すなわち,誇示的消費においては,モノはたとえば「金銭的実力」や「世間的名声」の指標として,あるいはより一般的に言えば社会的な「差異表示記号」(ボードリヤール) として,人びとの欲求の対象となるのである。

　それゆえ,人びとをして誇示的消費へと駆りたてているのは,「生活資料なり肉体的快楽なりの欠乏」といった物質的窮乏でもなければ,モノがもたらす有用性でもなく,モノの消費を媒介とする社会的地位の「差異的比較」(invidious comparison) において他者を凌駕しなければならない,あるいは少なくとも,差異表示記号としてのモノによって構成される標準化された「世間並みの生活」から脱落してはならな

いという，人びとの「見栄」(emulation)である，とヴェブレンは言う。

すなわち，人びとのモノ自体に対する欲求がではなく，たとえば「金銭的地位の点で，他のものに打ちかち，かくして仲間のものの尊敬や羨望をえ」たいといった，ヴェブレンが「差別的比較の習慣」あるいは「見栄」と呼ぶところの，人びとの「差異への欲求（社会的な意味への欲望）」（ボードリヤール）こそが，この誇示的消費のいわば真の目的であり，動機なのである。それに対して，現実に消費されるモノは，この差別的比較あるいは差異化の手段であるにすぎないのだから，その具体的な使用価値はいわばアリバイであり，さまざまなモノはむしろ「差別的比較の目的に役立」つその程度に応じて，人びとの欲求の対象となるのである。誇示的消費においてはそれゆえ，しばしば，安価な便利さよりも「金のかかった不便さ」が求められ，不必要な「実用性のみせかけ」が工夫されたりもする。「品物は，ある程度，それが際立って，無駄なものであるために，好んで用いられる。それらのものは，ある程度まで，それが無駄なものであって，ちょっとみると役に立ちそうにもないことに比例して，つかいものになるとおもわれる」とはヴェブレン流の皮肉な口吻ではあるが，人びとの誇示的な消費財への欲求が，モノの有用性や使用価値のコンテキストとはまったく異なった位相に，すなわち，人びとの「差異への欲求」に根ざしているということを，巧みに表現しているだろう。

このように，人びとは自己の社会的地位を自他に確認させるために，あるいは地位上昇への願望を託して，差異表示記号としてのモノを消費するわけだが，こうした誇示的消費の

「習慣」はとりわけ現代の都市住民のあいだで顕著である，とヴェブレンは言う。なぜなら，都市において人びとは「そのひとの日常生活をまるで知っていない大勢のひと」とともに，彼らとさまざまの社会的交渉をもちながら生活することを余儀なくされているがゆえに，「このようなゆきずりの観察者に印象を与え，かれらからみられて自己満足を感ずるため」の手段として，誇示的消費の効用が高まるからである。すなわち，「人間を表相によって差別する」現代都市社会の「まなざしの地獄」(見田宗介)においては，人びとは誇示的消費によって豊かさや望ましい社会的地位などを演出することによって「他者たちのまなざしを操作」(見田)しなければならない，というわけである。

しかし，このような誇示的消費はもはや，かつての「有閑階級」(leisure class)において実践されていたような，いわば事実としての富や特権に裏打ちされた，あるいはその反映としての，それではない。現代の大衆化された誇示的消費はもっと不安定なものである。

ヴェブレンによれば，誇示的消費とはもともと，「掠奪」をその経済の原理とする「野蛮文化」の時代において，支配階級である「有閑階級」が自己の富と特権を誇示するためにつくりあげてきた消費の習慣である。しかしそれが現在では大衆的に「受容」されて，「社会のいかなる階級でも，もっとも貧困なものでも，習慣となっている誇示的消費をことごとくやめてしまうことはない」といった具合に，社会のすべての人びとにとっての「消費を規制する規範」となってしまっている，とヴェブレンは言う。その結果，現代におけるこの大衆化された誇示的消費は，もはや「有閑階級の生活様式

の直接の発現」ではなく,むしろ,都市の中・下層民衆によって受容された「有閑階級の模範的先例」のいわば矮小化されたコピーの実践であり,彼らによる「みせかけの有閑階級」化への試みなのである。あるいは,それは資本主義経済の発展に伴う,伝統的社会関係の解体,社会的移動の激化,都市化の進展などによって,「その社会的アイデンティティを碇泊するしっかりとした社会関係」(見田)から疎外された不安な現代人が,自己の社会的地位上昇への願望を,人間の「表相」をかたちづくるモノの消費へと一元的に収斂させることによって,その不安を克服しようとする試みである,とも言えよう。

そして現代の都市住民は,その誇示的消費によって自己の「世間的名声と自尊心」を,すなわちその社会的アイデンティティを維持しなければならないのであるから,この「精神的な幸福を与える際立って無駄で虚栄的な支出は,肉体的幸福とか生存の「下賤な」欲望だけに役立つような支出の多くのものよりも,ずっと不可欠なもの」ともなるのである。

さらには,このようにしてひとたび誇示的消費が人びとの生活様式のうちに,その「不可欠」の部分としてしっかりと組み込まれてしまうと,今度はそれが人びとをして際限のないモノの消費へと駆り立ててゆく。なぜなら,この誇示的消費にはその本質からして,原理的に限界がないからである。ヴェブレンは次のように述べている。

「都市の住民はお互いに他人を追い越そうと競争して,かれらの誇示的消費の正常の標準をますます高い点につりあげ,その結果として,その都市の一定の程度の金銭上の体面を示すためには,この方面の,相対的にますます大きな支出が必

要となる。このような、いっそう高い因習的な標準に合致するという要求が至上命令となる。見苦しくない生活の標準が、どの階級にとってもますます高くなる。そして、身分を失わないためには、このような見苦しくない体面の要求をまもらなければならないのである」。

すなわち、「他のあらゆるひとにうち勝とうとするあらゆるひとの欲望」という、人びとの「差異への欲求」にもとづく誇示的消費は、このように必然的に限りなく肥大化してゆかざるをえない。かくして現代の、とりわけ都市社会における「モノの欲求の世界は普遍化されたヒステリーの世界のごときもの」(ボードリヤール)となるのである。そして、このような決して充足されることのない人びとのモノへの欲求を介して、社会的な差別と差異化のメカニズムだけが自己を貫徹してゆくのである。

以上のように、ヴェブレンはその「誇示的消費」論によって、資本主義社会における生産力の上昇によって生理的欲求の最低限の充足という目的から「解放」された人びとの欲求が、彼の言う「絶対的な意味での個人生活の充実」という方向へは向かわずに、過去の「野蛮文化」の名残りとも言うべき「誇示的消費の掟」に依然としてからめとられたまま疎外されている、という現実を暴露し、この現実の根底には、人びとの「見栄」あるいは「差異への欲求」という「古代の特性」がひそんでいるということを明らかにしようとしたのである。

そのさいに、ヴェブレンは、ボードリヤールが指摘しているように、「差異化の論理を階級というよりも個人の観点から、交換構造というより威信の相互作用の観点から提出」(『記号の経済学批判』)しているがゆえに、この誇示的消費を

人びとに強制するのは「ひとつの階級的論理」であり，あるいは階級社会における「差異化の構造的論理」であるという側面は，ほとんどその視野にとらえられていない。このことは，彼が19世紀末期のアメリカという，いわば「大衆消費社会」のほんのとば口でその分析を行ったということからして，当然のことではあったのだが。

むしろヴェブレンにとって，大衆化された誇示的消費が問題とされ，批判されなければならなかったその理由は，まず第1には，「無効果，浪費，無能率」を廃し，「用益性や能率」を追求する人間の「製作本能」(instinct of workmanship) によって発展せしめられてきた，合理的な産業システムの成果が，誇示的消費によって「無駄」に「浪費」されているからであり，第2には，それがこの製作本能の主要な担い手であるべき「勤労階級」から，その「勤労的な特性」をうばいとって，その「人間性を現代の産業生活の必要に適応させることを阻止するような作用をいとなむ」からである。すなわち，ヴェブレンは誇示的消費を，いわば資本主義的産業システムの合理的発展を志向する「テクノクラシー主義者」（アドルノ）としての立場から問題にしたのである。それゆえ，彼にとっては，誇示的消費として表出される人びとの見栄（＝差異への欲求）は，過去の「野蛮」な有閑階級文化の「残存物」としか見えなかったのである。

しかし，本当はこの合理的な産業システムそのものが，人びとのこうした欲求を必要とし，また生み出したのである。すなわち，ボードリヤールが指摘しているように「生産と消費は，生産力とその統制の拡大再生産という唯一の同じ巨大な過程」（『消費社会の神話と構造』）なのであり，それゆえ，

誇示的消費へと収斂する人びとの「欲求は,豊かな社会によって《解放された》消費力ではなくて,システム自身の機能,システムの再生産と延命の過程が要求する生産力」(『記号の経済学批判』)なのである。

しかし,ヴェブレンにとってこうした現実が見えなかったことは確かに当然であった。むしろ,いまだ資本主義が若々しく「健康」な時代にあって,しかも「テクノクラシー主義者」としての本人の意図に反して,すでにその未来の退廃と病理を予見した「ヴェブレンの憂うつなまなざし」(アドルノ)こそ評価されるべきなのであろう。

〔参考文献〕

Veblen, T. B., *The Theory of the Leisure Class: An Economic Study of Institutions*, 1911 (小原敬士訳『有閑階級の理論』岩波書店 1961; 高哲男訳, ちくま学芸文庫 1998).

Baudrillard, J., *La Société de consommation: Ses mythes, ses structures*, 1970 (今村仁司・塚原史訳『消費社会の神話と構造』紀伊國屋書店 1979, 普及版 1995).

Baudrillard, J., *Pour une critique de l'économie politique du signe*, 1972 (今村仁司・宇波彰・桜井哲夫訳『記号の経済学批判』法政大学出版局 1982).

Adorno, T., *Prismen: Kulturkritik und Gesellschaft*, 1955 (竹内豊治・山村直資・板倉敏之訳『プリズム——文化批判と社会』法政大学出版局 1970; 渡辺祐邦・三原弟平訳『プリズメン』ちくま学芸文庫 1996).

見田宗介『現代社会の社会意識』弘文堂 1979.

(島 和博)

48 アイデンティティとモラトリアム
　　（E・H・エリクソン）

> 社会は子ども時代とおとな時代の媒介期間，つまり心理・社会的猶予期間を制度化している。この期間に青年は役割実験を自由に行い暫定的なアイデンティティを形成する。しかし青年期以降にもアイデンティティの危機が再発することは多い。

　アイデンティティとは多様な（しばしば矛盾する）自己の存在の側面を統合する自我の資質（力）であり，その統合された存在のかたちである。

　アイデンティティ概念を包摂するより大きな枠組として，相互性（mutuality）概念が存在する。これはエリクソン（Erik Homburger Erikson）の根本的関心といってもよい。彼は聖書の黄金律（何事でも人びとからしてほしいと望むことは，人びとにもその通りにせよ。「マタイ伝」7：12）に相互性の原理を読みとり，次のように解釈する。「他者を強めるのとまさしく同じように自分をも強めることを，すなわち，自己の最大の可能性を発展させるのと同様，他者の最大の可能性を発展させることを他者にたいしてなせ」。つまり他者の潜在能力活性化に機能する行為が同時に，自分自身の潜在能力活性化に機能するという相互性であり，その核心は利他性と利己性の一致である。一例として医者の患者にたいする関係があげられる。彼の地位を不動のものとした『幼児期と社会』

において相互性の概念は1950年に提出され，1964年『洞察と責任』にいたってもっとも深められている。相互性は自一他における相互肯定であるといえる一方で，利他的行為は自己統制のもとでなしとげられるので，相互における自己統制＝相互規制（mutual regulation）でもある。エリクソンのいうところの「漸成的発達」（epigenesis）の各段階で人間が獲得する自我資質（ego qualities）とは実は，自一他における相互性の形成，維持のための能力に他ならない。したがって自我が発達すればするほど，他者との協調がうまくなしとげられる。外的適応の機関として自我をとらえるこのような考え方は，後期のフロイト理論（「制止・症状・不安」1926）や，H・ハルトマンの自我理論（「自我心理学と適応の問題」1939）をエリクソンが継承していることを示している。そしてまた彼の理論が心理・社会的（psychosocial）といわれるゆえんでもある。すなわち新フロイト学派の社会心理学が，心理的なものの社会的根源を求めたのにたいし，エリクソンは心理的なものは社会的な形式をもつと考えたのである。

先にも述べたようにアイデンティティは，存在の形態であると同時に，自我資質をさす概念である。自我資質としてのアイデンティティは，漸成的発達の一段階である青年期において達成すべき課題である。しかし一方で，存在の形態としてのアイデンティティの問題は，青年期にかぎらず状況とのかかわりで人生のどの段階でも生じる。

漸成的発達の諸段階は，相互性を形成し維持する諸能力（自我資質）が発達してくる過程であったが，青年期の課題であるアイデンティティはどのような相互性と関係づけられるのか。それ以前の段階との差異は，かけがえのない独自の

意味をもつ自己として、他者との間に結ぶ相互性が求められるということである。自己に独自の意味を与えるものとして、エリクソンは「イデオロギー」を位置づけた。しかし彼のいうイデオロギーは広義のものであり、基本的世界観、さらには自己にたいする解釈の基準とでもいうべきものである。新しく得られたイデオロギーによりながら、新しく獲得された自我資質の力で、さまざまな自己像が検証され、再解釈され、結合される。いいかえれば「個性の表現様式」が追求される。この過程をもう少しくわしく見てみたい。

　青年期においてはかけがえのない独自の自己、意味ある存在としての自己が追求されるが、これは裏返せば、青年は現実には無意味でとるにたりない、いくらでもとりかえのきく存在であるということである。アイデンティティといえば、独自性とかかけがえのなさとか輝かしいイメージに注目されがちであるが、本当はそういうものいっさいをもたない青年の惨めな現実のほうにアイデンティティ概念解釈のウェイトがおかれるべきなのである。存在しないものこそが希求される。これは青年にかぎらず人生のどの段階でも人間にとってアイデンティティが問題となる時、同じことがいえる。たとえば職業に就いてからも、その仕事の無意味さを痛感する時、にもかかわらず生活のために仕事を捨てることができない時こそ、アイデンティティの問題がその人の心を占領する。つまるところアイデンティティの問題とは、青年をはじめとして下層階級者、被差別者など社会的にマージナルな人びとにとっての問題、すなわちマージナルな役割と自尊心との分裂としてとらえられる矛盾する自己の側面をどのように統合するか、という問題である。逆にしっかりしたアイデンティテ

ィを持つかのように言われる人びと——力強い成功者，業績をあげるエリート——にとっては，アイデンティティなどは意識の外にあるであろう。

　この点については，アイデンティティ概念誕生の背景となったエリクソンのライフヒストリーが参考になる。彼の前半生につねにつきまとったのは，否定的アイデンティティの一種としての継子アイデンティティ（stepson identity）であった。彼の母は幼い彼を連れて再婚したので文字通り継子であった。義理の父親はユダヤ人だったので，ユダヤ人社会に参加したがそこでは彼は「異教徒」だった。しかし学校では「ユダヤ人」だった。青年となり彼は最初画家を志望したが，ふとしたきっかけからフロイトのウィーン精神分析研究所で学ぶようになった。しかし元来が画家志望であったから，分析家の世界には違和感を抱いていた。「継子」というものは自分が今生きている世界ではマージナルな存在であり，いつも居心地の悪さを感じている。自分はこの場でなんの意味も持たない人間だという思いである。しかしエリクソンが切りひらいた活路は，このマージナリティを逆手にとって，そこにこそアイデンティティを見出す道だった。マージナリティとは一つの世界における中心から遠く離れているということであるが，しかし境界を接する他の世界にもっとも近いということでもある。マージナルな人間は，一つの世界に，別の世界に属する異質なものをもちこめる者である。このように自己を位置づける基準が変わった時（新しいイデオロギーの獲得），否定性そのものが肯定性へ，受動的なものが能動的なものになる。エリクソンの場合では，芸術家としての彼の感覚が劇作検査の方法を精神分析にもたらし，青年期から若い

成人期にかけての「継子」体験がやがてアイデンティティ概念に結晶する。彼はその学問の継承者, R・コールズに「……私が境界性からあるスタイルを作り出し, 同一性の拡散からある概念を作り出そうとせねばならなかったのは本当です」(鑪幹八郎訳『エリク・H・エリクソンの研究』ぺりかん社 1980) と語っている。この受動性→能動性の図式は, エリクソンがその生きざまの中からつかみとってきたものであるが, フロイト理論のうちにもすでに存在していた。「制止・症状・不安」では, 発達とともに自我は受動的に経験した不安を能動的な予期に転換させ, 外界への適応に機能させると述べられている。

以上のようなアイデンティティ論においてはモラトリアムはどのように位置づけられるであろうか。モラトリアム概念にかんする一般的解釈はつぎのようである。青年期には社会にコミットメントすること＝成人としての社会的義務遂行が免除, 遅延される。これをエリクソンは心理社会的猶予期間 (psychosocial moratorium) と名づけた。この間に行われる自由な役割実験の結果, 青年ひとりひとりは社会の役割構造の中に自分にぴったりの位置を見出す。役割は青年を意味あるものとし, 役割関係という他者との相互性をもたらす。この役割とそれにともなうイデオロギーを中心として, 自己の諸側面が統合されアイデンティティが形成される。

しかしこのように言えるのは, 個人と社会の志向が一致する幸せなケースのみである。モラトリアムの制度化の背後には 19 世紀以降の工業化 (西欧や日本社会) があった。生産力の側面からいえば, 工業化による生産力の上昇は社会全体としての経済的余剰をうみ出す。その結果かつては児童期の終

了とともに労働力とならねばならなかった年齢層の青年達が,労働から解放された(しかし工業化の初期には安価な工場労働力として,むしろ児童が積極的に雇用された)。青年が労働とそれにともなう社会的義務を免除されて来るべき成人期に備えるモラトリアムの,物質的基盤が準備されたのである。また一方工業化の進展は生産技術の高度化の過程でもある。高度化した技術は,生産にたずさわる労働者に対し初等教育だけでなく中等・高等教育の実施を,しかも,より広い範囲の人びとにたいする実施を要請した。社会がモラトリアムを制度化した意図は,工業化社会をになう有能な労働者・技術者の養成にあった。しかしモラトリアムの核心を成人としての社会的義務免除ととらえるならば,それは必ずしも高等教育機関所属者のみに限定されない。高等教育機関に所属するのは合法的モラトリアムであるが,その一方で非合法的モラトリアムが存在する。それは義務から逸脱することで,免除に代替させるものである。このようなものの例として,エリクソンは非行と病気をあげている。それらは有能な労働者・技術者養成には役立たないが,意味ある存在への転生を願って否定性の中で苦闘する青年にとっては十分モラトリアムなのである。これは与えられるモラトリアムにたいして,作り出されるモラトリアムとでも呼べるであろう。このことからして,非行はアイデンティティ理論の中で否定的アイデンティティの事例とされているが,一歩すすんでエリクソンは肯定性への転生をも視野に入れていたことに注意を払いたい。

　エリクソンのアイデンティティ―モラトリアム論にはその後,彼の後継者たちによってどのような修正がもたらされただろうか。その第1はモラトリアムの常態化である。ことば

をかえていえば一つのアイデンティティ，一つのイデオロギーに固執しないということである。R・J・リフトンはこのような人間のあり方を，「プロテウス的人間」と名づけた。プロテウス的スタイルの特色は「終わりのない実験と探究の連続であり……それらの実験と探究はいずれもさらに新しい心理的探索をするためにあっさりと捨て去られてしまう」（外林大作訳『誰が生き残るか——プロテウス的人間』誠信書房 1971）という点にある。このパターンは，科学技術，思想イデオロギー等の変動が激しく，それにともなって役割関係の境界が流動的な現代社会にあって，一つの適応の形態なのである。しかしながらプロテウス的人間は，イデオロギーを必要としないわけではない。むしろ逆に，強烈なイデオロギー的飢餓をその内に抱いている。真正なイデオロギーを求めるのだが，真正さは状況との相関で決定されるために，不断の彷徨を続けることになるのである。

　修正の第2点は，内的モラトリアムと外的モラトリアムとの分離である。K・ケニストンは，現代において問題なのは「青春期（adolescence）後期の若い大人たち（young adult）」であるとして，青年期（youth）をとくにこの時期に限定している（『青年の異議申し立て』）。彼らの特徴はすでに確固とした思想，イデオロギーを抱きそれにもとづいて成人社会への異議申し立てを行う，という点にある。つまり内的にはモラトリアムを脱している。しかし彼らはいまだ学生であり大学院生であり職業的役割を獲得しておらず，外的にはモラトリアムの状態にある。エリクソンは，職業的役割の獲得とイデオロギーの獲得をいずれもモラトリアムの目標としており，しかも両者の関係については明確に述べていない。このため

に両者の獲得を同時と見ざるをえず，社会―個人関係について一種の楽観主義に陥っているという批判が生じやすい。ケニストンによる青年期概念の提出は，外的モラトリアムと内的モラトリアムを区別してエリクソンの欠陥を補塡する試みとみることができる。

栗原彬の提出した「二重意識」の概念――モラトリアムの内面化――は，第2の修正の1タイプである。ケニストンの場合とは逆に，このタイプは外的には職業的役割を得て成人世界に適応しているにもかかわらず，内的にはモラトリアムを続行させている。「彼らはなにものかであることに対してたえず自己剝離を行い，なにものでもないことを通してなにものかになろうとする」(『やさしさのゆくえ＝現代青年論』ちくま学芸文庫 1994)。

いままでに紹介してきた修正は，いずれもが変化と多様性をアイデンティティとどのように調整していくか，という試みである。リフトンは変化と多様性を時間軸に沿って配分し，ケニストンと栗原は存在論的な層としてとらえた。エリクソンのアイデンティティの概念が，マージナルな役割と自尊心の希求に引き裂かれる人間たちの論理であるとするなら，これらの試みはまさしくエリクソンの本意を継承するものであろう。

〔参考文献〕

Erikson, E. H., *Childhood and Society*, 1950 (仁科弥生訳『幼児期と社会』1, 2, みすず書房 1977, 80).

Erikson, E. H., *Insight and Responsibility*, 1964 (鑪幹八郎訳『洞察と責任』誠信書房 1971).

Erikson, E. H., *Identity:Youth and Crisis*, 1968（岩瀬庸理訳『主体性——青年と危機』北望社 1969；改訂版『アイデンティティ——青年と危機』金沢文庫 1982）.

（井上眞理子）

付論　社会学的命題の構造の分析

「序言」で述べたように、命題とは判断を言語で表したものである。本論で取り上げない命題をも含めて、以下に例示しよう。

①社会はそれを構成する個人の総和以上のものである。（J-J・ルソー、E・デュルケム）

②社会はドラマである。（H・D・ダンカン、E・ゴフマン）

③社会的現実は意味の多くの層をもつ。（A・シュッツ、P・L・バーガー）

④動機は行動の原動力であるよりもむしろ行動の説明に用いられる社会的ヴォキャブラリーである。（C・W・ミルズ）

⑤存続する社会集団はAGILの4機能要件を満たしている。（T・パーソンズ）

⑥社会生活は聖、俗、遊の3領域を含む。（R・カイヨワ）

⑦心的装置はイド、自我、超自我の3機能を備えている。（S・フロイト）

⑧個人のセルフは他者とのコミュニケーションを通して形成される。（G・H・ミード）

⑨エディプス・コンプレックスを形成する父子関係はモデル＝ライバル関係の一事例にすぎない。（R・ジラール）

⑩男女のあいだのいわゆる性差は文化の中での学習の所産

である。(M・ミード)

以上はすべて「AはBである」という判断を表している。

一方,私たちはまた「AはBの原因または結果である」あるいは「AとBは相関している」という形をとる命題のあることを知っている。しかし,この形も「AはBである」という判断の一つの特殊ケースである。以下にこの第2のカテゴリーの例を挙げよう。

①個人が結合する他人の数が増すにつれて,他人一人あたりとの結合の程度は弱まる。(高田保馬)

②集団の成員間の相互作用の頻度が高まれば,相互の愛情は強まる。またその逆も真である。(臼井二尚,G・C・ホマンズ)

③交換におけるインバランスが勢力の差を生み出す。(P・M・ブラウ)

④外集団との敵対が強まると,内集団の親和が強まる。(G・ジンメル)

⑤一つの社会において上層の行動様式が下層によって模倣される。(G・タルド)

⑥認知作用は不協和を低減させようとするシステムの要請によって制限を受ける。(L・フェスティンガー)

⑦文化遅滞によって社会秩序の混乱が起こる。(W・F・オグバーン)

⑧生産関係が生産力を抑える桎梏となった時,生産関係は変わる。(K・H・マルクス)

⑨閉鎖的な諸集団が融け合い,より大きい社会的単位へと編成された時,人格崇拝が起こる。(E・デュルケム)

⑩資本主義の勃興はプロテスタンティズムの禁欲倫理と密

接な関連がある。(M・ウェーバー)

　上記の2番目のカテゴリーに属する命題は二つの事実のあいだの因果関係あるいは相関関係を述べている。これらは一定の条件のもとでの変数間の関係を表しているので、法則命題と名づけることができよう。これに対して第1のカテゴリーに属する命題は二つの事実間の関係を扱ってはいない。それらの中に現れているのは一つの事実、たとえば社会やパーソナリティや動機などに関する見方 (perspective) である。これらは一定のパースペクティヴのもとでとらえられた事実を表しているから、法則命題に対して事実命題と名づけるのがふさわしい。しかし、これらの命題が表している事実は一定のパースペクティヴのもとで初めて浮かび上がってくるのであるから、それぞれのパースペクティヴの特徴を強調するために、視点命題と名づけておこう。パースペクティヴィズムという哲学の術語がある。それは、すべての知識は認識主体の生命の必要に相関しているというニーチェ風の立場を指す。知識を命題、生命の必要をなんらかの必要と読みかえれば、事実についての知識はすべてパースペクティヴにもとづくと言うことができる。それゆえ、法則命題もまた視点命題なのである。だが、それには視点命題と区別して独立の位置を与えなければならない。なぜなら、法則命題の場合には、そこに含まれている判断が正しいかどうかを、人は経験に照らし合わせて問うことができるからである。一方、単なる視点命題に関しては、人は経験的に真偽を問うことはできない。ここでは、一つのパースペクティヴによって照らし出された事実が、まさに事実と見えるかどうか、いいかえればその命題が説得性をもつかどうか、ということだけが問題である。

視点命題の正しさを実証することはできない。これに対して，法則命題の中には，たとえ実際に実証されるところまではゆかない命題が含まれているとしても，それは本性上実証されうるもの（したがってまた実証によって否定されうるもの）である。

しかし，法則命題もまた，すでに述べたように一定のパースペクティヴを前提としている。上述の10個の法則命題の背後にあると思われる視点命題を次に列挙してみよう。

① 人間の結合エネルギーの量は一定である。高田はこの視点命題を公理命題（postulate）として，そこから①の命題を導いた。結合エネルギーが定量であるかどうかは実証されえない。人間性に関してこのような見方を採る，というだけである。

② ここでもまた，人間性に関する一つのパースペクティヴが前提となっている。それは人間は未知の存在，なれ親しんでいない存在を恐れ，嫌う，という視点である。

③ ここでもまた，人間性に関する一つのパースペクティヴが前提となっている。それは人間は他者との報酬の交換においてバランスを求める傾向がある，という視点である。

④ ここでは集団の本性に関する一つのパースペクティヴが前提となっている。それは，集団もまた個人と同様自己防衛の傾向をもつ，という視点である。

⑤ ここでもまた，人間性に関する一つのパースペクティヴが前提となっている。それは人間は自己よりもすぐれた存在の特徴を取り入れる傾向がある，という視点である。

⑥ ここでは諸要素の相互依存から成るシステムの見方が前

提となっている。すなわち、認知作用もまたシステム全体の安定のために統制を受ける。

⑦ここでもまた、システムの見方が背景にある。社会システムの一要素が急速に変化すると、それに応じて他の諸要素も変化するはずなのだが、急速には歩調を合わすことができない。この遅滞が混乱を惹き起こす。

⑧ここでもまたシステムの見方が背景にあるが、下部構造が独立変数であるとみなされている。すなわち、生産力が社会変動の起動因とされる。

⑨ここでは人間性に関する一つのパースペクティヴが前提となっている。それは人間が自己を超えた精神的存在として尊敬しうるものは社会だけである、という視点である。社会はいろいろのシンボルの中に体現されうる。人格もまたそのシンボルの一つである。

⑩存在と意識の関係は前者が後者を一方向的に規定する関係ではない。

以上において、10の法則命題の背後にあると思われる視点命題をそれぞれ一つずつ挙げた。しかし、視点命題が一つではなく複数あっても不思議ではない。たとえば、⑧は「存在が意識を規定する」という視点命題を前提としているし、また「量が質に転化する」すなわち「量が増大して一定の水準に達すると、質の変化が起こる」（閾の概念）という視点命題をも前提としている、と言ってよかろう。

最後に、視点命題もまたその背後にもっと一般的な視点命題を前提としてもつ場合もあることを指摘しておこう。たとえば、「社会はそれを構成する個人の総和以上のものである」という命題は、いわゆる創発特性（emergent property）の概

念を前提としている。それは,複数の要素が相互に作用して形成された全体は,もとの要素には含まれていない新しい性質をもつにいたる,という考え方である。

次に,本論で取り上げた社会学的命題の構造の分析に移ろう。この分析を通して「序言」で述べた命題の面白さとは何を意味するかが明らかになってゆくはずである。視点命題は一定のパースペクティヴによって切り取られた事実についての言明であり,法則命題とは同様に一定のパースペクティヴによって切り取られた事実の諸要素間の関係についての言明であった。そこで命題の面白さはパースペクティヴと事実一般との関係の中か,もしくは事実の諸要素間の関係の中に潜んでいると言える。前者が視点命題の面白さであり,後者が法則命題の面白さである。もっとも,事実の諸要素間の関係は一定のパースペクティヴなしには浮かんでこなかったものであるから,法則命題の面白さが背景のパースペクティヴなしに成り立つというわけではない。

それでは面白さの条件は何か。それはまず意外性あるいは非自明性である。もちろんのこととされている常識を言い表す視点命題は面白くない。そのパースペクティヴは日常性の中のわれわれが共有しているものであるから,それによって切り取られた事実は自明の事柄である。もっとも,常識が経験的なデータに裏づけられて法則命題となった場合,その実証の手続きが知的喜びをもたらすこともある。しかし,その知的な刺激は命題そのものの面白さではない。

視点命題の面白さの分析から始めよう。たとえば,「社会は有機体である」「社会はサイバネティックスである」「社会はドラマである」等の視点命題がある。これらの命題は多少

とも意外性,非自明性を含む。ではそれらは何に比べて意外であり,非自明的なのか。それらはたとえば「社会は個人の集まりである」という命題と暗に比較されうる。この命題は辞書の中の言葉の解説のように平凡である。なぜなら,社会という言葉が表す意味の平面と個人の集まりという言葉が表す意味の平面とのあいだには,ほとんど距離がないからである。両者はいわば同じ次元に属する事実に言及しているように見える。社会を所記(signifié)あるいは事実,個人の集まりを能記(signifiant)あるいは記号と呼ぶとすれば,ここでは事実と記号がほとんど重なっているかのようである。

一つの図形を思い浮かべてみよう。一平面上に平行線XとYがある。XとYはこの平面上では二つの線であるが,これを立体的にとらえると,二つの平面のマトリックスと考えることもできる。Xが事実,Yが記号である。いま,XY間の距離がほとんどなく,ほぼ一本の線に見える状態を想定しよう。これが自明性の状態である。次に,二つの線がしだいに分離してゆくにつれ,意外性が増してゆく。しかし,二つの線のあいだの開きだけでは知的な喜びは生じない。二つの線のあいだに対応の関係があることの論証が必要である。命題の面白さは意外性を必要条件とし,説得性を十分条件とする。

視点命題の中での最も単純な構造の分析から得られた意外性のパタンはもっと複雑な視点命題や法則命題にも含まれている。これらのさまざまのパタンは二つに大別されうる。

Ⅰ　パースペクティヴと事実という二つの線あるいはマトリックスのあいだの対応

Ⅱ　パースペクティヴによって切り取られた事実のマトリ

ックス上の諸要素間の関係

　Ⅰについての解説はもはや不要である。その意外性は事実の線あるいはマトリックスと記号の線あるいはマトリックスとのあいだの距離と対応から生じる。最も単純なパタンにおいては，パースペクティヴＹによって事実Ｘのマトリックスがとらえられるが，Ｘ上の特定点は指定されていない。例「社会は有機体である」。Ｙ（有機体）とＸ（社会）とが全体として対応している。

　Ⅱの説明に移ろう。パースペクティヴＹによって事実Ｘのマトリックス上の特定点ａとｂとの関係がとらえられる。たとえば「結合定量の法則」（高田保馬）。しかし，こうしてとらえられる関係はいつも因果関係であるとは限らない。たとえば「開いたもの」対「閉じたもの」（Ｈ・ベルクソン）というパースペクティヴから見ると，本能と知性，ゲマインシャフトとゲゼルシャフトという両項は因果関係にあるのではなく，そして，鋭く対立し合うというよりむしろ相互に依存し合うものとして現れてくる。

　そこで，ⅡのカテゴリーはⅠのカテゴリーとは異なって，事実のマトリックス上の諸要素間の関係に意外性が見いだされるのがその特徴である。しかし，ベルクソンの命題に見られるように，「開いたもの」対「閉じたもの」というパースペクティヴから社会を見るという見方そのものがすでに意外性を含んでいると言える。

　Ⅱのカテゴリーに属する意外性にもいろいろのパタンがある。それを大別すると，（1）事実のマトリックス上の諸要素が同じ層に属している場合（水平的関係）と，（2）それらが別の層に属している場合（垂直的関係）とに分かれる。

(1) 1例として，P・M・ブラウの交換というパースペクティヴを取り上げよう。常識は支配者と服従者とのあいだに前者が後者を一方的に搾取する関係だけを見る。交換のパースペクティヴから見るなら，その関係は双方的であって，一方が他方から無償で報酬を奪っているのではない。すなわち，バランスを超えてより多くを受け取った側は，その負い目のゆえに他方に服従する，というのがブラウの命題である。それは，常識的なパースペクティヴではとらえられない事実のマトリックス上の支配者—服従者の相互依存関係を明らかにしている点で意外性を含む。

潜在的機能に関する諸命題もまたこのタイプに属する。もっともここでは，観察者のパースペクティヴのほかに当事者のパースペクティヴが画面に出てくる。いわゆる未開社会において，雨乞いの儀礼や葬送の儀礼に参加する当事者は，雨を降らせ，故人を安全にあの世へ送り届けるために儀礼に参加していると信じている。これが当事者のパースペクティヴである。しかし，観察者のパースペクティヴから見れば，儀礼の正しい遂行 (a) と降雨あるいは死者の安全 (x) とのあいだにはなんら関係はない。観察者のパースペクティヴは，その代わりに儀礼の正しい遂行 (a) は共同体の成員（当事者）相互の結合を強め (b)，そのことによって彼らの心理的安定を回復する (c) という関連を見いだす。観察者のパースペクティヴは ax 間の関係が存在しないことを明らかにするとともに，abc 間の関係を発見する。これが潜在的機能にかかわる命題のもつ意外性である。

潜在的機能というパースペクティヴは当事者（行為者）の行動が彼らの予期しない結果をもたらすという連関を明らか

にする。しかし、予期した結果をもたらす場合でも、行動とその結果とのあいだの連関の仕方が、当事者の想定と異なっているならば、やはり意外性が生じる。R・K・マートンの「預言の自己成就」命題の含む意外性がその場合である。このタイプに属する命題として、いわゆるラベリング理論の含む意外性を挙げることができる。刑余者は再び罪を犯すであろうというラベリングは、その人の生活機会を制限し、そのために実際に再び罪を犯す。しかし、この予期と結果とのあいだの関連は、ラベルをはった当事者には見えない。観察者だけがこれを知っている。象徴的相互作用理論としてのラベリング理論は、ふつう機能主義理論のカテゴリーに入れられていない。しかし、ラベリング理論は、相互作用状況に視野を限定した機能主義理論であると見ることもできる。

Ⅱの(2)に移ろう。それは事実のマトリックス上の諸要素が同じ層ではなく別の層に属している場合である。有名なM・ウェーバーの論文「プロテスタンティズムの倫理と資本主義の精神」に含まれている命題を取り上げてみよう。それはピューリタンの禁欲的努力の潜在的機能を言い表していると見ることもできる。彼はもっぱら内面的な問題に専心しており、その努力の外面的効果が資本の蓄積から資本主義の勃興へと展開してゆくことを予期していないからである。しかし、ウェーバーの命題に登場するピューリタンは機能主義や象徴的相互作用派の命題に出てくる当事者とは異なって、それ自体が一つのマトリックスである。すなわち、それはパーソナリティ・システムであって、事実のマトリックス上の一点にすぎない当事者（行為者）と区別されうる。パーソナリティとしてのピューリタンは禁欲、勤勉、内省などの諸要素

から成る。一方,資本主義の経済システムもまた事実の一つの層を表すマトリックスである。そして,強いていえば,この二つのマトリックスのうちで一つは禁欲,他の一つは蓄積される資本という,二つの特定点の対応が命題化されている。これに対して,機能主義などのパースペクティヴによってとらえられた当事者(行為者)はパーソナリティ・システムではなく,その行為は社会的事実という一つのマトリックス上の一点(a)として他の諸点(bやc)と対応しているにすぎない。ウェーバーの命題においては,事実のマトリックスは二つに層化されていて,資本主義という下層のマトリックスとピューリタンという上層のマトリックスとのあいだの対応,さらにはそれぞれの層の中の要素と要素とのあいだの対応がとらえられている。そして,これらの対応は観察者のパースペクティヴによってのみとらえられるので,対応の発見に意外性が伴うのである。ウェーバーの命題に感じられる奥行の深さは,事実の層のこの二重性にもとづくのであろう。事実の層のパーソナリティのレベルをさらにエラボレートした例として,E・フロムの命題「自由からの逃走」を挙げることができる。

　観察者のパースペクティヴによってとらえられる事実の上層マトリックスは,いつもパーソナリティ・システムであるとは限らない。それ以外のシステムの1例として記号システムがある。本論では取り上げなかったが,谷泰のイエス＝去勢羊の命題の構造を簡単に分析してみよう(『「聖書」世界の構成論理——性,ヴィクティム,受難伝承』岩波書店1984)。羊群の管理者＝牧者は当歳子のオス羊を多量に殺す。オス羊が多いと,メスをめぐる争いによって羊群に混乱が起こるから

である。牧者は少数の生殖用のオスを残すが、その他に健全なオス羊を去勢し、これを訓練して、羊群のリーダーにする。このリーダーは羊の側に属しているが、同時にまた人間である牧者の意志を実施するという点で、マージナルな存在である。このリーダーの位置と、人であると同時に神であるイエスの位置とが対応する。それゆえ、遊牧民の牧羊管理のための羊の機能別分類システム＝記号のマトリックスから見れば、イエスの役割は理解しやすいのである。その理解を助けるかのように、イエスの伝記作者たちは彼を独身者として記述している。彼は牧者の意志をうけ、羊群を安全に誘導する去勢羊と容易に同定される。イエスは神の意志をうけて人びとを導くリーダーであると見られることになる。この命題の構造を分析すると、一方においてはイエスの受難という出来事を含む社会状況があり、他方においてはその上に牧羊管理のための記号システムがある。そして、この二つのマトリックスのあいだの対応を見る観察者のパースペクティヴが、さらにその上にある。

　同様の例として再びマートンの「預言の自己成就」命題を挙げることができる。ここでは預言の実現という出来事の連鎖のマトリックスに対応して「オイディプス王」に代表されるような神託の実現のマトリックスがあることが見いだされた。もっとも、マートンが神託の実現のマトリックスをどれほど意識していたかは明らかでない。しかし、われわれがマートンのこの命題に見いだす面白さは、「存在と意識」のあいだの常識的な規定・被規定関係の逆転という面白さや、潜在的機能の発見の面白さに還元されえない。それらの上にもう一つの別の次元の意外性が加わる。それは預言の自己実現

と神託の自己実現との対応である。

「序言」で述べたように，選ばれた命題は一般理論にかかわる命題だけではない。そのほかに特定領域，歴史，文化比較にかかわる諸命題も取り上げられている。これらの命題の多くは，やはり意外性あるいは非自明性を含む。上で分析したウェーバーの命題は歴史理論にかかわる命題の一例である。特定領域や文化比較に関する命題の分析は，これまで採ってきた観点と同じ観点から行うことができる。したがって，それらの例示は省略し，「付論」を閉じることにする。

〔参考文献〕

Koestler, A., *The Act of Creation*, 1964（大久保直幹ほか訳『創造活動の理論』上・下，丸善 1966, 67）.

Collins, R., *Sociological Insight: An Introduction to Nonobvious Sociology*, Oxford Univ. Press, 1982（井上俊・磯部卓三訳『脱常識の社会学——社会の読み方入門』岩波書店 1992）.

Brown, R. H., *A Poetic for Sociology: Toward a Logic of Discovery for the Human Sciences*, Cambridge Univ. Press, 1977.

（作田啓一）

文庫版へのあとがき

　本書（原著）が刊行されたのは，今から25年ほど前，1986年6月であるが，むろんそれ以前に企画と準備の段階があった。「序言」にもあるように，この本をつくるために私たちは十人ほどで研究会をつくり，十数回にわたって会合をもった。初めての会合がいつだったのか，記録を残していたわけではないので記憶に頼るほかないのだが，たぶん1984年の2月ごろであったと思う。もともと「命題集」という形で本をつくろうというのは作田啓一先生のアイディアであったので，第1回研究会の報告者は作田先生，取り上げられた命題はマートンの「預言の自己成就」であった。そのことはよく憶えている。

　研究会はその後，ほぼ月に1回のペースで各回2人の報告者がそれぞれ「面白い」と思う命題について報告し，皆で議論するという形で続き，とくに初期の会合では収録すべき命題の選択についても議論が交わされた。作田先生や私は別として，研究会メンバーの多くは当時三十代半ばくらいの「若手」の人たちであったから，議論は活発で，予定の時間をオーバーすることも多かった。この研究会にはまた，筑摩書房の勝股光政さん（現在，以文社社長）もしばしば出席してくださった。

　とうぜん，会のメンバーだけですべての命題をカバーするのは無理なので，この命題はこの人に執筆を依頼したらどうか，というようなことも話題になった。研究会での議論を参

考にしながら編者二人が大まかな見取図をつくり，それに沿って原稿の執筆を依頼する段階に到達するまで，それほど長い時間はかからなかったように思う。それから先の細かい編集上の段取りは勝股さんが進めてくださったが，研究会はその後も変わりなく開かれ，原稿がだいたい出揃うころまで続けられた。

　以上が本書の出版にいたる経緯の大略だが，今回，思いがけず文庫化の話をいただいたときは，なにせ 25 年前の本であるから，率直にいって作田先生にも私にもためらいの気持がなかったわけではない。しかし，すでに社会学史のなかに定着しているクラシックな命題がほとんどであること，またこの種のコレクションに何らかの偏りは不可避であることなどを考え，お申し出を承諾することにした。内容については，ほとんどそのままの形で再録することになったが，「参考文献」の部分は，読者の便宜と現時点での入手のしやすさを考慮して，その後の翻訳や復刊などのデータをできるだけ補うように努めた。この点も含めて，文庫版の編集を担当してくださった藤岡泰介さんにはいろいろとご配慮，ご尽力をいただいた。厚くお礼を申し上げたい。

　もちろん，クラシックな命題といえども，その位置づけ方や解釈の仕方において「時代的制約」から自由ではない。おそらくそのこととも関連していると思われるが，旧版に含まれていたトクヴィルの命題とフーコーの命題については，文庫版への収録に関して著者の了解が得られず，今回は割愛せざるをえなかった。

　ブルデュー，ギデンズ，ベックなどの命題が入っていないのも「時代的制約」であろうか。ベックのリスク社会論はま

だ出版されておらず、私たちの視野に入っていなかった。しかし、ブルデューとギデンズについては、収録を検討した記憶がある。ブルデューは入れたかったのだが、当時はいくつかの論文が散発的に訳されているだけで、『再生産』や『ディスタンクシオン』をはじめ、まとまった著作の邦訳がまだなかったので、結局見送りになった。一方ギデンズは『資本主義と近代社会理論』『先進社会の階級構造』などの邦訳がすでに出ていたが、どうも本書にふさわしい「面白さ」に乏しいのではないかということで、これも見送りとなった。

　本書では、「序言」や「付論」に述べられているような意味での「面白さ」が命題選択の重要な基準の一つになっている。もちろん、このこと自体が「時代的制約」であるかもしれない。実際、近年の社会状況は、私たちの社会生活から、そしてまた社会学から、その種の「面白さ」を楽しむゆとりを奪いつつあるように思われる。それは、現実の問題にストレートに向き合うことを促すという意味で、必ずしも悪い傾向とばかりはいえないであろう。しかし、そういう時代だからこそ、社会学を学ぶ若い人たちには、社会学という学問のふところの深さをも感じとってほしいと思う。そのうえで次のステップとして、本書の「時代的制約」を超えて、自分なりのお気に入り「命題コレクション」をそれぞれにつくり、臨機応変に活用してほしいと思う。

　　2011 年 10 月

　　　　　　　　　　　　　　　　　　　　　　　　井上　俊

解説　常識が二度揺さぶられる不思議なテキスト

近森　高明

　『命題コレクション　社会学』といえば，かつて社会学専攻の大学院入試をひかえた受験生にとって必携のテキストだった（いまでもそうかもしれないが）。あるいは少なくとも——ローカルな話題で恐縮だが——京都大学大学院文学研究科の社会学専修を受ける場合にはそうだった。何せ，私が受験した十五年ほど前の当時，この本からの出題率がかなり高かったのである。大げさにいえば，問題を出す側も受験する側も，どちらもこの本に頼っていたような感じがあった。

　じつのところ受験生が『命題コレクション』ばかりに依存した結果，解答の仕方がワンパターンになったという面もあったように思う。たとえば私が受験したときには，文化について社会学の立場からどのようなアプローチが可能かという論述問題が出た。具体的な理論をあげて説明し，自分の意見を述べよという内容だが，作問担当だった井上俊先生（いまだからわかるのだけれども）が，あとで「何だか解答にオグバーンばかりがあがっていた」と不思議がっておられたのを覚えている。理由は簡単である。『命題コレクション』に入っている項目のうち，文化を扱った理論としては，W・F・オグバーンの「文化遅滞」論がモデルとして比較的単純で，解答しやすかったからである（じつは私自身もオグバーンを使った）。フランクフルト学派の文化産業論やP・ブルデューの

文化資本論など，ほかにいろいろと選択肢もあるだろうに，十五年前でもすでに相当古めかしくなっていた「文化遅滞」論を，多くの受験生が解答にあげていたのは，やはり偏りがあったといわざるをえない。それだけ『命題コレクション』の影響力が強かったということだ。

　さて，今回文庫化される本書は，刊行から四半世紀が経つにもかかわらず，近年でもけっこうな部数が出ていたと聞く。続々と新手が出てきては消えてゆく社会学のテキスト業界からすると，これは驚くべき息の長さである。このロングセラーの秘訣は，いったいどこにあるのだろうか。もちろん刊行以来，本書は改訂がなされていないので，とりあげられる命題や，解説の学術的コンテクストという点で時代的な制約は避けられない。A・ギデンズの再帰的近代化論やブルデューの文化的再生産論はもとより，U・ベックのリスク社会論，Z・バウマンの個人化論など，現在の「社会学の財産目録」のなかに数え入れるべき命題は多い。にもかかわらず，そうした制約を超えて読み継がれてきただけの十分な理由が，本書にはあるように思われる。

　ひとつには，「序言」でも謳われているように，本書が社会学の〈面白さ〉を中心に編まれている点が理由としてあげられるだろう。ここでの〈面白さ〉とは意外性であり，非自明性であり，つまりは日常の〈当たり前〉をどこかでずらし，相対化する「脱常識」の視点の面白さである。ただし同時にこの〈面白さ〉を，あくまで個々の具体的な命題に寄り添いながら引き出そうとしている点が，本書の強みを支えているように思う。〈面白さ〉そのものをストレートに訴えようと

すると、おそらく空回りをしてしまうだろう。「社会学、面白いですよ」と連呼する社会学者は、「うちの料理、おいしいですよ」とみずから喧伝するレストランのシェフと同じくらい信用ならない。社会学の面白さ、料理のおいしさは、あくまで具体的なパフォーマンスのなかで示すべきものなのだ。担当執筆者が、各自の手つきで個々の命題と格闘し、ときに理論の再構成ともいえるほど大胆な組み替えをおこないながら、何とか命題の〈面白さ〉のありかを指し示そうとする本書の解説は、そういう迫力あるパフォーマンスになりえている。

ところで、日本における社会学テキストの歴史を振り返ってみると、一九九〇年前後を境に、概念の解説からパースペクティヴの提示へ、という大きなトレンドの転換があったといわれる。従来は、個々の概念を詳細に解説し、その積みあげによって社会学の体系的知識を伝達しようとする方式が主流であった。しかし、もっと手っ取り早く理解できる柔らかいものを、という読者側のニーズが高まるなかで、社会学のものの見方、考え方のスタイルを示すことで社会学に親しんでもらおうとする方向性が、強い流れをつくるようになったのである。そのさい社会学の思考スタイルを示すキーワードとして言及されたのが、脱常識や非自明性、あるいはパラドックスであった。

だから考えてみれば、本書はそういうトレンドの転換の端緒に位置していたのだといえる。命題の解説をつうじてパースペクティヴを示すという本書のアイデアは、両者のトレンドの「おいしいところ」をとっている。かたや概念の解説は、地に足の着いた学問的厳密さをもたらすが、面白みと軽やか

さに欠ける嫌いがある。かたやパースペクティヴの提示は、知的な浮遊感をあたえるけれども、あとに何も残らない危険性がある。じじつ、九〇年代以降に続々と出てきたパースペクティヴ提示型のテキストの多くは、当初のインパクトはあっても、長続きすることなく、やがて忘れられていった印象がある。本書のように両者のバランスがとれているテキストは、じつは意外に稀少なのだ。そうした絶妙なバランスこそが、本書の息の長さの秘訣のひとつになっているのだと思う。

だがそれにしても、もしかすると現在の若い世代は、脱常識という〈面白さ〉そのものに、すでにあらかじめ、ある種の飽きを感じてしまっているかもしれない。ものごとの自明性を疑うという社会学的な発想は、大きな物語の解体というポストモダンの風潮とも共鳴しながら、八〇年代後半以降、日本の現実社会そのものに薄く広く浸透し、現在ではむしろなかば常識化しつつあるからだ。「脱常識の社会学」の常識化——それは、いってみれば社会学の成功それ自体が社会学の失効を招くという、笑えないパラドックスである。そして社会学を「常識破壊ゲーム」ととらえるかぎり、若い世代にとって社会学は、どこか現状を追認し続けるだけの退屈な営みと映ってしまうだろう。けれども本書には、そのような「常識破壊ゲーム」が行き着いてしまうある種の閉塞に対する処方箋が、あらかじめひそかに含まれているようにも思われる。その処方箋とは、つまり「脱常識の社会学」をさらに相対化する視点である。

ひとつにはそれは、本書でいう〈面白さ〉の基準が、じつのところ「一般の人にとっての非自明性」と「社会学者（社

会学を学んだ人)にとっての非自明性」というかたちで二重化されている点に確認できる。それぞれの解説で示される常識ずらしの矛先は、日常的自明性に素朴に浸る一般の人だけでなく、ときに、そうした自明的態度を脱したはずの社会学者自身にも向けられる。つまり社会学者が浸る「社会学的常識」をさらにずらすような指摘が、本書には少なくないのだ。とするなら、誰もが社会学的な発想をナチュラルに身につけたプチ社会学者となっている現在でも、本書が示そうとする〈面白さ〉はなお有効であるだろう。

　同じ視点はまた、本書の解説のなかで見え隠れする、狭義の社会学を超えるようなパースペクティヴへの誘いかけのなかにも確認できる。たとえば典型的なのは、R・K・マートンの「預言の自己成就」の解説である。そこでは命題の面白さについて、それが素朴リアリズムの否定という「科学的」な面白さだけでなく、むしろ『オイディプス王』の神託成就が引き起こす驚きに重なるような「美学的」な面白さを含むからこそ、魅力があるのだと主張されている。自明性の背後に潜むメカニズムをひたすら暴きたてる「常識破壊ゲーム」とは異なる社会学のありようが、ここでは示唆されているだろう。社会学は第一義的には実証的な科学的営みであるのだが、けれども、その営みが科学の論理平面には定着しきれない何かに触れるとき、社会学はその魅力を最大限に発揮することになる——。「脱常識の社会学」へと誘いかけながら、同時に狭義の社会学を超えてゆく方向への誘いかけが、ここではおこなわれている。

　本書に、社会学の初学者にとって少し読みにくいところがあるのは、おそらくはこのためだろう。九〇年代以降の柔ら

かいテキスト群と異なり、記述の仕方が全体的にやや厳密でアカデミックだという面もあるが、それとは別に、以上のような二重性が読者の視線をふらつかせ、読みにくくしているように思われる。一段階目の「脱常識」に入門しようとしているのに、同時に二段階目の「脱常識」が示されるのは、戸惑いのもととなろう。じじつ私自身、学部生時代にはこうした戸惑いをおぼえ、正直なところ、二段階目が余計であるようにも感じていた。しかし、社会学について一通りの知識が身についたあとでは、感じ方が変わってきた。以前には邪魔だと思っていた部分が、むしろ硬直しかけていた自分の社会学的常識を揉みほぐし、視野を広げてくれるように感じられるようになったのである。

　だから本書は、初学者にとって読みにくいのだけれど、しかし、じつはそれゆえにこそ長く読み継がれるという、不思議なテキストなのである。四半世紀前の刊行という時代的制約を超えて、現在でも本書が読まれるべき価値をもつのも同じ理由による。社会学的な発想がなかば常識化し、若い世代が、脱常識という〈面白さ〉そのものにすでに飽きを感じはじめているのだとすれば、そうした現在でこそ、「常識破壊ゲーム」の閉塞を解きほぐす処方箋を含んだ本書は、あらためて若い世代に読まれるべきだろう。二段階目の「脱常識」の効果がようやく分かりはじめた、かつての大学院受験生の一人としても、本書が文庫化され、さらに多くの読者を得られることを望むばかりである。

（慶應義塾大学文学部准教授・社会学）

事項索引

* 頁数がゴシック体になっているのは，当該事項が命題の主題になっていることを示す。

あ

アイデンティティ 400
　逸脱的—— 98
　社会的—— 396
　継子—— 403
諦め 271, 274
悪のドラマ化 102
遊び 139, 264
アノミー型 383

い

家 281
異化作用 19
いき 271
　——の外延的構造 275
意気地 271, 273
意識 32
威信 230
　——の相互作用 397
逸脱 98
　1次的—— 102
　2次的—— 103
　——行動 100, 128

一般化された信念 305
一般化された他者 16, 49
イデオロギー 53, 293, 322, 402
　全体的—— 53
　部分的—— 53
イド (id) 32
意味 76, 217
　——のあるシンボル 17
　——の一貫性 90
　——の共有 17
　——の秩序 71, 77
　——の領域 76, 269
意味適合性 300
意味付与 107
意味連関 46, 221
因果コンテクスト 220
インテリゲンチャ 57
インフォーマルな集団 163
インフォーマルな組織 163

う

宇宙的秩序 260, 261

裏局域	67	**か**	
羨む性	41	快感原則	31
運動総過程論	311	階級	127, 369
		——社会	347
え		——闘争	292
エゴイズム	341, 347	外婚制	236
AGIL図式	192	外集団	155
エスノメソドロジー	50	外的媒介	114
エソロジー	23	概念図式	192
エディプス・コンプレックス	119	カウンター・カルチャー	276
		カオス	79, 266
エディプス的欲望	31	科学的管理法	165
エートス	268, 271	拡大体験	256
江戸民衆文化	271	仮構機能	255, 258
エラン・ヴィタール（生の飛躍）	250	家産官僚制	260
		過剰生産恐慌	291
エリート	323	下層中産階級	371
キツネ型——	325	家族	147, 176, 235, 252
統治——	318, 323	——国家観	150
非統治——	318, 323	——主義	281
ライオン型——	326	——制度	30
——の周流	187, 318	価値志向運動	307
——論者	183	価値の転倒	123
演技	61, 65, 82, 93	価値付加の論理	308
		葛藤状況	92
お		寡頭制の鉄則	183
オーディエンス	62	貨幣	347
——の分離	67	神の道具	259
表局域	67	カリスマ	254
オリジナルとコピー	387	カルヴィニズム	352

感受概念	103	——としてのパターン維持 (L)	198
環節社会	362	——としての目標達成 (G)	196
願望表出（クレーズ）行動	307		
官僚機構（官僚制）	163, 279	機能連関	296
官僚制化	185	規範志向運動	307
		義務	139

き

機械的連帯	142	客我（Me）	18
帰響原理	284	客観性の基準	59
記号	82, 269, 392, 415	宮廷社会	333, 336
擬似イベント	391	教育	316
擬似環境	385	教育勅語	280
技術革新	301, 317	強制収容所	367
寄生地主	281	強制承諾	95
きっかけ要因	308	強制的な画一化	367, 373
機能	219, 241, 297	競争	226, 337
逆——	172	共同意識	362, 365
顕在的——	241	郷党の社会	280
効果としての——	298	共同社会	348
潜在的——	112, 240, 417	共同主観性	76
働きとしての——	297	共同体（コミュニティ）	16, 150, 280, 346, 348
機能主義	219, 418	共同的存在	340, 343
機能的自律性	201	教養人	259
機能的代替物	242	去勢コンプレックス	32
機能的等価項目	242	距離の熱情	275
機能分析	173, 201, 298	キリスト教	355
機能要件	193, 297	均衡	201, 205, 296, 302
——としての適応 (A)	195	均衡化過程	303
——としての統合 (I)	197	近親婚の禁止（インセスト・タ

事項索引 435

ブー)	234	現実	71, 75, 82, 94, 386
近代化	116, 283	至高の──	76
近代国家	283	多元的──	71
近代社会	142, 234, 315, 318, 342	──構成主義	72
		──と地図	387
近代的人間	14	現実環境	385
禁欲	259, 272, 353	現実原則	33
行動的──	261	現実暴露	124
合理的──	353	現象学的エポケー	72
非合理的──	353	現象学的社会学	72, 75
禁欲的職業労働	354	幻想	31, 35
		──の共同性	344
く		権力	213, 332
グレート・マザー（太母）	40	──関係	85
群居の欲望	146	──の格差	214
君子	260	──の派生	209
群集行動論	309		
		こ	
け		行為	217, 319
啓蒙主義	336, 341	社会的──	306
ゲゼルシャフト	257	──の三角形	319
血縁共同体	362	行為期待の一般化	222
結合定量の法則	146, 176	交換	209, 235, 289
欠如理論	283	一般──	215, 228
ゲマインシャフト	257	経済的──	212, 229
権威	141	限定──	228
──への依存	368	互酬的──	234
権威主義的パーソナリティ	371	社会的──	209, 232
		女性の──	234
原始心性	258	正財・負財の──	211

贈与――	229	直接的――	228
等価――	291, 347	――の規範	212
交換過程	212	――の原理	232
マクロな――	215	――の不均衡	209
ミクロな――	215	個人主義	182, 361, 381, 390
交換理論	209	コスモス	266
公共性	293	個性の発達	175
攻撃性	23, 36, 83	国家	150, 186, 252, 341, 344
攻撃抑制機構	24	国家独占資本主義	293
交叉イトコ	237	コミュニケーション	83, 389
公衆	391	婚姻制度	236
工場制機械工業	289		
抗争	156	さ	
――と集団構造	160	差異化	394
――の集団統一効果	157	差異への欲求	394, 397
構造―機能主義	193	搾取	291
構造―機能分析	160	残基	320
構造主義	231, 266	結合の――	320
構造的誘発性	308	産業社会学	166
構造分析	193	産業心理学	165
交通形態	348	参与観察法	164
行動科学	296		
高度経済成長	316	し	
高度産業社会	268, 376	自我	14, 31, 400
公民		鏡に映った――	15
抽象的な――	340	――の形成	15
誇示的消費	274, 381, 392	――の社会性	14
互酬性	209, 226	――の発達	401
間接的――	228	――の不滅化	33
機能的――	203	自我資質	401

資源動員論	310	児童期	404
自己意識	132	指導者	
志向性	73	——と大衆	186
志向のくいちがい	131	——への隷属	373
自己完成	259	死の本能	25
自己言及性	81, 84	死の欲動	35
自己呈示	61	支配	188, 324
自己抑制	334	——の型	324
市場の構え	379	資本	347
私人	344	資本家	289
システム	195, 201, 217, 221, 297	資本主義	126, 259, 262, 349
		——の精神	126, 371
意味——	221	資本制	279, 347
交換——	231	——経済	281
自己産出的な——	223	——的生産様式	289
自己準拠的な——	217, 223	市民社会	342
自己保存——	296	——と国家の分離	341
社会——		自明的理解	73
	193, 201, 221, 294, 297, 321	社会運動	258, 310
情報—資源処理——	303	——論	310
——の位相運動（状相移行）		社会化（socialization）	49, 79
	193, 303	——の先取り	172
——の均衡状態	301	社会化（Vergesellschaftung）	
——の自己拡張	206		155
——の適合性	299	社会解体	314
——分析	201, 203, 297	社会化過剰的人間観	17
——モデル	202	社会学主義	240
自然的態度	72	社会構成体	290
実践	52	社会構造	127, 195, 306
指導	188	社会行動主義	50

社会主義	183	羞恥	131, 333
——政党	183	主我 (I)	18
社会進化論	312	儒教	259, 272
社会ダーウィニズム	239	手段的—適応的活動	194
社会的学習説	26	出産羨望	39
社会的緊張理論	101	準拠集団	120, 129, 134, 168
社会的—情動的活動	194	規範的——	169
社会的性格	259, 368, 376	比較的——	169
社会的反作用学派	102	準拠枠	192
社会哲学	250	昇華	35
社会統制	49, 101, 181, 308	使用価値	393
社会変動	312	状況の定義	85, 108
——論	293, 305	小集団	166, 193
社交	274, 336	象徴的相互作用論	50, 418
自由	372	消費社会	267, 382
消極的な——	372	商品	290
積極的な——	372	情報	61, 111
——からの逃走	367	情報—資源処理パラダイム	
——の増大	178		303
宗教	254, 259	情報社会	385
静的——	254	剰余価値	291
動的——	254	女性性	39
宗教改革	354	所属集団	134, 171, 178
集権化	185	自律型	383
集合意識	362	人格	175
集合感情	244, 362	人格化過剰	383
集合行動	305	人格崇拝	181, 360
集合逃走 (パニック)	307	人格の支配—被支配関係	347
集合表象	78	神経症の欲望	35
私有財産制	41	人権	342, 360

親族	235, 237	生産手段	289
神託	111, 420	生産様式	289
新中間層	376	生産力	288, 347
信憑性	78	——の発展段階	288
シンボル	229, 389	——理論	294
意味のある——	17	政治の道徳化	280
——システム	232	成人儀礼	40
——操作	389	精神分析学	29, 368
——の交換	231	聖性顕現	265
人民主権	390	聖俗2元論	265
心理学的還元主義	211	聖—俗—遊	264
人類史の3段階	345	正当化 (justification)	92
		正当化 (legitimation)	79
す		聖なるもの	79, 262, 264
粋	272	青年期	401, 406
スケープゴート (犠牲山羊)	244	生の欲動	35
		世界	
ステレオタイプ	387	——の客観性	74
ストレイン (緊張)	213	——の現実性	72
構造的——	308	——の複雑性	217
システム内——	201	世界主義	182
		世界的共同体	348
せ		絶対主義国家	280
性差	38	セレクティヴ・サンクション	98
社会学的——	38, 44		
生物学的——	38, 44	世論	390
性差別	38	善	139, 143
性自認	43	前近代社会	315
製作本能	398	戦後近代主義	282
生産関係	288	前資本主義社会	345

戦争	265	**た**	
全体社会	146	第1次集団	166
全体社会現象	229	第1次世界大戦	385
全体社会事実	229, 238	第3次産業	376
		大衆	185, 391
そ		──運動論	309
相関主義	52	──社会	129, 267
相互依存	201, 205	──消費社会	398
相互作用	18, 47, 209, 296	──民主主義	324
機能的──	296	対象化	77, 81
客我と主我の──	18	第2次世界大戦	279
自分自身との──	19	対立	155, 159
社会的──	76, 212	他者	114, 131, 171
象徴的──	50	重要な──	101
相対主義	55, 269	──との協調	401
相対的不満	129, 168	──への関心	380
創発的内省	19	他者性の記号	230
創発特性	211, 413	脱産業社会	268
双分組織	237	他人指向型	376
贈与	211, 225, 238	楽しみの道徳	382
──の義務的特性	225	ダブル・バインド	81
疎外	345	他有化	135
俗なるもの	124, 264	男性性	39
尊敬	117, 141, 230	ダンディズム	272, 275
一方的──	141		
相互的──	141	**ち**	
存在拘束性	55	地位貶下の儀式	103
存在論的システム概念	219	地縁共同体	362
		知覚	71
		知識社会学	49, 53, 60, 125

事項索引 441

中間集団	137
中範囲の理論	173
超自我	34
賃金労働者	289

て

帝国主義	292
敵意表出運動	307
適応型	383
適応的文化	313
適合化仮説	301
敵対的協力	382
デマ	90
転調（keying）	83
伝統指向型	376
天皇制	279

と

同一視	34
等価機能主義	220
等価性の基準	212
動機	29, 45
——の語彙	45
——の表明	48
——の付与	46
——の文法	51
動機性要件	304
動機づけ	128, 164, 352
同業組合（同職組合）	177
統合失調症	81

闘争	160
現実的——	161
非現実的——	161
同調性の様式	376
道徳	122
協同の——	139
キリスト教——	122, 272
拘束の——	139
市民——	126
自律の——	139
他律の——	139
閉じた——	254
奴隷の——	122
開いた——	254
道徳意識	139
道徳実在観	140
道徳的責務	212
道徳的密度	363
独占資本主義	292
閉じた社会	250
土台と上部構造	290
トマスの公理	107
トラウマ（心的外傷）	31

な

内在（内面）化	71, 77
社会規範の——	16
内集団	155
内的媒介	115
内部指向型	376

仲間集団	381
ナチズム	367, 372
ナルシシズム	31, 148

に

二重の不確実性	221
日常的世界	72
人間関係論	166
認識	52
没評価的――	57
認知的不協和の理論	90

ね

ネットワーク社会学	334, 338

は

媒介者	389
ハウ	226
パースペクティヴ	15, 125, 411
派生	320, 321
パラドックス	81, 84
ハレ―ケ―ケガレ	267
犯罪	101, 128, 240, 362
犯罪学	245
反証可能性	58

ひ

ピグマリオン効果	101
非自明性	414
非所属集団	171
媚態（コケットリー）	271, 273
批判的合理主義	58
批判的討論	59
非物質文化	313
ピューリタニズム	259
平等	116, 318
開いた社会	250
非論理的行為	319

ふ

ファシズム	328
フェミニズム	42
フォーマルな集団	163
フォーマルな組織	163
深さの社会学	257
服従	213, 367
物質文化	313
不適合化仮説	301
部分社会	146
プライバシー	360
フランス革命	126
ブルジョア民主主義	290
プロテウス的人間	406
プロテスタンティズム	159, 272, 370
禁欲的――	259, 352, 355
――の倫理	349
文化社会学	312
文化遅滞	312
分業	181, 290, 363

文明	36, 332	まなざし	129, 131, 395
文明化	332	——と羞恥	135
分離不安	31	——の呪縛性	136
分裂症（総合失調症）	81	マルクス主義	58, 282, 301, 310

へ

平行イトコ	237
ヘッドシップ	188
ペニス羨望	39
偏見	90, 390

ほ

封建遺制	282
封建社会	343
暴力独占	332
ポジティヴ・フィードバック	104
ホーソン実験	163
ポトラッチ	225
ボナパルト主義	186
ホモ・ソシオロジクス	17
本能	25, 30

ま

マクロ社会学	305
マージナリティ	403
マージナル・マン	136, 173
魔術的経済	393
マス・メディア	378, 383, 389
祭	244, 265

み

見栄	394
未開社会	225, 238
身分	127
民主主義	183, 318, 385
民主制の鉄則	188

む

無意識	32, 232

め

明治国家	280
命令権の配分	187
メタ・メッセージ	81, 84

も

モデル＝ライバル	114
模倣	114
モラトリアム（猶予期間）	400
与えられる——	405
外的——	406
合法的——	405
作り出される——	405
内的——	406

非合法的――	405	**ら**	
――の常態化	405	ラベリング	98
		恣意的――	99
や		――理論	110, 240, 418
役割期待	15		
役割形成	18	**り**	
役割取得	15	リスクの選別と分散	206
柳田民俗学	284	リーダーシップ	188, 195
		理念型	46, 350, 377
ゆ		リビドー	148, 373
唯物史観	322		
有閑階級	395	**る**	
有機的連帯	142	類的存在	345
		ルサンチマン	122
よ		ルター派	354
溶解体験	256		
抑圧	29	**ろ**	
過剰――	37	労働組合	183
原――	37	論理的一貫性	95
自己――	32	論理的行為	319
他者――	36		
預言の自己成就	100, 107, 391, 418	**わ**	
		ワイマール体制	367, 372
欲求水準	205	若者文化	268
欲求不満―暴力説	25	わび・さび	271
予定説	350	笑い	83

事項索引 445

人名索引

* 頁数がゴシック体になっているのは，本書に収録した命題の提出者を示す。
* 同一の命題の説明のなかに繰り返し現れる人名は，初出の頁のみをあげる。

あ

アドルノ Adorno, T. W. 338, 374, 398
アラン Alain 110
市井三郎 301
井上俊 268
ヴィゴツキー Vygotsky, L. S. 50
ヴィットフォーゲル Wittfogel, K. A. 337
ウェーバー Weber, M. 46, 57, 69, 80, 126, 183, 200, 259, 282, 300, 338, 349, 370, 411
ヴェブレン Veblen, T. B. 381, 392
ウォルフェンシュタイン Wolfenstein, M. 382
臼井二尚 151, 410
エケ Ekeh, P. P. 232
エーコ Eco, U. 269
エラスムス Erasmus, D. 332
エリアス Elias, N. 332
エリクソン Erikson, E. H. 400
エリクソン Erikson, K. T. 103
エンゲルス Engels, F. 41, 288
オグバーン Ogburn, W. F. 312, 410
越智武臣 351
オットー Otto, R. 265

か

カイヨワ Caillois, R. 264, 409
ガース Gerth, H. H. 45
カッシーラー Cassirer, E. 282
ガーフィンケル Garfinkel, H. 103
神島二郎 284
河上肇 256
カント Kant, I. 54, 361
岸田紀 351

446

キッセ Kitsuse, J.	103
ギディングス Giddings, F. H.	312
ギュルヴィッチ Gurvitch, G.	257
九鬼周造	271
グード Goode, E.	103
久野収	301
クーリー Cooley, C. H.	15, 166
クリステヴァ Kristeva, J.	269
栗原彬	407
グールドナー Gouldner, A. W.	188, 201, 212
グレンジャー Grainger, R.	266
クロスビー Crosby, F.	171
ゲッティス Gettys, W. E.	309
ゲーテ Goethe, J. W. v.	175
ケニストン Keniston, K.	406
ケリー Kelley, H. H.	169
ゲーレン Gehlen, A.	336
ゴーヴ Gove, W.	103
コーザー Coser, L. A.	128, 160
ゴフマン Goffman, E.	61, 82, 93, 103, 409
コールズ Coles, R.	404

さ

作田啓一	134
桜井徳太郎	267
サムナー Sumner, W.	110, 157
サルトル Sartre, J.-P.	129, 131
シェークスピア Shakespeare, W.	114
シェフ Scheff, T.	103
シェーラー Scheler, M.	126, 131, 282
塩原勉	311
シクーレル Cicourel, A.	103
柴谷篤弘	300
清水幾太郎	387
シュア Shur, E. M.	103
シュッツ Schutz, A.	71, 269, 409
シュナイダー Schneider, D.	210
シュミット Schmitt, C.	282
ジョリッティ Giolitti, G.	328
シラー Shiller, F. v.	269
ジラール Girard, R.	114, 264, 409
シルズ Shils, E. A.	193
新明正道	297
ジンメル Simmel, G.	155, 166, 175, 209, 273, 338, 410

スキナー	Skinner, B. F.	210	
スコット	Scott, M. B.	51	
ストウファー	Stouffer, S. A.	167, 169	
スペンサー	Spencer, H.	297, 361	
スメルサー	Smelser, N. J.	305, 315	
スモール	Small, A. W.	159	
スレーター	Slater, P. E.	150	
ソクラテス	Sokrates	243	
ソフォクレス	Sophokles	110	
ゾンバルト	Sombart, W.	126, 351	

た

タイラー	Tylor, E. B.	239
ダーウィン	Darwin, C. R.	250
高田保馬		146, 176, 410
多田道太郎		277
ターナー	Turner, R. H.	18
谷泰		419
タルド	Tarde, G.	118, 309, 410
ダーレンドルフ	Dahrendorf, R.	17, 160
ダンカン	Duncan, H. D.	409
タンネンバウム	Tannenbaum, F.	102
鶴見和子		284
ティトル	Tittle, C.	105
テイラー	Taylor, F. W.	165
デカルト	Descartes, R.	14, 30, 72
デュヴィニョー	Duvignaud, J.	266
デュルケム	Durkheim, E.	78, 125, 142, 147, 166, 176, 198, 226, 240, 257, 264, 297, 334, 360, 409
テンニース	Tönnies, F.	166, 178
ドストエフスキー	Dostoevsky, F. M.	114, 115
ドーソン	Dawson, C. A.	309
トーニー	Tawney, R. H.	351
トマス	Thomas, W. I.	107
富永健一		146
ドラード	Dollard, J.	25

な

中村雄二郎		41
なだいなだ		105
ニスベット	Nisbet, R. A.	265
ニーチェ	Nietzsche, F. W.	122, 275, 411
ニューカム	Newcomb, T. M.	168

ノイマン Neumann, E. 40	351
	フェスティンガー Festinger, L. 90, 300, 410
は	藤田省三 279
ハイマン Hyman, H. H. 168	ブラウ Blau, P. M. 205, 209
バーガー Berger, P. L. 71, 125, 409	ブラウン Brown, N. O. 37
バーク Burke, K. 50	フラップ Flap, H. D. 334
パーク Park, R. E. 309	ブラム Blum, A. F. 51
バージェス Burgess, E. W. 309	プルースト Proust, M. 117
バジョット Bagehot, W. 157	フルディ Hrdy, S. B. 41
パーソンズ Parsons, T. 192, 202, 219, 298, 305, 309, 338, 409	ブルトン Breton, A. 264
	ブルーマー Blumer, H. G. 19, 103, 309
バタイユ Bataille, G. 264	ブレンターノ Brentano, L. 351
ハーバーマス Habermas, J. 223	フロイト Freud, S. 25, 29, 39, 110, 118, 148, 199, 338, 368, 401, 409
ハヤカワ Hayakawa, S. I. 387	フロベール Flaubert, G. 115
バルト Barthes, R. 264	フロム Fromm, E. 36, 367, 379, 419
ハルトマン Hartmann, H. 401	ベイトソン Bateson, G. 81, 244
パレート Pareto, V. 183, 318	ベイルズ Bales, R. F. 193
パンタレオーニ Pantaleoni, M. 327	ヘーゲル Hegel, G. W. F. 54, 288, 341
ピアジェ Piaget, J. 139	ベッカー Becker, H. S. 98
日高六郎 258	ヘッセ Hesse, H. 276
ブーアスティン Boorstin, D. J. 387	ヘラー Heller, A. 340
ファンファーニ Fanfani, A.	ベルクソン Bergson, H. 250,

人名索引 449

ベルセ Bercé, Y.-M.　266
ベルナール Bernard, C.　200
ホイジンハ Huizinga, J.　267
ボシュエ Bossuet, J. B.　110
ボードリヤール Baudrillard, J.　267, 383, 393
ボードレール Baudelaire, C.　272
ポパー Popper, K. R.　58
ホマンズ Homans, G. C.　209, 410
ボールディング Boulding, K.　211

ま

マキャヴェリ Machiavelli, N. B.　324
マクヒュー McHugh, P.　51
マーシャル Marshall, A.　300
マートン Merton, R. K.　107, 127, 168, 241, 298, 418
マネー Money, J.　38
マリノフスキー Malinowski, B. K.　209, 298
マルクス Marx, K. H.　54, 110, 125, 288, 322, 340, 373, 410
マルクーゼ Marcuse, H.　37
丸山真男　279

マンドヴィル Mandeville, J.　110
マンハイム Mannheim, K.　52, 282
見田宗介　129, 136, 395
ミード Mead, G. H.　14, 49, 409
ミード Mead, M.　38, 410
ミヘルス Michels, R.　183, 318
ミルズ Mills, C. W.　45, 409
ムッソリーニ Mussolini, B.　328
メイヨー Mayo, G. E.　163
モース Mauss, M.　210, 225, 235, 264
モスカ Mosca, G.　183, 318
森嶋通夫　263

や

安田武　277
山崎正和　14
吉田民人　296

ら

ライヒ Reich, W.　36
ライマン Lyman, S. M.　51
ラカトス Lakatos, I.　338
ラザースフェルト Lazarsfeld, P. F.　200

ラッハファール Lachfal, S.	351
ラドクリフ=ブラウン Radcliffe-Brown, A. R.	298
ラ・ブリュイエール La Bruyère, J. de	336
ラ・ロシュフコー La Rochefoucauld, F.	124
リヴィ Levy, M. J.	298
リースマン Riesman, D.	376
リーチ Leach, E. R.	266
リップマン Lippmann, W.	385
リフトン Lifton, R. J.	406
ルソー Rousseau, J.-J.	187, 390, 409
ルター Luther, M.	354
ル・ボン Le Bon, G.	309
ルーマン Luhman, N.	217
レイン Laing, R. D.	85
レヴィ=ストロース Lévi-Strauss, C.	210, 228, 234, 266
レヴィ=ブリュール Lévy-Bruhl, L.	257
レヴィン Levin, K.	90
レスリスバーガー Roethlisberger, F. J.	166
レックレス Reckless, W.	101
レーニン Lenin, V. I.	292
レマート Lemert, E. M.	102
レリス Leiris, M.	264
ロストウ Rostow, W. W.	294
ローゼンタール Rosenthal, R.	110
ローレンツ Lorenz, K.	23
ロング Wrong, D. H.	17

執筆者一覧

*〔　〕内の数字は，執筆担当の命題の番号（目次参照）を示す。

編　者

井上　　俊（いのうえ・しゅん）：1938年生　大阪大学名誉教授〔5〕，〔14〕

作田啓一（さくた・けいいち）：1922年生　京都大学名誉教授〔12〕，〔17〕，〔30〕，〔付論〕

執筆者

新　　睦人（あたらし・むつんど）：1936年生　奈良女子大学名誉教授〔18〕，〔36〕

池井　　望（いけい・のぞむ）：1923年生　元神戸女学院大学教授〔33〕，〔40〕

石川　　実（いしかわ・みのる）：1937年生　奈良女子大学名誉教授〔24〕，〔25〕

磯部卓三（いそべ・たくぞう）：1938年生　大阪市立大学名誉教授〔16〕

伊藤公雄（いとう・きみお）：1951年生　京都大学大学院教授〔39〕，〔41〕

井上忠司（いのうえ・ただし）：1939年生　元甲南大学文学部教授〔15〕

井上眞理子（いのうえ・まりこ）：1947年生　奈良学園大学教授〔4〕，〔48〕

今津孝次郎（いまづ・こうじろう）：1946年生　名古屋大学名誉教授〔38〕

居安　　正（いやす・ただし）：1928年生　神戸大学名誉教授〔22〕

岩崎 信彦（いわさき・のぶひこ）：1944年生　神戸大学名誉教授〔35〕

上野千鶴子（うえの・ちづこ）：1948年生　元東京大学教授〔32〕

大野 道邦（おおの・みちくに）：1941年生　神戸大学名誉教授〔27〕

大村 英昭（おおむら・えいしょう）：1942年生　相愛大学教授・大阪大学名誉教授〔10〕,〔29〕

織田 年和（おだ・としかず）：1949年生　京都産業大学文化学部教授〔13〕

架場 久和（かけば・ひさかず）：1948年生　元関西大学教授, ジーシックス代表取締役〔8〕,〔9〕

亀山 佳明（かめやま・よしあき）：1947年生　龍谷大学教授〔3〕,〔46〕

島　和博（しま・かずひろ）：1949年生　大阪市立大学大学院教授〔44〕,〔47〕

高澤 淳夫（たかざわ・あつお）：1947年生 1994年没　元京都大学助教授〔43〕

高橋 三郎（たかはし・さぶろう）：1937年生　京都大学名誉教授〔2〕,〔19〕

高橋 由典（たかはし・よしのり）：1950年生　京都大学大学院人間・環境学研究科教授〔7〕,〔31〕,〔42〕

筒井 清忠（つつい・きよただ）：1948年生　帝京大学文学部教授〔6〕,〔34〕

筒井 幸子（つつい・さちこ）：1949年生　〔28〕

徳岡 秀雄（とくおか・ひでお）：1941年生　元京都大学教授〔11〕

中野 正大（なかの・まさたか）：1943年生　京都工芸繊維大学名誉教授〔20〕

船津　衛（ふなつ・まもる）：1940年生　元東京大学教授

〔1〕
細辻恵子（ほそつじ・けいこ）：1953年生　甲南女子大学人間科学部教授〔21〕,〔45〕
溝部明男（みぞべ・あきお）：1949年生　金沢大学教授〔23〕
宮本孝二（みやもと・こうじ）：1949年生　桃山学院大学社会学部教授〔37〕
山口節郎（やまぐち・せつお）：1940年生 2011年没　元関西大学教授〔26〕

本書は、一九八六年六月一〇日に、小社より刊行されたものである。

神智学	ルドルフ・シュタイナー 高橋巖訳	神秘主義的思考を明晰な思考に立脚した精神科学へと再編し、知性と精神性の健全な融合をめざしたシュタイナー、知性と精神性の根本思想。四大主著の一冊。
いかにして超感覚的世界の認識を獲得するか	ルドルフ・シュタイナー 高橋巖訳	すべての人間には、特定の修行を通して高次の認識を獲得できる能力が潜在している。その顕在化のための道すじを詳述する不朽の名著。
自由の哲学	ルドルフ・シュタイナー 高橋巖訳	社会の一員である個人の究極の自由はどこに見出されるのか。思考は人間に何をなしているのか。シュタイナー全業績の礎をなしている認識論哲学。
治療教育講義	ルドルフ・シュタイナー 高橋巖訳	障害児が開示するのは、人間の異常性ではなく霊性である。人智学の理論と実践を集大成したシュタイナー晩年の最重要講義集。改訂増補決定版。
シュタイナーの死者の書	ルドルフ・シュタイナー 高橋巖訳	死後の生活の諸相、霊界の構造、魂のあり方などを人智学的世界観に即して解説する。死者と生者を架橋するシュタイナー初期の重要講義。
人智学・心智学・霊智学	ルドルフ・シュタイナー 高橋巖訳	身体・魂・霊に対応する三つの学が、霊視霊聴を通じた存在の成就への道を語りかける。人智学協会の創設へ向け最も注目された時期の率直な声。
ジンメル・コレクション	ゲオルク・ジンメル 北川東子編訳 鈴木直訳	都市、女性、モード、貨幣をはじめ、取っ手や橋・扉にまで哲学的思索を向けた「エッセー的思想家」の姿を一望する新編・新訳のアンソロジー。
否定的なもののもとへの滞留	スラヴォイ・ジジェク 酒井隆史/田崎英明訳	ラカンの精神分析手法でポストモダンの状況を批評してきた著者が、この大部なるドイツ観念論に対峙し、否定性を生き抜く道を提示する。
宴のあとの経済学	E・F・シューマッハー 長洲一二監訳 伊藤拓一訳	『スモール イズ ビューティフル』のシューマッハー最後の遺産地産地消を軸とする新たな経済共同体の構築を実例をあげ提言する。（中村達也）

マラルメ論
ジャン=ポール・サルトル
渡辺守章/平井啓之訳

思考の極北で〈存在〉そのものを問い直す形而上学的〈劇〉を生きた詩人マラルメ——固有の方法的批判により文学の存立の根拠をも問う白熱の論考。

存在と無（全3巻）
ジャン=ポール・サルトル
松浪信三郎訳

人間の意識の在り方（実存）をきわめて詳細に分析し、存在と無の弁証法を問い究め、実存主義を確立した不朽の名著。現代思想の原点。

存在と無 I
ジャン=ポール・サルトル
松浪信三郎訳

Ⅰ巻は、「即自」と「対自」が峻別される緒論「存在の探求」から、「対自」としての意識の基本的在り方が論じられる第二部「対自存在」まで収録。

存在と無 II
ジャン=ポール・サルトル
松浪信三郎訳

Ⅱ巻は、第三部「対他存在」を収録。私と他者との相剋関係を論じた「まなざし」論をはじめ、愛、憎悪、マゾヒズム、サディズムなど具体的な他者論を展開。

存在と無 III
ジャン=ポール・サルトル
松浪信三郎訳

Ⅲ巻は、第四部「持つ」「為す」「ある」を収録。これら三つの基本的カテゴリーとの関連で人間の行動を分析し、絶対的自由の主題を提示。

公共哲学
マイケル・サンデル
鬼澤忍訳

経済格差、安楽死の幇助、市場の役割など、私達が現代社会を考えるのに必要な思想とは？ ハーバード大講義で話題のサンデル教授の主著、初邦訳。
(北村ների)

パルチザンの理論
カール・シュミット
新田邦夫訳

二〇世紀の戦争を特徴づける「絶対的な敵」殲滅の思想の端緒を、レーニン・毛沢東らの〈パルチザン〉戦争という形態のなかに見出した画期的論考。

政治思想論集
カール・シュミット
服部平治/宮本盛太郎訳

現代新たな角度で脚光をあびる政治哲学の巨人が、その思想の核を明かしたテクストを精選して収録。権力の源泉や展開という基礎もわかる名論文集。

神秘学概論
ルドルフ・シュタイナー
高橋巌訳

宇宙論、人間論、進化の法則と意識の発達史を綴り、シュタイナー思想の根幹を展開する——四大主著の一冊、渾身の訳し下し。
(笠井叡)

書名	著者	訳者	紹介

大衆の反逆　オルテガ・イ・ガセット　神吉敬三訳
二〇世紀の初頭、《大衆》という現象の出現とその功罪を論じながら、自ら進んで困難に立ち向かう《真の貴族》という概念を対置した警世の書。

死にいたる病　S・キルケゴール　桝田啓三郎訳
死にいたる病とは絶望であり、絶望を深く自覚し神の前に自己をさらす。実存的な思索の深まりをデンマーク語原著から訳出し、詳細な注を付す。

ニーチェと悪循環　ピエール・クロソウスキー　兼子正勝訳
永劫回帰の啓示がニーチェに与えたものは、同一性の下に潜在する無数の強度の解放である。二十一世紀にあざやかに蘇る逸脱のニーチェ論。

世界制作の方法　ネルソン・グッドマン　菅野盾樹訳
世界は「ある」のではなく、「制作」されるのだ。芸術・科学・日常経験・知覚など、幅広い分野で徹底した思索を行うアメリカ現代哲学の重要著作。

新編　現代の君主　アントニオ・グラムシ　上村忠男編訳
労働運動を組織しイタリア共産党を指導したグラムシ。獄中で綴られたそのテキストから、いま読み直されるべき重要な29篇を選りすぐり注解する。

ハイデッガー『存在と時間』註解　マイケル・ゲルヴェン　長谷川西涯訳
難解をもって知られる『存在と時間』全八三節の思考を、初学者にも一歩一歩追体験させ納得させる唯一の註解書を読者に確信させる唯一の註解書。

色彩論　ゲーテ　木村直司訳
数学的・機械的近代自然科学と一線を画し、自然の中に「精神」を読みとろうとする特異で巨大な自然観を示した思想家・ゲーテの不朽の業績。

倫理問題101問　マーティン・コーエン　樽沼範久訳
何が正しいことなのか。医療・法律・環境問題等、私たちの周りに溢れる倫理的なジレンマから101の題材を取り上げて、ユーモアも交えて考える。

哲学101問　マーティン・コーエン　矢橋明郎訳
全てのカラスが黒いことを証明するには？　コンピュータと人間の違いは？　哲学者たちが頭を捻った101問を、譬話で考える楽しい哲学読み物。

書名	著者	訳者	内容紹介
哲学について	ルイ・アルチュセール	今村仁司訳	カトリシズムの救済の理念とマルクス主義の解放の思想との統合をめざすフランス現代思想を領導した孤高の哲学者。その到達点を示す歴史的文献。
スタンツェ	ジョルジョ・アガンベン	岡田温司訳	西洋文化の豊饒なイメージの宝庫を自在に横切り、愛・言葉そして喪失の想像力が表象に与えた役割をたどる。21世紀を牽引する哲学者の博覧強記。
プラトンに関する十一章	アラン	森進一訳	『幸福論』が広く静かに読み継がれているモラリスト、アラン。卓越した哲学教師でもあった彼が平易かつ明快にプラトン哲学の精髄を説いた名著。
増補 ソクラテス	岩田靖夫		ソクラテス哲学の核心には「無知の自覚」と倫理的信念に基づく「反駁的対話」がある。その意味と構造を読み解き、西洋哲学の起源に迫る最良の入門書。
ヴェーユの哲学講義	シモーヌ・ヴェーユ	渡辺一民／川村孝則訳	心理学にはじまり意識・国家・身体を考察するリセ最高学年哲学学級で一年にわたり行われた独創的かつ自由な講義の記録。ヴェーユの思想の原点。
重力と恩寵	シモーヌ・ヴェーユ	田辺保訳	「重力」に似たものから、どのようにして免れればよいのか……ただ「恩寵」によって。苛烈な自己無化への意志に貫かれた、独自の思索の断想集。ティボン編。
有閑階級の理論	ソースティン・ヴェブレン	高哲男訳	ファッション、ギャンブル、スポーツに通底する古代略奪文化の痕跡を「顕示的消費」として剔抉した、経済人類学・消費社会論的思索の嚆矢。世界を思考の限界にまで分析し、伝統的な哲学問題すべてを解消する──二〇世紀哲学を決定づけた著者の野心作。生前刊行した唯一の哲学書。新訳。
論理哲学論考	L・ウィトゲンシュタイン	中平浩司訳	
青色本	L・ウィトゲンシュタイン	大森荘蔵訳	「語の意味とは何か」。端的な問いかけで始まるこのコンパクトな書は、初めて読むウィトゲンシュタインとして最適な一冊。（野矢茂樹）

民主主義の革命
こどもたちに語るポストモダン
エルネスト・ラクラウ/
シャンタル・ムフ
西永亮/千葉眞訳

J=F・リオタール
管啓次郎訳

グラムシ、デリダらの思想を摂取し、根源的で複数的なデモクラシーへ向けて、新たなヘゲモニー概念を提示した、ポスト・マルクス主義の代表作。

《普遍的物語》の終焉を主張しポストモダンを提唱した著者が、アドルノ、ベンヤミンらを想起し、知のアヴァンギャルドたることを説く10の通信。

人間の条件
ハンナ・アレント
志水速雄訳

人間の活動的生活を《労働》《仕事》《活動》の三側面から考察し、《労働》優位の近代世界を思想史的に批判したアレントの主著。(阿部齊)

革命について
ハンナ・アレント
志水速雄訳

《自由の創設》をキイ概念としてアメリカとヨーロッパの二つの革命を比較・考察し、その最良の精神を二〇世紀の惨状から救い出す。(川崎修)

暗い時代の人々
ハンナ・アレント
阿部齊訳

自由が著しく損なわれた時代を自らの意思に従い行動し、生きた人々。政治・芸術・哲学への鋭い示唆を含み描かれる普遍的人間論。

資本論を読む（全3巻）
ルイ・アルチュセール他
今村仁司訳

マルクスのテクストを構造論的に把握して画期をなした論集。のちに二分冊化されて刊行された共同研究（一九六五年）の初版形態の完訳。(村井洋)

資本論を読む 上
ルイ・アルチュセール他
今村仁司訳

アルチュセール、ランシエール、マシュレーの論文を収録。古典経済学の「問い」を問い直し、「資本論」で初めて達成された「科学的認識」を劃期。

資本論を読む 中
ルイ・アルチュセール他
今村仁司訳

マルクス「資本論」の「対象」を収録。マルクスのテクストが解析した「対象」の構造を明かし、イデオロギーの歴史主義からの解放を試みる。

資本論を読む 下
ルイ・アルチュセール他
今村仁司訳

マルクス思想の《構造論》的解釈の大冊、完結。バリバール「史的唯物論の根本概念について」、エスタブレ「『資本論』プランの考察」を収載。

橋爪大三郎の社会学講義	橋爪大三郎	この社会をどう見、どう対すればよいか。自分の頭で考えるための基礎訓練をする。世界の見方が変わる骨太な実践的講義。新編集版。
橋爪大三郎の政治・経済学講義	橋爪大三郎	政治は、経済は、どう動くのか。この時代を生きるために、日本と世界の現実を見定める目を養い、考える材料を与え、構想する力を培う基礎講座!!
フラジャイル	松岡正剛	なぜ、弱さは強さよりも深いのか? あやうさ・境界・異端……といった感覚に光をあて、「弱さ」のもつ新しい意味を探る。〈高橋睦郎〉
言葉とは何か	丸山圭三郎	言語学・記号学についての優れた入門書。ソシュール研究の泰斗が、平易な語り口で言葉の謎に迫る。〈中尾浩〉
ニーチェは、今日?	林好雄ほか訳 デリダ/ドゥルーズ/リオタール/クロソウスキー	クロソウスキーの〈陰謀〉、リオタールの〈メタモルフォーズ〉、ドゥルーズの〈脱領土化〉、デリダの〈脱構築的読解〉の白熱した討論。
ニーチェ	オンフレ/ワ 國分功一郎訳	現代哲学の扉をあけた哲学者ニーチェ。激烈な思想に似つかわしくも激しいその生涯を描く。フランス発のオールカラー・グラフィック・ノベル。
宗教の理論	ジョルジュ・バタイユ 湯浅博雄訳	聖なるものの誕生から衰滅までをつきつめ、宗教の根源的核心に迫る。文学、芸術、哲学そして人間にとっての宗教の〈理論〉とは何なのか。
空間の詩学	ガストン・バシュラール 岩村行雄訳	家、宇宙、貝殻など、さまざまな空間が喚起する詩的イメージ。新たなる想像力の現象学を提唱し、人間の夢想に迫るバシュラール詩学の頂点。
世界リスク社会論	ウルリッヒ・ベック 島村賢一訳	迫りくるリスクは我々から何を奪い、何をもたらすのか。『危険社会』の著者が、近代社会の根本原理をくつがえすリスクの本質と可能性に迫る。

編者	作田啓一（さくた・けいいち） 井上　俊（いのうえ・しゅん） 熊沢敏之
発行所	株式会社　筑摩書房 東京都台東区蔵前二−五−三　〒一一一−八七五五 振替〇〇一六〇−八−四一三三
装幀者	安野光雅
印刷所	株式会社精興社
製本所	株式会社積信堂

二〇一一年十二月十日　第一刷発行
二〇一四年　四月三十日　第二刷発行

命題コレクション　社会学

乱丁・落丁本の場合は、左記宛に御送付下さい。
送料小社負担でお取り替えいたします。
ご注文・お問い合わせも左記へお願いします。
筑摩書房サービスセンター
埼玉県さいたま市北区櫛引町二−六〇四　〒三三一−八五〇七
電話番号　〇四八−六五一−〇〇五三
© KEIICHI SAKUTA / SHUN INOUE 2011
Printed in Japan
ISBN978-4-480-09424-7　C0136

ちくま学芸文庫